Nacional-populismo

A Nacional-populismo

Roger Eatwell e
Matthew Goodwin

Nacional-populismo
A revolta contra a democracia liberal

TRADUÇÃO DE
Alessandra Bonrruquer

1ª edição

EDITORA RECORD
RIO DE JANEIRO • SÃO PAULO
2020

CIP-BRASIL. CATALOGAÇÃO NA PUBLICAÇÃO
SINDICATO NACIONAL DOS EDITORES DE LIVROS, RJ

E13n
Eatwell, Roger
Nacional-populismo: a revolta contra a democracia liberal / Roger Eatwell, Matthew Goodwin; tradução de Alessandra Bonrruquer. – 1ª ed. – Rio de Janeiro: Record, 2020.

Tradução de: National populism
Inclui índice
ISBN 978-85-01-11856-1

1. Direita e esquerda (Ciência política). 2. Liberalismo. 3. Populismo. I. Goodwin, Matthew. II. Bonrruquer, Alessandra. III. Título.

20-63119
CDD: 320.5662
CDU: 323.2

Meri Gleice Rodrigues de Souza – Bibliotecária CRB-7/6439

Copyright © Roger Eatwell & Matthew Goodwin, 2018
Em acordo com a Brotherstone Creative Management e com a agência literária The Foreign Office.

Título original em inglês: National populism

Todos os direitos reservados. Proibida a reprodução, armazenamento ou transmissão de partes deste livro, através de quaisquer meios, sem prévia autorização por escrito.

Texto revisado segundo o novo Acordo Ortográfico da Língua Portuguesa.

Direitos exclusivos de publicação em língua portuguesa para o Brasil adquiridos pela
EDITORA RECORD LTDA.
Rua Argentina, 171 – 20921-380 – Rio de Janeiro, RJ – Tel.: (21) 2585-2000, que se reserva a propriedade literária desta tradução.

Impresso no Brasil

ISBN 978-85-01-11856-1

Seja um leitor preferencial Record.
Cadastre-se em www.record.com.br
e receba informações sobre nossos lançamentos e nossas promoções.

EDITORA AFILIADA

Atendimento e venda direta ao leitor:
sac@record.com.br

Sumário

PREFÁCIO — 7
INTRODUÇÃO — 9

CAPÍTULO 1
Mitos — 33

CAPÍTULO 2
Promessas — 69

CAPÍTULO 3
Desconfiança — 105

CAPÍTULO 4
Destruição — 147

CAPÍTULO 5
Privação — 187

CAPÍTULO 6
Desalinhamento — 227

CONCLUSÕES
Rumo ao pós-populismo — 265

BREVE GUIA DE LEITURA — 287
NOTAS — 291
ÍNDICE — 325

PREFÁCIO

Em grande parte do Ocidente, especialmente na Europa e nos EUA, o nacional-populismo é agora uma força séria. Nosso argumento neste livro é que, para realmente compreender esse movimento, precisamos dar um passo atrás e olhar para tendências duradouras e profundas que vêm remodelando nossas sociedades há décadas, se não mais.

Somos acadêmicos que pesquisaram esse tópico durante muitos anos. Roger Eatwell é especialista em tradições, ideias e partidos políticos, incluindo o fascismo — o qual, por razões que demonstraremos, é diferente do nacional-populismo. Matt Goodwin é um sociólogo político que analisa por que cada vez mais pessoas em todo o Ocidente estão abandonando os movimentos convencionais pelo nacional-populismo. Esperamos oferecer aos leitores um insight único sobre aquele que se tornou, em um curto período, um dos mais controversos e mal compreendidos movimentos de nossos tempos.

Muitas pessoas trabalharam ou conversaram conosco sobre essas questões. Elas são numerosas demais para nomear individualmente, mas gostaríamos de agradecer particularmente a Noah Atkinson, Jonathan Boyd, Bobby Duffy, Harold Clarke, Stefan Cornibert, David Cutts, James Dennison, James Eatwell, Judith Eatwell, Jane Farrant, Robert Ford, Craig Fowlie, David Goodhart, Oliver Heath, Simon Hix, Eric Kaufman, Marta Lorimer, Nonna Mayer, Fiona McAdoo, Caitlin Milazzo, Michael Minkenberg, Brian Neve, Mark Pickup, Jon Portes, Jacob Poushter, Jens Rydgren, Thomas Raines, Bruce Stokes e Paul Whiteley.

Por último, mas de modo algum menos importante, gostaríamos de agradecer a nosso agente literário, Charlie Brotherstone, da Brotherstone Creative Management, por seus comentários úteis e seu encorajamento; a Chloe Currens, nossa editora na Penguin Books, que nos forneceu um conjunto extremamente útil de comentários ao esboço inicial, e a Linden Lawson, nossa proativa editora de copidesque.

Quaisquer erros ou falhas remanescentes são inteiramente nossos.

R. E. e M. G., maio de 2018

INTRODUÇÃO

Este livro discute o "nacional-populismo", um movimento que, nos primeiros anos do século XXI, desafia cada vez mais as políticas convencionais do Ocidente. Sua ascensão ocorreu especialmente nos Estados Unidos e em muitos países europeus, mesmo aqueles nos quais a democracia liberal parecia estabelecida. Mas outras grandes e frequentemente citadas manifestações incluem a vitória de Jair Bolsonaro na eleição presidencial brasileira de 2018 (embora aqui a base social de apoio seja notavelmente diferente). Os nacional-populistas priorizam a cultura e os interesses da nação e prometem dar voz a pessoas que se sentem negligenciadas e mesmo desprezadas por elites distantes e amiúde corruptas.

É uma ideologia enraizada em correntes duradouras e profundas que vêm serpenteando sob nossas democracias e ganhando força há muitas décadas. Neste livro, exploramos essas correntes, apresentando um panorama de como a política está mudando na Europa e nos Estados Unidos. Nosso argumento mais amplo é que o nacional-populismo — e seu impacto mais amplo sobre outros partidos e sistemas políticos — chegou para ficar.

Decidimos escrever este livro em 2016, em meio a dois momentos que chocaram o Ocidente: quando o bilionário e célebre empresário Donald Trump foi oficialmente indicado como candidato republicano à presidência e então derrotou Hillary Clinton na corrida pela Casa Branca; e quando mais da metade dos eleitores britânicos surpreendeu o mundo ao votar pelo "Brexit", escolhendo retirar seu país da União Europeia (UE), uma organização à qual se unira na década de 1970.

Poucos comentaristas previram esses resultados. Faltando apenas duas semanas para a eleição presidencial de 2016, o prognóstico eleitoral do *New York Times* afirmava aos leitores que Hillary Clinton tinha 93% de chances de obter a presidência. Outros declararam que suas chances eram de 99% e se perguntaram se ela poderia pintar até mesmo o Texas de azul a caminho da Casa Branca.

Na Grã-Bretanha, pediu-se que mais de trezentos acadêmicos, jornalistas e pesquisadores previssem o que aconteceria no referendo de 2016 e 90% deles acharam que os eleitores britânicos escolheriam permanecer na UE. Apostar em política é legal na Grã-Bretanha e, se tivesse apostado no Brexit no dia do referendo, você teria ganhado 300 libras esterlinas pela manhã e 900 à noite. O pensamento de grupo estava certo de que "permanecer" venceria, embora muitas pesquisas online sugerissem o oposto.

O engenheiro americano William Deming disse certa vez: "Nós confiamos em Deus; todos os outros, tragam dados." Apesar de vivermos em uma era na qual temos mais dados que nunca, dificilmente alguém consegue ler com sucesso o humor público. Achamos que isso acontece porque pessoas demais estão focando no curto prazo e falhando em levar em consideração mudanças históricas na política, na cultura e na economia que agora estão tendo profundos efeitos sobre o resultado das eleições.

Os nacional-populistas emergiram muito antes da crise financeira que irrompeu em 2008 e da Grande Recessão que se seguiu. Seus apoiadores são mais diversos que o estereotípico "velho branco e raivoso", que, como nos dizem frequentemente, logo será substituído por uma nova geração de *millennials* tolerantes. O Brexit e Trump na verdade se seguiram à muito anterior ascensão dos nacional-populistas em toda a Europa, como Marine Le Pen na França, Matteo Salvini na Itália e Viktor Orbán na Hungria. Eles fazem parte de uma revolta crescente contra a política e os valores liberais convencionais.

Em geral, esse desafio ao mainstream liberal não é antidemocrático. Os nacional-populistas se opõem a certos *aspectos* da democracia liberal que evoluiu no Ocidente. Contrariamente a algumas reações históricas que saudaram Trump e o Brexit, aqueles que apoiam esses movimentos não são fascistas que querem destruir nossas instituições políticas centrais. Uma pequena minoria quer, mas a maioria possui preocupações compreensíveis com o fato de essas instituições não representarem a sociedade como um todo e, ao contrário, estarem se distanciando ainda mais do cidadão comum.

Logo antes de Trump chegar à Casa Branca, mais da metade dos americanos brancos sem diploma sentia que Washington não os representava, assim como, logo antes da vitória do Brexit, quase um em cada dois trabalhadores britânicos sentia que "pessoas como eles" já não tinham voz no diálogo nacional.[1] Contra um pano de fundo de fortes escândalos sobre lobby, "dinheiro obscuro", abuso de despesas parlamentares, discursos lucrativos para grandes bancos e "política da dança das cadeiras", na qual ex-políticos exploram seus contatos para financiar negócios privados, é motivo de surpresa que hoje muitos cidadãos estejam questionando abertamente a confiabilidade de seus representantes?

Alguns líderes nacional-populistas, como o húngaro Viktor Orbán, falam em criar uma forma de "democracia não liberal", o que suscita questões preocupantes sobre os direitos democráticos e a demonização dos imigrantes. Mas a maioria dos eleitores nacional-populistas quer *mais* democracia — *mais* referendos e *mais* políticos empáticos e dispostos a ouvir, que concedam *mais* poder ao povo e menos poder às elites econômicas e políticas estabelecidas. Essa concepção "direta" da democracia difere da democracia "liberal" que floresceu em todo o Ocidente após a derrota do fascismo e que, como discutiremos no capítulo 3, gradualmente assumiu um caráter mais elitista.

O nacional-populismo também suscita questões democráticas legítimas que milhões de pessoas querem discutir. Os nacional-populistas questionam a maneira pela qual as elites se tornaram cada vez mais isoladas da vida e das preocupações das pessoas comuns. Questionam a erosão do Estado-nação, que veem como único constructo capaz de organizar nossas vidas políticas e sociais. Questionam a capacidade das sociedades ocidentais de absorverem rapidamente as taxas de imigração e uma "supermudança étnica" amplamente sem precedentes na história da civilização moderna (e que, nos EUA, inclui uma grande minoria de imigrantes ilegais). Questionam por que o atual acordo econômico ocidental está criando sociedades altamente desiguais e deixando grupos inteiros de pessoas para trás e se o Estado não deveria dar prioridade ao emprego e ao bem-estar social de pessoas que passaram a vida toda contribuindo para o sistema nacional. Eles questionam as agendas cosmopolitas e globalizantes, perguntando para onde estão nos levando e que tipo de sociedade criarão. E alguns deles perguntam se todas as religiões apoiam aspectos-chave da moderna vida ocidental, como igualdade e respeito para as mulheres e as comunidades LGBT. Não há absolutamente nenhuma dúvida de que alguns nacional-populistas descambam para o racismo e a xenofobia, especialmente em relação aos muçulmanos, e que muitos possuem valores socialmente conservadores. Mas isso não deveria nos distrair do fato de que também expressam ansiedades públicas legítimas, disseminadas por diferentes áreas.

Esse movimento precisa ser explorado como um todo porque seu caráter é internacional. Muitos de nossos debates sobre política são extremamente insulares: focamos em nosso próprio país isoladamente. Os americanos costumam interpretar Trump somente da perspectiva da política americana. Mas eles podem aprender muito com a Europa, como os nacional-populistas de lá já estão fazendo. Foi por isso que, em 2018, o antigo estrategista-chefe de Trump, Steve Bannon, fez um tour pela Europa e se reuniu com vários nacional-populistas importantes, incluindo Marine Le Pen na França, antes de fundar uma organização internacional para promover o populismo chamada Movimento. Bem antes disso, o próprio Trump mantinha laços estreitos com o apoiador do Brexit Nigel Farage, ex-líder do Partido de Independência do Reino Unido (UKIP), o qual, por sua vez, possuía laços com partidos populistas europeus, como o Alternativa para a Alemanha, que teve resultados importantes em 2017 e destruiu o antigo mito de que o populismo jamais teria sucesso em um país que deu ao mundo o nacional-socialismo.[2]

Outras figuras populistas controversas visitam frequentemente os EUA, como Geert Wilders, da Holanda, que infamemente alega que a Europa está sendo "islamizada" e conseguiu apoio de membros republicanos do Congresso como Steve King; e os membros da dinastia Le Pen, da França, que vieram aos EUA para a Conferência de Ação Política Conservadora. No Parlamento Europeu, nacional-populistas de países como Grã-Bretanha, França, Itália, Hungria e Polônia se dividem em agrupamentos parlamentares, mas, em anos recentes, vimos um notável crescimento de sua representação. Durante as eleições de 2019 para o Parlamento Europeu, esses partidos aumentaram seu número de assentos para recordes 16%, e Salvini vem trabalhando para fortalecer sua cooperação no nível pan-europeu (embora alguns, como o Lei e Justiça da Polônia, permaneçam em outros grupos). Se olhasse apenas para Trump ou para o Brexit, você não perceberia as tendências mais amplas.

Por que este livro é necessário?

Trump, o Brexit e as rebeliões na Europa alimentaram uma explosão de interesse no populismo: o que é, quem vota nele e por que é importante. Em anos futuros, haverá incontáveis livros, artigos e, sem dúvida, filmes sobre essas cruzadas políticas conduzidas em nome do povo — que Trump chama de "maioria silenciosa", Farage de "exército do povo" e Le Pen de "França esquecida".

Mas vemos problemas na forma como esse debate ocorre atualmente. Ele é frequentemente distorcido por suposições falhas, vieses e uma obsessão esmagadora com o curto prazo, com o aqui e agora. Muito do que é escrito inclui afirmações errôneas sobre as raízes e os apoiadores do nacional-populismo, como a ideia de que essa turbulência é meramente um protesto passageiro em resposta à crise financeira que irrompeu em 2008, à austeridade que se seguiu ou à crise dos refugiados que varre a Europa desde 2014. Essas são ideias reconfortantes para pessoas que se agarram à crença de que a "vida normal" retornará em breve, assim que o crescimento econômico for retomado e o fluxo de refugiados diminuir ou parar. Mas tais ideias estão erradas.

Muitos escritores que afirmam ser imparciais também acham difícil não ser influenciados por sua própria simpatia pela política liberal e de esquerda (nos EUA, "liberal" frequentemente é usado como sinônimo de "esquerda", em vez de no sentido histórico de defesa da liberdade e dos direitos individuais, que os americanos chamam de "libertarianismo"). Isso não significa que *todo mundo* que escreve sobre populismo seja tendencioso. Tem havido contribuições importantes. Acadêmicos que podem não ser familiares para alguns leitores, como Piero Ignazi e Jens Rydgren, indicaram como essas revoltas na Europa vêm sendo preparadas há muito tempo. Pensadores como Margaret Canovan demonstraram que o populismo é uma forma alternativa de política democrática e ficará conosco enquanto tivermos democracia. Mas muitos são rápidos demais em condenar, em vez de refletir, aceitando estereótipos que correspondem à sua própria visão, em vez de desafiar essas alegações consultando evidências reais.

Considere algumas reações comuns à eleição de Trump. David Frum, ex-redator de discursos de George W. Bush, escreveu sobre a "trumpocracia", que ele vê como ameaça autoritária à democracia liberal e à paz mundial, liderada por um presidente que acusou Hillary Clinton e o "pântano de Washington" de corrupção endêmica antes de estabelecer sua própria cleptocrática e nepotista Casa Branca.[3] Ou os psicólogos profissionais que se adiantaram para diagnosticar o comportamento de Trump — a despeito da proibição da Associação Americana de Psiquiatria de diagnosticar políticos que não foram pessoalmente avaliados — como sintomático de problemas fundamentais como raiva, narcisismo maligno e uma impulsividade que suscita questões importantes sobre sua

INTRODUÇÃO

capacidade de governar e salvaguardar a paz mundial.[4] Há boas razões para nos preocuparmos com Trump em termos de caráter, julgamento ético e temperamento, incluindo sua tendência de publicar alegações não verificadas no Twitter. Contudo, focar em sua personalidade não é a chave para entendermos as raízes populares da revolta que alimentou sua ascensão e a ascensão de outros como ele na Europa e em outros lugares (embora suscite dúvidas legítimas sobre quão sensatas são algumas de suas políticas).

Apesar de a maioria dos nacional-populistas na Europa não possuir cargo oficial, eles estão sujeitos a praticamente o mesmo tratamento. São desdenhados como extremistas cuja política autoritária e racista representa uma séria ameaça à democracia liberal e às minorias. Ainda mais danoso, muitos alegam que eles são "fascistas" — precursores de uma perigosa renovação da ditadura. Logo antes da eleição presidencial de 2017 na França, a revista americana *Vanity Fair* perguntou: "Marine Le Pen pode tornar o fascismo dominante?", a que um proeminente intelectual francês, Bernard-Henry Lévy, replicou que a "França não está pronta para um regime fascista hoje", implicando que poderia estar em breve.[5]

Nos debates populares, o termo "fascista" degenerou em pouco mais que um insulto. Mas as preocupações com Trump significam que o uso dessa "palavra-bomba" se estendeu até mesmo a historiadores especializados nos turbulentos anos do entreguerras. O historiador de Yale Tim Snyder alertou sobre a possibilidade de tirania, comparando as reuniões coreografadas, machistas e narcisistas da campanha de Trump em 2016 aos comícios nazistas, acrescentando que sua mentirosa "pós-verdade é pré-fascismo". A historiadora da Universidade de Nova York Ruth Ben-Ghiat alegou que os ataques de Trump a aspectos-chave da democracia liberal, como a liberdade judiciária e de imprensa, significam que os americanos "não podem excluir a intenção de levar adiante algum tipo de golpe" e que sua agressiva "*blitzkrieg* [...] nos força a tomar partido". Outros indicam o risco de insidioso autoritarismo através de políticas como indicações conservadoras para os tribunais, o que é mais plausível, embora essa visão seja baseada amplamente em especulação polêmica, e não em análise cuidadosa do retrato mais amplo (incluindo o fato de os democratas terem feito grandes avanços nas eleições de 2018 para a Câmara dos Representantes, pondo fim ao controle republicano do Congresso).[6] Muito frequentemente o foco está no que *poderia* acontecer, e não no que está *realmente* acontecendo.

Entrementes, aqueles que votam nos nacional-populistas são ridicularizados e chamados de *hillbillies* ["matutos"], *rednecks* ["caipiras"], *chavs* ["maloqueiros"] ou *little englanders* ["provincianos"]. Hillary Clinton descreveu metade dos apoiadores de Trump como "cesta de deploráveis", pessoas cujas visões são "racistas, sexistas, homofóbicas, xenofóbicas, islamofóbicas, pode escolher". Na Grã-Bretanha, o primeiro-ministro David Cameron desdenhou daqueles que favoreciam o Brexit como bando de "malucos, lunáticos e racistas enrustidos", e colunistas de importantes jornais urgiram os políticos de Westminster a virar as costas para as áreas em situação difícil na Inglaterra que estavam prestes a apoiar o Brexit. Hoje vivemos em uma era na qual cada vez mais pessoas fazem campanha para garantir que direitos, dignidade e respeito sejam concedidos a todos na sociedade, mas é difícil imaginar qualquer outro grupo sendo tratado com tanto desdém.

Nossa obsessão coletiva com o curto prazo está dificultando nosso raciocínio. Por que Trump foi eleito? Por que as pessoas escolheram o Brexit? Por que milhões de pessoas na Europa estão votando nos nacional-populistas? As respostas a essas perguntas rotineiramente falham em apreciar as correntes mais profundas que vêm serpenteando sob nossas democracias.

A vitória de Trump foi amplamente atribuída a uma variedade de fatores no "aqui e agora": a influência de Steve Bannon, que defendeu uma posição mais populista e patriarcal durante os estágios finais da corrida presidencial de 2016; um suposto conluio com a Rússia (acusação declarada sem comprovação pelo Relatório Mueller de 2019, embora se revelasse uma tentativa presidencial de obstruir a investigação); e manipulação, apoiada pela Rússia, de mídias sociais como Facebook e Twitter. Independentemente da veracidade dessas alegações, a obsessão com o curto prazo nada diz sobre por que tantos americanos se sentiram tão alienados do mainstream ou por que, como demonstraram as pesquisas, os americanos brancos sem diploma estavam passando para o lado dos republicanos muito antes de Trump sequer anunciar sua candidatura.

Similarmente, desde a vitória do Brexit, aqueles que queriam que a Grã-Bretanha permanecesse na UE sugeriram que os velhos trabalhadores brancos que viviam longe da cosmopolita Londres eram estúpidos demais para reconhecer as maravilhas da integração e da imigração europeias. Alguns argumentaram que o Brexit só venceu porque a Rússia usou *bots* online para manipular as mídias sociais ou que, durante a campanha, seus defensores "mentiram" ao dizer que o Brexit permitiria que os pagamentos para a UE, de até 350 milhões de libras esterlinas por semana, fossem redirecionados para o Serviço Nacional de Saúde da Grã-Bretanha, que passava por dificuldades. Mais uma vez, independentemente da validade dessas alegações, o foco no curto prazo nos impede de dar um passo atrás e apreciar as tendências mais amplas que tornaram possível esse momento político radical.

O Brexit e Trump foram rapidamente colocados lado a lado em debates internacionais sobre a "reação da classe trabalhadora branca". Mas a observação mais atenta das evidências, como veremos no próximo capítulo, revela como essas conclusões simplistas estão longe da realidade. Escritores em todo o Ocidente agora fazem alegações abrangentes sobre as pessoas que votam nos nacional-populistas, mas dificilmente algum deles escrutina o grande corpo de evidências que se acumulou nas ciências sociais nos últimos quarenta anos. Breves visitas jornalísticas ao cinturão da ferrugem ou a algumas das cidades costeiras em deterioração na Inglaterra resultam no retrato de preconceituosos rústicos ou velhos brancos. Mas muitos dos eleitores de Trump são relativamente ricos e, na Europa, muitos daqueles que apoiam os nacional-populistas não são nem racistas ignorantes nem particularmente idosos. Alguns são até mesmo pró-LGBT, mas, ao mesmo tempo, suspeitam profundamente da habilidade do Islã de se conformar à democracia liberal.

A busca por "um tipo" de apoiador e "um motivo" tampouco é útil. Trump e o Brexit atraíram uma ampla e frouxa aliança de conservadores sociais de classe média e trabalhadores que, juntos, rejeitaram os conselhos das elites globais representadas por David Cameron, educado em escolas particulares e aluno de Oxford, e por Barack Obama, que frequentou duas universidades da Ivy League e falava com o claro sotaque e a fluência de um professor de Direito da Costa Leste.

Trump atraiu não somente trabalhadores manuais que estavam preocupados com a imigração, mas também republicanos convencionais razoavelmente abastados e um em cada três homens latinos, com notável apoio de minorias específicas, como os cubano-americanos. O Brexit venceu não somente nos 140 distritos intensamente operários que historicamente votaram no Partido Trabalhista, de esquerda, sendo endossado também por um em cada três eleitores negros ou pertencentes a minorias étnicas e quase metade daqueles com idade entre 35 e 44 anos.

O desejo de tirar a Grã-Bretanha da UE era majoritário não somente em condados conservadores brancos e prósperos, como Hampshire, mas também em áreas etnicamente diversas como Birmingham, Luton e Slough. Nessas comunidades, as minorias estabelecidas viam os trabalhadores imigrantes de outros países-membros da UE como ameaça a suas próprias posições e como beneficiários de tratamento preferencial em detrimento de seus próprios familiares e amigos, que desejavam imigrar de fora da Europa. As manchetes que gritam "Reação zangada da classe trabalhadora branca" ignoram essas nuances.

Sempre haverá perguntas intrigantes sobre o que *poderia* ter acontecido. Se Hillary Clinton tivesse conduzido uma campanha menos presunçosa, se tivesse inspirado mais *millennials* com nível superior e afro-americanos a votar, se tivesse investido mais esforço nos 209 condados que votaram duas vezes em Obama antes de mudar para Trump, se tivesse iniciado um diálogo mais significativo com os brancos sem diploma nos estados-chave do cinturão da ferrugem, que superavam facilmente os diplomados, as coisas poderiam ter sido diferentes.

Na Grã-Bretanha, se Boris Johnson, o carismático político conservador e admirador de Winston Churchill, não tivesse tomado a tardia decisão de fazer campanha pelo Brexit, se o Brexit não tivesse recebido um estímulo surpresa de quase 2 milhões de "não eleitores" que tendiam a evitar a política e se os estrategistas da permanência na UE não tivessem tomado a decisão consciente de ignorar completamente a questão da imigração, principal preocupação dos que queriam sair, a Grã-Bretanha poderia ter permanecido na UE.

Observe também as eleições europeias de 2019, que demonstraram diferenças específicas a cada país. Os nacional-populistas venceram na Grã-Bretanha, na forma do novíssimo Partido Brexit de Farage, na Hungria, na Polônia e na Itália, onde os 34% de votos da Liga foram o dobro do resultado obtido nas eleições gerais de 2018. Essa foi uma notável realização para um partido que começou como "Liga Norte", apoiando o separatismo da "ladra Roma" e que obteve somente 6% dos votos em 2014. Mas o Partido do Povo dinamarquês caiu do primeiro para o terceiro lugar e, embora tenha avançado em comparação a 2014, o Alternativa para a Alemanha regrediu em relação a seu desempenho nas eleições gerais de 2017.

Na política, sempre haverá "e se", e certamente é necessário estudar os fatores contextuais, como líderes, campanhas e cobertura da mídia (incluindo como os oponentes respondem aos nacional-populistas). Por exemplo, Bolsonaro e Trump exploraram a imagem de homens fortes "autênticos" e usaram amplamente as mídias sociais em campanhas negativas para a presidência, incluindo ataques aos veículos de imprensa tradicionais, "divulgadores de *fake news*". Um estudo do *Guardian* descobriu que, durante as eleições presidenciais brasileiras, a vasta maioria das informações falsas no WhatsApp, que tem 100 milhões de usuários brasileiros, favorecia Bolsonaro. Mas a ênfase indevida em tais fatores é inútil, porque nos impede de chegar a uma compreensão mais profunda e sofisticada sobre exatamente *por que* nosso mundo político está em tal estado de flutuação. Mesmo que as coisas tivessem sido diferentes, o apoio ao Brexit e a Trump ainda teria sido forte. Marine Le Pen foi anulada quando não conseguiu se tornar presidente da França, mas ainda precisamos entender por que ela atraiu um em cada três eleitores franceses, incluindo muitos com menos de 40 anos.

Para realmente entender o que está acontecendo, precisamos traçar as origens dessas revoltas populares. Neste livro, em vez de examinar movimentos e líderes individuais, focaremos no retrato mais amplo e defenderemos dois argumentos gerais.

Os "quatro Ds"*

Não podemos compreender essas revoltas sem entender como tendências mais antigas vêm remodelando a política ocidental há décadas. O nacional-populismo gira em torno de quatro mudanças sociais profundamente enraizadas que causam crescente preocupação entre milhões de pessoas no Ocidente. Nós nos referimos a essas quatro mudanças históricas como os "quatro Ds". Elas frequentemente são baseadas em queixas legítimas e é improvável que se desvaneçam no futuro próximo.

A primeira é a maneira como a natureza elitista da democracia liberal promoveu a *desconfiança* dos políticos e das instituições e alimentou a sensação, entre grande número de cidadãos, de que já não possuem voz no diálogo nacional. A democracia liberal sempre buscou minimizar a participação das massas. Mas, em anos recentes, a distância cada vez maior entre os políticos e os cidadãos comuns levou a uma maré crescente de desconfiança, não somente dos partidos convencionais, mas também de instituições como o Congresso americano e a União Europeia, uma tendência claramente mapeada por pesquisas e outros dados. Jamais houve uma era dourada na qual os sistemas políticos representaram todos os membros da sociedade e, nos últimos anos, passos importantes foram dados para assegurar que grupos historicamente marginalizados, como mulheres e

---

* Em inglês: *distrust* [desconfiança], *destruction* [destruição], *deprivation* [privação] e *de-alignment* [desalinhamento]. [N. da T.]

minorias étnicas, tivessem mais voz nas legislaturas. Mas, ao mesmo tempo, muitos sistemas políticos se tornaram menos representativos de grupos-chave, levando muitos a concluir que não possuem voz e conduzindo à virada para o nacional-populismo.

A segunda é como a imigração e a supermudança étnica estão contribuindo para os fortes medos sobre a possível *destruição* das comunidades, da identidade histórica do grupo nacional e dos modos estabelecidos de vida. Esses medos estão embebidos na crença de que políticos culturalmente liberais, organizações transnacionais e finanças globais estão erodindo a nação ao encorajar a imigração em massa e que as agendas "politicamente corretas" buscam silenciar qualquer oposição. Essas preocupações nem sempre são fundamentadas na realidade objetiva, como refletido pelo fato de que se manifestam não somente em democracias que experimentaram rápidas e profundas mudanças étnicas, como a Grã-Bretanha, mas também naquelas que possuem níveis muito mais baixos de imigração, como a Hungria e a Polônia. Mesmo assim, elas são potentes e o serão ainda mais conforme as mudanças étnicas e culturais continuem a varrer o Ocidente nos anos vindouros.

A terceira é a maneira como a economia globalizada neoliberal atiçou a forte sensação do que os psicólogos chamam de *privação* relativa, como resultado das crescentes desigualdades de renda e riqueza no Ocidente e da falta de fé em um futuro melhor. Embora muitas pessoas que apoiam o nacional-populismo tenham empregos e rendas médias ou acima da média (mesmo que seus empregos sejam inseguros), a transformação econômica do Ocidente alimentou uma forte sensação de *privação* "relativa", a crença, entre certos grupos, de que estão perdendo *em relação aos outros*. Isso significa que temem pelo futuro e pelo que jaz à frente para si mesmos e para seus filhos. Essa profunda sensação de perda está intimamente relacionada à maneira como pensam sobre questões como imigração, identidade e confiança nos políticos.

Hoje há milhões de eleitores convencidos de que o passado era melhor que o presente e, por mais sombrio que seja, o presente ainda é melhor que o futuro. Eles não fazem parte da subclasse branca desempregada ou dos beneficiários dos programas de bem-estar social. Se o nacional-populismo dependesse do apoio dos desempregados, lidar com ele seria mais fácil: bastaria criar empregos, especialmente empregos com salários decentes que oferecessem segurança no longo prazo. Mas a maioria das pessoas nessa categoria não está no degrau mais baixo da escada; no entanto, partilham da intensa crença de que o arranjo atual já não funciona para elas e que outros estão sendo priorizados.

Os líderes nacional-populistas se alimentam dessa profunda insatisfação, mas seu caminho até o mainstream também foi aberto por uma quarta tendência: os elos cada vez mais fracos entre os partidos dominantes tradicionais e as pessoas, ou o que chamamos de *desalinhamento*. A era clássica da democracia liberal foi caracterizada por uma política relativamente estável, partidos convencionais fortes e eleitores leais; vimos o fim dessa era. Muitas pessoas já não estão fortemente alinhadas ao mainstream. Os elos estão se rompendo. Esse desalinhamento está tornando os sistemas políticos ocidentais muito mais voláteis, fragmentários e imprevisíveis do que em qualquer outro momento da história da democracia de massa. A política hoje parece mais caótica e menos previsível do que no passado porque de fato é. Essa tendência também é muito antiga e ainda tem um longo caminho a percorrer.

Juntos, os "quatro Ds" abriram considerável espaço para os nacional-populistas, ou o que chamamos de "reservatório de potencial": grande número de pessoas que já não se identificam com os políticos estabelecidos e que sentem que não têm voz na política, que a imigração crescente e a rápida mudança étnica ameaçam seu grupo nacional, sua cultura e seu modo de vida, e que o sistema econômico neoliberal as está deixando para trás em relação a outros na sociedade.

Tais tendências precisam ser analisadas em conjunto, não apresentadas como abordagens concorrentes. Dizemos isso porque, infelizmente, há no Ocidente um inútil debate sobre o populismo que joga os fatores uns contra os outros, como se eles fossem mutuamente excludentes. Trata-se de economia ou de cultura? De empregos ou de imigrantes? De austeridade ou de nacionalismo?

A realidade, claro, é que nenhum fator isolado pode explicar a ascensão de tais movimentos complexos em países com tradições muito diferentes, como o passado comunista autoritário da Hungria e o longo governo militar, a corrupção endêmica e a violência no Brasil. Mesmo assim, alguns, como o jornalista John Judis, argumentam que toda essa mudança envolve "economia, não cultura", enquanto outros, como os acadêmicos Ronald Inglehart e Pippa Norris, sustentam que se trata de "cultura, não economia".[7] A primeira abordagem afirma que a preocupação das pessoas com questões como a imigração é somente subproduto de sua aflição econômica. A segunda defende que a preocupação das pessoas com questões de identidade opera independentemente de seu ambiente econômico, como pode ser visto no fato de que muitas das que se preocupam com a imigração não são pobres e muitas das que votam nos nacional-populistas estão empregadas e frequentemente são qualificadas.

Mas esse debate binário é de pouca ajuda: a vida real não funciona assim. Ele é simplista demais e ignora o fato de que preocupações sobre cultura e economia podem interagir e frequentemente o fazem. A abordagem de longo prazo que adotamos também é diferente dos argumentos populares que traçam uma linha reta do tumulto político até a crise financeira, a Grande Recessão e a crise da dívida pública na Europa. Muitos na esquerda liberal gostam do argumento porque ele coloca a economia no centro do palco, apresentando Trump como subproduto da desigualdade gerada pela crise ou os populistas da Europa como reação à dura austeridade que foi imposta às democracias após pressão de instituições transnacionais não eleitas como o Banco Central Europeu ou o Fundo Monetário Internacional (FMI).

Contudo, alguns países muito afetados pela recessão e pelas subsequentes diretivas de austeridade da UE, notadamente Irlanda, Portugal e Espanha, não geraram movimentos populistas significativos de nenhum tipo, embora, na Espanha, tenham ocorrido muitas mudanças em

2018—2019 e, em 2019, a personalidade tenha ajudado André Ventura, líder do novo Partido Chega, a se tornar o primeiro nacional-populista no Parlamento português.

Não há dúvida — como veremos — de que os eventos sísmicos da crise e de seus efeitos colaterais subsequentes exacerbaram as profundas divisões culturais e econômicas que escoram o nacional-populismo no Ocidente. Mas essas divisões começaram muito antes do colapso do Lehman Brothers. Os analistas financeiros fariam bem em observar o ciclo de vida do nacional-populismo, como faremos no próximo capítulo. Como austríacos, britânicos, búlgaros, dinamarqueses, holandeses, franceses, húngaros, italianos, noruegueses, poloneses e suíços podem dizer, o nacional-populismo era uma força séria muito antes da Grande Recessão. E, mesmo que ela jamais tivesse ocorrido, ainda teríamos de lidar com os nacional-populistas.

A chegada de uma séria revolta

Nosso segundo argumento geral é que o nacional-populismo possui um sério potencial de longo prazo.

Uma interessante questão macro é se choques políticos como o Brexit e Trump assinalam que o Ocidente está se aproximando do *fim* de um período de volatilidade política ou se, em vez disso, está se aproximando do *início* de um novo período de grandes mudanças. A primeira hipótese se baseia na premissa de que, quando os países deixarem a crise financeira para trás e retomarem seu crescimento, as pessoas retornarão aos partidos tradicionais. Também é modelada pelo pensamento sobre as mudanças geracionais.

Um argumento muito popular é que o nacional-populismo representa o "último grito de raiva" de velhos brancos que logo serão substituídos por tolerantes *millennials*, que nasceram entre as décadas de 1980 e 2000 e, segundo nos dizem, sentem-se muito mais à vontade com imigração, refugiados, mudança étnica e fronteiras abertas.

Os liberais progressistas gostam desse argumento porque ele concorda com sua própria identificação não como nacionalistas, mas como internacionalistas ou "cidadãos do mundo", e com sua firme crença de que o Ocidente está em uma esteira rolante na direção de um futuro muito mais liberal. Eles apontam que somente um em cada quatro *millennials* aprovou o primeiro ano de Trump no cargo, em comparação com um em cada dois representantes da muito mais velha geração silenciosa, nascida entre as décadas de 1920 e 1940. Eles indicam a abrangente vitória do jovem centrista liberal Emmanuel Macron na França em 2017. E o fato de que o Brexit foi endossado por dois em cada três aposentados, mas somente por um em cada quatro daqueles entre 18 e 24 anos.

Tais fatos também refletem as diferentes prioridades de diferentes gerações. Embora, em muitas economias estabelecidas, os *millennials* sejam a primeira geração moderna a estar em situação financeira pior que a de seus pais, mesmo levando-se em consideração sua maior diversidade étnica, eles ainda são muito mais liberais que as gerações mais velhas. Em grandes democracias como os EUA, a Grã-Bretanha e a Alemanha, os *millennials* aceitam muito mais a homossexualidade e o casamento entre pessoas do mesmo sexo, preocupam-se menos e são mais positivos em relação à imigração, apoiam mais os relacionamentos e casamentos entre membros de diferentes grupos raciais e se opõem mais à pena de morte, o que é uma pedra de toque para a definição de possuir valores liberais.[8]

Com a chegada do presidente Trump, essas diferenças geracionais se tornaram ainda mais agudas. Os *millennials* nos EUA são ainda mais propensos que as gerações mais velhas a se opor à construção de um muro na fronteira com o México, que foi uma característica proeminente da campanha de 2016 (incluindo a promessa de que "o México vai pagar por ele"), a rejeitar a ideia de que o Islã promove a violência mais que as outras religiões e a dar boas-vindas à imigração, concordando com a noção de que "a abertura dos Estados Unidos para pessoas de todo o mundo é essencial para quem somos como nação". Em cada um desses pontos, há diferenças substanciais entre jovens e velhos, assim como em muitas outras democracias ocidentais.[9] Os nacional-populistas venceram as batalhas na forma do Brexit e de Trump, diz o argumento, mas, no longo prazo, perderão a guerra.

Esse certamente é um argumento sedutor, especialmente se você já possui uma visão liberal. Mas há uma visão concorrente, a saber, a que afirma que, em vez de nos aproximarmos do fim, estamos nos aproximando do início de uma nova era de fragmentação, volatilidade e perturbação política. Visto dessa perspectiva, o nacional-populismo está apenas no início, conforme os laços entre as pessoas e os partidos tradicionais se desgastam e mudanças étnicas e desigualdade sem precedentes continuam a ocorrer em ritmo acelerado.

Aqueles que defendem essa visão indicam uma lista de grandes mudanças no Ocidente que têm o potencial de alterar radicalmente o *status quo*: crescente preocupação pública com a imigração e a rápida mudança étnica, nenhuma das quais irá diminuir nos próximos anos, em função da migração continuada e das taxas de natalidade relativamente baixas no Ocidente; divisões fundamentais na Europa e no Ocidente sobre a crise dos refugiados e como lidar com ela; a emergência do terrorismo islamista e o fato amplamente divulgado de que os serviços de inteligência estão monitorando dezenas de milhares de suspeitos de serem muçulmanos radicalizados no Ocidente; o colapso do apoio a muitos partidos social-democratas de centro-esquerda na Europa; a desigualdade persistente e crescente; os prolongados e amplamente imprevisíveis efeitos da automação; o novo conflito cultural focado em conjuntos concorrentes de valores entre diferentes grupos de eleitores; a maneira pela qual os nacional-populistas estão atraindo alguns "não eleitores" de volta para a política; e o fato de que muitos *millennials* e outros jovens eleitores de hoje têm muito menos probabilidade que as gerações mais velhas de sentir lealdade intensa, tribal, pelos partidos convencionais. Os defensores dessa visão também indicam que, embora haja grandes divisões geracionais e de valores no Ocidente, elas são parcialmente modeladas pela experiência do ensino superior, que ainda está fora do alcance de muitos.

INTRODUÇÃO

Ainda que muitos na Europa tenham visto a eleição de Emmanuel Macron em 2017 como início do fim do populismo, meses depois os nacional-populistas conseguiram seu primeiro sucesso na Alemanha, retornaram ao governo na Áustria, foram reeleitos na Hungria e, em 2018, uniram-se a um governo de coalizão na Itália, onde assumiram o controle do Ministério do Interior. No fim de 2018, na Espanha, que se acreditava ser imune à extrema direita em função das amargas lembranças da sangrenta guerra civil (1936—1939) e da ditadura do general Franco (1939—1975), o partido nacional-populista Vox (fundado em 2013) venceu as eleições na Andaluzia e obteve representação nas eleições europeias e nas eleições nacionais de abril, além de mais que dobrar sua representação nas eleições de novembro para o Congresso e se tornar o terceiro partido da Espanha. No início de 2019, o relativamente novo Fórum pela Democracia holandês venceu as eleições provinciais, eclipsando o mais provocativo Partido da Liberdade, de Geert Wilders, que ficara em segundo lugar nas eleições parlamentares de 2017.

Quando olhamos para a idade dos seguidores dos nacional-populistas, como faremos no próximo capítulo, fica claro que o argumento sobre mudança geracional não é tão convincente quanto parecia à primeira vista. Em termos muito gerais, os jovens são mais tolerantes que seus pais e avós, mas, mesmo assim, os nacional-populistas estão forjando laços com um número significativo de jovens que, à sua própria maneira, também se sentem deixados para trás.

Como Lao Zi, o antigo filósofo chinês, disse certa vez, aqueles que possuem conhecimento não predizem e aqueles que predizem não possuem conhecimento. Especialmente na política, muitos acham que tentar prever o que acontecerá à frente é um passatempo para tolos. É por isso que devemos ser céticos em relação à alegação contemporânea de que "o populismo chegou ao auge", de que essas revoltas estão acabando, e não começando. Não partilhamos dessa visão: as evidências que possuímos indicam uma direção diferente. O nacional-populismo não é um protesto--relâmpago. Após ler este livro, talvez seja difícil evitar a conclusão de que ele parece pronto para permanecer no radar nos anos vindouros. Dar um passo atrás e assumir uma perspectiva mais ampla nos permite ver que, ao contrário de alegações bastante populares, os movimentos nacional-populistas obtiveram um apoio bastante leal de pessoas que partilham preocupações coerentes, profundamente vivenciadas e, em alguns casos, legítimas sobre como sua nação e, de modo mais geral, o Ocidente estão mudando.

Na direção do pós-populismo

A ascensão do nacional-populismo é parte de um desafio mais amplo ao liberalismo. Os críticos argumentam que os liberais priorizaram os indivíduos à custa da comunidade, focaram demais em debates secos, transacionais e tecnocráticos e perderam de vista as lealdades nacionais enquanto pensavam obsessivamente nas lealdades transnacionais. Por essas razões, a menos que se prove capaz de se revitalizar, o mainstream liberal continuará a ter dificuldade para conter esses movimentos. Mas sugerimos que outro debate vai se tornar cada vez mais importante, centrado no que chamamos de "pós-populismo" — a saber, o alvorecer de uma era na qual as pessoas serão capazes de avaliar se votar ou não nos populistas fez uma diferença tangível em suas vidas e se elas se importam com isso.

O que acontecerá se Trump não restaurar grande número de empregos relativamente bem pagos, seguros e significativos e maior proteção às fronteiras de uma maneira que satisfaça seus principais apoiadores? E se suas medidas protecionistas iniciarem uma guerra comercial internacional? Os problemas para assegurar o Brexit já tornaram os líderes nacional-populistas de outros países receosos em relação a uma completa ruptura com a UE, com Marine Le Pen e o Democratas Suecos abandonando seus pedidos iniciais de saída total. O que acontecerá se o Brexit não reformar o impopular sistema liberal de imigração da Grã-Bretanha ou não levar maior igualdade econômica a áreas que há muito se sentem excluídas dos benefícios que vão para Londres e para as cidades universitárias? Como os eleitores de Marine Le Pen na França responderão nas cidades nas quais os prefeitos de seu partido falharem em cumprir as promessas de restringir a influência do Islã e acabar com o terrorismo islamista? O que acontecerá se populistas como Viktor Orbán, que chama os refugiados muçulmanos de "invasores", forem incapazes de interromper o fluxo ou se passarem a ser amplamente vistos como a nova elite corrupta que usa sua posição no governo para encher os próprios bolsos? Em 2019, o líder do Partido da Liberdade austríaco, Heinz-Christian Strache, foi forçado a renunciar ao cargo de vice-primeiro-ministro depois de ser flagrado prometendo contratos a uma oligarquia russa se ela comprasse um jornal popular para ajudar seu partido, dando início à queda do governo nacional-populista de centro-direita e à diminuição do apoio a seu partido. Mais tarde, alegou-se que ele usara fundos partidários em benefício próprio e, em outubro de 2019, ele se aposentou da política após os fracos resultados de seu partido nas eleições nacionais.

Inversamente, o que acontecerá se esses partidos *realmente* produzirem mudanças significativas, se *forem* capazes de indicar "sucessos" como a criação de empregos de qualidade, nova infraestrutura, fronteiras mais fortes ou limitação significativa da imigração não qualificada vinda de Estados muçulmanos? Como exemplo, os planos do governo austríaco em 2018 para restringir os benefícios sociais e o salário-família para pessoas que não falam a língua podem ampliar sua atratividade entre eleitores potenciais que querem ação radical em outras áreas, como reverter outras agendas impulsionadas pela elite, a exemplo da crescente desigualdade. Embora os nacional-populistas frequentemente pensem de maneiras diferentes sobre a economia, um número crescente deles na Europa defende certos aspectos de políticas tradicionalmente de esquerda, incluindo a expansão do Estado e a promoção do bem-estar social para aqueles nascidos no país, excluindo os imigrantes. Isso está tornando ainda mais difícil para os sociais-democratas de centro-esquerda reconquistarem seus eleitores, especialmente porque, em certos países, eles também enfrentam o intenso desafio dos partidos verdes, cujas fortes visões pró-europeias aumentam sua atratividade entre eleitores jovens e altamente educados.

A resposta pronta para o cenário de fracasso é que aqueles que votam nos populistas são em sua maioria dissidentes que inevitavelmente retornarão ao mainstream; mas isso parece improvável. Além disso, como veremos no capítulo 6, essa resposta ignora a maneira pela qual o nacional-populismo *já tem* claro impacto ao arrastar os sistemas políticos ocidentais para longe do centro, na direção do que Marine Le Pen descreve como choque entre nacionalistas e globalistas. Os populistas podem "perder" nas eleições, mas o mainstream cada vez mais soa e se parece com eles, tornando-se, no processo, um "nacional-populismo leve".

Na maior parte dos casos, como na Áustria, na Grã-Bretanha e na Holanda, foi a centro-direita que adotou essa tática, embora, na Dinamarca, os social-democratas tenham recentemente seguido essa rota. Contudo, essa é uma estratégia perigosa se os eleitores sentem que as promessas não são cumpridas. Veja o caso britânico, no qual a falha em deixar a UE significou que, nas eleições europeias de 2019, o novo Partido Brexit de Farage eclipsou os conservadores, que caíram para um recorde histórico abaixo de 10%. Essa foi a razão central para o novo primeiro-ministro, Boris Johnson, ter transformado "Vamos resolver o Brexit de uma vez" em sua mensagem central nas eleições gerais de dezembro de 2019, ajudando a produzir uma grande maioria parlamentar, com 43,6% dos votos (embora essas mudanças também enfatizem a volatilidade de muitos eleitores).

Contra o pano de fundo de uma hegemonia ocidental liberal que enfatiza os direitos individuais sobre as obrigações comunais e a solidariedade, que concorda com ainda mais mudança étnica e apoia a globalização econômica e política, aqueles que votam nos nacional-populistas querem empurrar o pêndulo na outra direção. Eles não são eleitores transacionais que pesam custos e benefícios das políticas, como um contador, e focam nos detalhes — quem está fazendo o que, como e quando. Em vez disso, são motivados pelo profundo desejo de trazer de volta à agenda um conjunto mais amplo de valores e retomar sua voz: reafirmar a primazia da nação sobre organizações internacionais distantes e não responsabilizáveis; reafirmar identidades nacionais amadas e enraizadas contra identidades transnacionais difusas e sem raízes; reafirmar a importância da estabilidade e da conformidade contra a infinita e perturbadora instabilidade que flui da globalização e da rápida mudança étnica; e reafirmar a vontade do povo sobre a vontade dos democratas liberais elitistas que parecem cada vez mais distantes da vivência e da perspectiva do cidadão comum. Assim como muitos liberais viram seus valores refletidos na notável ascensão de Barack Obama nos EUA e Emmanuel Macron na França, muitos outros na sociedade veem seus valores refletidos no nacional-populismo. E muitos deles sentem, pela primeira vez em muito tempo, que finalmente podem expressar suas opiniões e gerar mudanças.

CAPÍTULO 1
Mitos

Existem muitos mitos sobre o nacional-populismo. Dos Estados Unidos à Europa, os movimentos nacional-populistas são vistos como refúgio para preconceituosos irracionais, perdedores desempregados, rejeitos do cinturão da ferrugem, eleitores atingidos duramente pela Grande Recessão e velhos brancos e raivosos que morrerão em breve e serão substituídos por tolerantes *millennials*. À sombra de Trump, do Brexit e da ascensão do nacional-populismo na Europa, incontáveis escritores traçaram uma linha reta entre uma alienada subclasse branca no interior americano, aposentados raivosos nas cidades costeiras inglesas em vias de desaparecimento e desempregados nas áreas devastadas da Europa. Especialmente no Brasil e em países com frágeis tradições democráticas, muitos comentadores viram a ascensão de políticos como Bolsonaro como sinal de que os apoiadores desejam uma liderança autoritária ou mesmo um governo militar.

As pessoas tendem a reduzir movimentos altamente complexos a "um tipo" de eleitor ou "uma causa" porque querem explicações simples e diretas. Mas, quando consideramos que mais de 62 milhões de pessoas votaram em Trump, mais de 17 milhões no Brexit, mais de 10 milhões em Marine Le Pen e quase 6 milhões no Alternativa para a Alemanha, a ideia de que os movimentos nacional-populistas podem ser reduzidos a estereótipos simplistas é ridícula. Ela também possui implicações reais: no longo prazo, diagnosticar erroneamente as raízes do apoio aos nacional-populistas tornará mais difícil para seus oponentes voltarem ao jogo.

Alegações enganosas e ciclo de vida

Os mitos estão florescendo. Na Europa e nos EUA, o primeiro é a ideia de que o nacional-populismo é impulsionado quase exclusivamente por desempregados e pessoas de baixa renda ou na pobreza. Mas, embora haja variação de país para país, ele lançou suas redes de maneira surpreendentemente ampla na sociedade, recolhendo votos de trabalhadores de tempo integral, conservadores de classe média, autônomos, pessoas de renda média ou alta e até mesmo jovens.

A tendência de retratar Trump como refúgio para brancos atingidos pela pobreza, por exemplo, é profundamente problemática. Durante as primárias americanas, a renda domiciliar média do eleitor de Trump era de 72 mil dólares, comparados aos 61 mil dólares dos apoiadores de Hillary Clinton e Bernie Sanders e aos 56 mil dólares do cidadão médio. Em estados como Connecticut, Flórida, Illinois, Nova York e Texas, o eleitor médio de Trump ganhava 20 mil dólares a mais por ano que a média, refletindo como republicanos e eleitores das primárias tendem a estar em situação melhor. A ideia de que foram os brancos pobres que se manifestaram em massa a favor de Trump também é minada pela descoberta de que as dificuldades econômicas foram na verdade um maior indicador de apoio a Hillary Clinton.[1]

De fato, na primavera de 2018, o cientista político Matt Grossmann revisou quase todos os estudos realizados até então sobre o eleitorado de Trump. Embora tenha encontrado muitas discordâncias, ele também observou como as principais descobertas eram claras: atitudes em relação a raça, gênero e mudança cultural desempenharam grande papel e circunstâncias econômicas objetivas tiveram somente papel limitado. Similarmente, a influente acadêmica Diana Mutz descobriu que mudanças na situação financeira das pessoas na verdade foram insignificantes para explicar o apoio a Trump. Elas empalidecem quando comparadas à preocupação com a ascensão de uma "minoria majoritária nos EUA", que as pessoas viam como ameaça à posição dominante de seu grupo. "Aqueles que sentiam que a hierarquia estava sendo subvertida — com brancos sendo mais discriminados que negros, cristãos mais que muçulmanos e homens mais que mulheres — tinham maior probabilidade de apoiar Trump."[2]

Veja ainda o caso do Brexit. Alguns atribuíram o choque resultante a condições macroeconômicas extremas, a despeito de a votação ter ocorrido em um momento no qual o desemprego na Grã-Bretanha chegava a sua menor taxa desde a década de 1970. A ideia de encerrar a filiação britânica à UE certamente era popular entre pessoas de baixa renda, mas, mesmo entre aquelas com renda média ou acima da média, o apoio ao Brexit foi de 51%. A saída da Grã-Bretanha foi comemorada em cidades industriais em situação difícil, mas também em abastados condados conservadores.[3]

Outro mito popular é o de que toda essa turbulência está enraizada na crise financeira global que irrompeu em 2008, na Grande Recessão e na austeridade que subsequentemente foi imposta às democracias europeias. Visto dessa perspectiva, o nacional-populismo é impulsionado pelos financeiramente prejudicados, que foram atingidos pela tempestade econômica pós-2008. Em seguida a Trump e ao Brexit, o colunista do *Financial Times* Martin Wolf argumentou que a crise financeira "abriu as portas para um surto populista". Ele tampouco estava sozinho. Economistas atribuíram o que chamaram de "síndrome Brexit-Trump" a mercados não regulamentados, cortes drásticos nas despesas públicas e perda de fé na ortodoxia econômica. Em suas palavras: "É a economia, idiota."[4]

Essa "crise narrativa" foi fortemente influenciada pela experiência da Europa entreguerras e pela ascensão do nazismo após o crash de Wall Street em 1929 e a Grande Depressão. O fato de Mussolini e os fascistas da Itália terem tomado o poder onze anos antes é ignorado, assim como o fato de que condições econômicas similarmente extremas em outros países europeus não resultaram em fascismo. A crise narrativa também foi encorajada por eventos mais recentes, como o súbito avanço de um movimento neonazista grego chamado Aurora Dourada. Em 2012, em meio ao colapso financeiro quase total, um partido que organizava bancos de alimentos "somente para gregos" e procissões à luz de tochas e exigia que as empresas substituíssem trabalhadores estrangeiros por gregos étnicos obteve seus primeiros assentos no Parlamento. Para muitos observadores, esse evento confirmou a hipótese de que "crises econômicas equivalem a extremismo político". O mesmo aconteceu com o surgimento do nacional-populismo após a crise financeira em democracias que se acreditava serem inumes a essa força, como a Finlândia, a Alemanha e a Suécia.

Não há dúvida de que a crise financeira criou espaço para os nacional-populistas. Para além de exacerbar divisões já existentes entre os eleitores, ela contribuiu para a perda de apoio dos partidos tradicionais e para níveis recordes de volatilidade política na Europa, onde as pessoas se tornaram muito mais dispostas a transferir sua lealdade entre uma eleição e a seguinte, como veremos no capítulo 6. Contudo, no Brasil, a última crise financeira foi somente um dos fatores que levaram ao poder o outsider político Bolsonaro, que só recentemente se filiaria ao Partido Social Liberal, em um país no qual há corrupção disseminada entre os principais partidos e a taxa de homicídios é muito mais elevada que nos EUA. Muitos de seus apoiadores também foram motivados pela economia liberal e por preocupações sociais de direita, como a hostilidade ao feminismo e aos direitos LGBT, que frequentemente foram associadas à defesa do tradicionalismo cristão. Mesmo sendo deputado federal desde o início da década de 1990, muitos viram Bolsonaro como nova esperança, um salvador nacional. Ele parecia divorciado da corrupção endêmica do país, demonstrada pouco antes pela Operação Lava Jato, que fizera acusações contra empresários e políticos de destaque, incluindo o ex-presidente Luiz Inácio Lula da Silva (embora, depois que se tornou presidente, numerosas acusações tenham sido feitas à família imediata de Bolsonaro, incluindo as de ligações com gangues paramilitares).

Assim, a crise é importante. Mas a noção de que ela é a causa primária não é convincente. Se bastava uma crise, então por que crises passadas, como os choques no preço do petróleo na década de 1970, não produziram uma reação similar? Por que as democracias que foram atingidas mais duramente pela Grande Recessão, como Irlanda, Portugal ou Espanha, só testemunharam insurreições nacional-populistas bem-sucedidas ao fim de 2018? Inversamente, por que alguns dos movimentos nacional-populistas mais bem-sucedidos emergiram em economias fortes e em expansão, com baixo desemprego, como Áustria, Holanda ou Suíça? E, se a crise financeira realmente é a culpada, como explicar o fato de que essa revolta contra a democracia liberal começou muito antes do colapso do Lehman Brothers?

Rastrear o ciclo de vida do nacional-populismo é importante porque ele desafia a ideia de que o que estamos testemunhando é algo novo e nos faz lembrar que precisamos levar a sério as mudanças profundas e de longo prazo. Como os leitores com boa memória lembrarão, foi na década de 1980 que surgiram os mais significativos nacional-populistas na Europa do pós-guerra. Eles incluíam pessoas como Jean-Marie Le Pen na França e Jörg Haider na Áustria, que emergiram prometendo acabar com a imigração, fortalecer a lei e a ordem e enfrentar um establishment "corrupto". E eles se mostraram mais duráveis do que previram muitos comentaristas, obtendo apoio em diferentes ciclos econômicos e cultivando um forte relacionamento com grupos-chave da sociedade. Eles estabeleceram as fundações do que testemunhamos hoje em grande parte da Europa.

Foi em 1988, o mesmo ano em que George H. W. Bush foi eleito presidente dos EUA, que Jean-Marie Le Pen atordoou a França ao ficar com 14% dos votos durante a eleição presidencial; seu slogan era simplesmente "Le Pen, *le peuple*" (Le Pen, o povo). Como líder da Frente Nacional (agora chamada de Reunião Nacional), ele permaneceu firmemente no cenário e, quatorze anos depois, em 2002, chocou o mundo ao chegar à etapa final da disputa presidencial. Le Pen perdeu aquela eleição por ampla margem, mas, mesmo assim, foi um grande choque. Atacando vigorosamente os partidos convencionais, ele apresentou a Frente Nacional como único partido capaz de solucionar as divisões socioeconômicas do país, pôr fim à imigração, construir 200 mil celas prisionais, reintroduzir a pena de morte para combater o aumento da criminalidade, usar impostos sobre as importações para proteger os empregos franceses, descartar o euro como moeda única e tirar a França da UE.

Logo vieram outros. Durante as décadas de 1990 e 2000, vários nacional-populistas emergiram em países ocidentais. Um grande estudo com dezessete democracias europeias descobriu que o nacional-populismo experimentou a maior parte de seu crescimento *antes* da crise financeira e, depois dela, frequentemente obteve os maiores ganhos em áreas que escaparam de seus piores efeitos.[5] Na Grã-Bretanha, embora muitos escritores mais tarde tenham atribuído o Brexit à austeridade pós-crise, eles esqueceram que foi em 2004 que Nigel Farage e o UKIP obtiveram seu primeiro grande sucesso, ocorrido após 48 trimestres consecutivos de expansão econômica. Farage, como outros, conquistou eleitores não somente entre a classe operária, que estava empregada, ainda que precariamente, mas também entre conservadores de classe média relativamente abastados. Os movimentos nacional-populistas surgiram também em outros países: a Liga na Itália, o Partido do Progresso na Noruega, o Lei e Justiça na Polônia, os partidos do Povo na Dinamarca e na Suíça e o Fidesz de Viktor Orbán na Hungria. No início do século XXI, alguns haviam sido tão bem-sucedidos que entraram no governo, fosse diretamente ou como parte de uma coalizão. Vários já estavam nesse caminho muito antes da crise e do presidente Trump.

Velho branco e raivoso?

O segundo mito prevalente é o de que o apoio ao nacional-populismo na Europa e nos EUA vem inteiramente de homens brancos e velhos que morrerão em breve. Essa é uma narrativa confortável para os liberais porque implica que eles não precisam se engajar com nenhuma das *ideias* do nacional-populismo, como a importância da comunidade e o desejo de ser ouvido, em vez de ignorado ou desprezado. Em vez disso, só precisam esperar que os aposentados saiam de cena, momento em que os socialmente liberais *millennials* assumirão o controle, enquanto as populações do Ocidente se tornam ainda mais étnica e culturalmente diversas. Essa visão recebeu apoio, entre outros, do colunista do *Financial Times* Janan Ganesh, que argumentou que o Brexit foi "o melhor que os conservadores tradicionais conseguirão", porque, com o tempo, o apoio que recebem será erodido pela mudança geracional.[6]

Tais vozes indicam grandes diferenças de visão entre jovens e velhos. Em 2018, por exemplo, perguntou-se aos britânicos se votar pelo Brexit fora certo ou errado: 65% dos aposentados acharam que fora a decisão certa e 68% daqueles entre 18 e 24 anos acharam que fora errada. Um escritor até mesmo concluiu que, assumindo-se que as taxas de natalidade e mortalidade na Grã-Bretanha permaneçam constantes e os jovens continuem sendo muito mais favoráveis à UE, os apoiadores da permanência terão maioria decisiva em 2022! Mas os liberais rotineiramente exageram tanto o ritmo quanto a escala da mudança geracional. Eles ignoram o fato de que, embora os jovens geralmente tendam a ser menos racistas, muitos deles são instintivamente receptivos ao nacional-populismo.

Considere os EUA. Não menos que 41% dos *millennials* brancos votaram em Trump; eles tendiam a não ter diploma de ensino superior, trabalhavam em tempo integral e, na verdade, apresentavam *menos* probabilidade que aqueles que não apoiaram Trump de ser de baixa renda. Contrariamente à alegação de que os jovens não se preocupam com questões como imigração, esses americanos jovens estavam especialmente ansiosos com a "vulnerabilidade branca": a percepção de que os brancos, sem ter nenhuma responsabilidade por isso, estão perdendo espaço para outros na sociedade, uma visão intimamente ligada a seu ressentimento contra outros grupos raciais. Como os autores de um estudo comentaram: "Muitos americanos brancos estão inquietos com o que veem como seu futuro, cercados por uma diversidade racial e cultural cada vez maior na mídia, na política, no entretenimento e na música. *Millennials* brancos são parte da geração americana mais diversa [...], mas nem todos estão confortáveis com isso."[7]

Ou considere a Grã-Bretanha. Certamente é verdade que o nacional-populista Nigel Farage, que pediu às pessoas para "dizerem não" à imigração em massa, à UE e aos políticos estabelecidos em Westminster, apoiou-se pesadamente nos aposentados para obter votos. Somente um em cada dez de seus apoiadores tinha menos de 35 anos, ao passo que, desde a votação do Brexit, sete em cada dez daqueles entre 18 e 24 anos apoiaram o líder do Partido Trabalhista, o culturalmente liberal e esquerdista radical Jeremy Corbyn, que muitos compararam a Bernie Sanders — embora esse número tenha caído nas eleições europeias de 2019, nas quais a posição pessoal de Corbyn e a ambiguidade trabalhista em relação ao Brexit levaram muitos dos que apoiaram o Partido Trabalhista em 2017 a votarem nos verdes e nos liberais democratas.

Essas gerações diferentes têm experiências de vida profundamente diferentes. Os eleitores mais velhos que apoiaram Farage chegaram à maioridade em uma era muito distinta, na qual a Grã-Bretanha era maciçamente branca e visões racistas eram comuns, as memórias coletivas do Império e da vitória na Segunda Guerra Mundial eram fortes, a educação universitária era rara, o aborto e a homossexualidade eram ilegais e a pena de morte ainda seria aplicada até a década de 1960. Em agudo contraste, os jovens *millennials* que apoiam Jeremy Corbyn nasceram entre a década de 1980 e o início da década de 2000: eles sempre conheceram uma Grã-Bretanha que é membro da UE e tem altas taxas de imigração, na qual ir para a universidade é comum e os políticos subscrevem o consenso liberal que apoia a imigração e a UE.[8]

Não obstante, esse debate binário "jovem *versus* velho" simplifica excessivamente um retrato complexo. Por baixo dessas pinceladas amplas jaz o fato de que o Brexit foi endossado por um em cada quatro britânicos com ensino superior, uma em cada duas mulheres, um em cada dois moradores das áreas urbanas, cerca de dois quintos daqueles entre 18 e 34 anos e metade daqueles entre 35 e 44 anos. Se esses eleitores, que são rotineiramente deixados de fora dos debates sobre populismo, não tivessem votado no Brexit, a Grã-Bretanha ainda estaria na UE. Simplesmente ignorar os movimentos nacional-populistas como um refúgio final de homens velhos é incrivelmente enganoso.

Também cai na armadilha de assumir que seus apoiadores são exclusivamente brancos. Embora isso seja mais verdadeiro na Europa, a noção ignora descobertas importantes. A despeito de retratar os imigrantes como traficantes e estupradores, Trump conquistou cerca de 28% dos votos latinos, enquanto Clinton teve um desempenho inferior entre esse grupo, comparada a Obama. Trump também conquistou mais da metade dos votos cubano-americanos no estado-chave da Flórida (embora, no longo prazo, esse grupo pareça estar se movendo na direção dos democratas).

O Brexit foi considerado, por políticos liberais experientes como Vince Cable, resultado dos votos de pessoas idosas que ansiavam por um mundo no qual "os rostos são brancos" e o mapa do mundo é "colorido pelo cor-de-rosa imperial", como durante a era do Império Britânico. Mas essa caricatura não se adéqua à realidade de que o Brexit foi apoiado por um em cada três eleitores negros e pertencentes a minorias étnicas, alguns dos quais sentiam que a política liberal de imigração da Grã-Bretanha dava tratamento preferencial a imigrantes do interior da Europa, à custa daqueles fora da Europa, ou eles próprios se sentiam ansiosos com os níveis de imigração historicamente inéditos que ocorreram na década anterior ao referendo. Esse apoio não branco foi visível em cidades como Birmingham, Bradford, Luton e Slough, que possuem grandes comunidades de minorias étnicas originárias da Ásia Meridional.

O perfil etário desses apoiadores também refuta a narrativa de velhos raivosos. Em muitas das democracias europeias, o nacional-populismo recebe muitos votos daqueles com menos de 40 anos. Vejamos alguns exemplos. Na Itália, o movimento nacional-populista Liga obtém apoio de praticamente todas as gerações, incluindo jovens italianos que se sentem ansiosos em relação à imigração (de fato, aqueles entre 18 e 49 anos têm mais probabilidade que os aposentados de ver a imigração como questão fundamental enfrentada pelo país). Na França, quando Marine Le Pen concorreu sem sucesso à presidência, ela conseguiu mais votos de eleitores entre 18 e 34 anos no primeiro turno que qualquer outro candidato. Na Áustria, mais da metade dos homens entre 18 e 29 anos votou no candidato presidencial do Partido da Liberdade, cujo líder gostava de fazer campanha em clubes noturnos para conquistar o apoio dos jovens. Na Alemanha, o Alternativa para a Alemanha atrai mais intensamente não os aposentados idosos com memórias distantes do nazismo, mas pessoas entre 25 e 50 anos, que não possuem nenhuma conexão direta com aquele período da história.[9] E, logo antes de uma eleição na Suécia em 2018, o nacional-populista Democratas Suecos era o segundo partido mais popular entre os eleitores de 18 a 34 anos e o mais popular entre aqueles de 35 a 54 anos. Análises mais recentes, após as eleições para o Parlamento Europeu em 2019, novamente jogaram água fria na ideia de que o populismo é impulsionado por pessoas idosas que morrerão em breve. O apoio ao nacional-populismo dobrou na faixa etária de 18 a 35 anos, permaneceu estável entre aqueles com até 60 anos e caiu entre os aposentados. No Brasil, Bolsonaro também atraiu os jovens, com muitos o vendo como maneira de superar um conjunto de crises.

Também na Grécia o neonazista Aurora Dourada conquistou a maior parte de seu apoio entre homens jovens com somente o ensino médio, que sentiam que sua posição na sociedade se deteriorara em relação aos outros. Na Hungria, onde os nacional-populistas são fortes, o movimento Jobbik (um jogo de palavras com *jobb*, que pode significar tanto "melhor" quanto "direita") é popular entre homens jovens que são hostis à comunidade minoritária roma e aos judeus. E, ainda que o UKIP se baseasse no apoio de homens mais velhos, a idade média dos que votaram pela saída da UE durante o Brexit foi de 52 anos — dificilmente pessoas que estão prestes a bater as botas!

Tampouco podemos perder de vista o retrato mais amplo. Nos EUA, enquanto Trump celebrava o fim de seu primeiro ano na Casa Branca, o Pew Research Center descobriu que, embora em décadas recentes os *millennials* tenham se tornado mais liberais, 43% deles ainda mantêm valores claramente conservadores ou mistos e somente 25% podem ser descritos como "consistentemente liberais".[10] Uma pesquisa realizada entre americanos da mais recente geração iGen, que nasceram entre 1995 e 2012, sugere que a fração dos alunos do último ano do ensino médio que se identificam como conservadores aumentou para quase 30%, tornando-os mais conservadores que os adolescentes da geração X durante a era Reagan. Criados em meio à Grande Recessão, à desigualdade galopante e à supermudança étnica, alguns desses jovens falaram abertamente sobre sua ansiedade em relação à imigração. Outros foram ainda mais longe: um em cada seis jovens brancos de 18 anos disse sentir que sua vida seria melhor se não envolvesse contato próximo com outras raças. Ou veja o caso da Grã-Bretanha. Na primavera de 2018, 41% daqueles entre 18 e 24 anos e 50% daqueles entre 25 e 49 anos sentiam que a imigração para o país era "alta demais".[11]

A questão é que frequentemente falamos sobre mudança geracional em termos abrangentes, mas, olhando mais de perto, encontramos um retrato muito mais variado que o sugerido pelas manchetes. A ideia de que o Ocidente está em uma jornada de mão única para um futuro liberal também é desafiada por outra pesquisa sobre como a idade afeta a visão política. Na Grã-Bretanha, o professor James Tilley, da Universidade de Oxford, acompanhou o mesmo grupo de pessoas durante certo período e descobriu que, a cada ano, havia um aumento de 0,38% no apoio ao Partido Conservador, de direita. Pode não parecer muito, mas, durante uma vida inteira, essas porcentagens se somam e respondem por grande parte, se não toda, da distância entre jovens e velhos em termos de apoio ao partido. Como indicou Tilley, ao envelhecer e assumir mais responsabilidades, nós nos tornamos instintivamente mais receptivos aos partidos que querem preservar o *status quo*. Além disso, não somente as populações ocidentais estão envelhecendo, como os eleitores mais velhos têm mais probabilidade de votar, o que significa que, no longo prazo, os conservadores de direita não precisam se preocupar excessivamente com a possibilidade de seus apoiadores morrerem.[12]

Os populistas também são frequentemente retratados como atraindo somente homens, mas um olhar mais atento ao gênero revela um retrato diferente. Hillary Clinton conquistou as mulheres em geral, mas estima-se que 53% das mulheres *brancas* apoiaram Trump, que fez várias declarações depreciativas sobre elas. Clinton mais tarde sugeriria que essas mulheres haviam sido pressionadas pelos maridos ou parceiros a mudar seu voto para Trump ou não votar, minimizando a possibilidade de que tivessem tomado suas próprias decisões. Na Grã-Bretanha, homens e mulheres tinham a mesma probabilidade de apoiar o Brexit e, embora os nacional-populistas na Europa consigam mais votos masculinos, alguns deles, como Marine Le Pen, que apelou especificamente às mulheres, recentemente superaram essa "disparidade de gênero". Entre 1988 e 2017, a porcentagem de mulheres francesas de 18 a 26 anos que votavam pela primeira vez e decidiram apoiar a família nacional-populista Le Pen nas eleições presidenciais disparou de 9% para 32%. De fato, em 2017, as mulheres jovens e aquelas entre 47 e 66 anos eram muito mais propensas que os homens a votar em Le Pen. Isso não significa que, em toda a Europa, as mulheres tenham significativamente mais probabilidade de votar nos nacional-populistas que os homens — não têm —, mas há casos nos quais as evidências contrariam os estereótipos.[13]

Também há boas razões para prever que a narrativa sobre homens brancos e velhos levará a uma polarização ainda maior e piorará as coisas para o mainstream liberal. Nos EUA, parece provável que Trump tenha sido auxiliado pela alegação, popular entre os democratas, de que ele *simplesmente não poderia vencer* em função da maneira como o país rapidamente se tornava mais étnica e culturalmente diverso. Esses argumentos foram defendidos por pessoas como o pesquisador democrata Stan Greenberg em seu livro *America Ascendant* [América ascendente], que sugere enfaticamente que o futuro pertence aos democratas porque os EUA estão se tornando mais instruídos e etnicamente diversos.[14] Uma coalizão "recém-ascendente" de *millennials* com ensino superior, liberais culturais e minorias impulsionará democrata após democrata para a Casa Branca — ou é assim que prossegue o raciocínio.

Mas as pessoas frequentemente exageram. Em todo o Ocidente, como discutiremos no capítulo 3, aqueles que não possuem ensino superior continuam a superar os que possuem por ampla margem, como fazem nos estados americanos do cinturão da ferrugem, o que explica parcialmente o sucesso de Trump. Além disso, em eleições apertadas nas quais as apostas eram altas — como a eleição presidencial americana de 2016 e o referendo do Brexit —, grupos-chave dessa coalizão supostamente ascendente falharam em se mobilizar em massa.

Hillary Clinton foi prejudicada por taxas de comparecimento mais baixas que o esperado entre afro-americanos, jovens pertencentes a minorias e estudantes *millennials*. Na Grã-Bretanha, o campo que defendia a permanência teve dificuldade porque as taxas de comparecimento nas cidades universitárias mais culturalmente liberais e nos distritos hipster de Londres não conseguiram acompanhar as taxas de comparecimento dos distritos operários, nos quais os apoiadores do Brexit estavam mais determinados a se fazer ouvir. Ironicamente, quando uma petição para anular o resultado do referendo foi protocolada, ela atraiu grande número de assinaturas em distritos hipster como Camden, Hackney e Shoreditch, nos quais a taxa de comparecimento fora mais baixa que o esperado quando realmente importava. Essas diferenças de participação provavelmente foram encorajadas pela narrativa de um futuro liberal inevitável. As profecias sobre uma nação mudando rapidamente alarmaram os já alarmados, atiçando medos sobre futuras mudanças étnicas e entrincheirando a crença de que aquela era realmente sua "última chance" de colocar suas preocupações na mesa, antes que fosse tarde demais.

Uma aliança diversificada

Narrativas enganosas nos distraem do fato de que, na realidade, o nacional-populismo atrai uma ampla aliança de diferentes grupos da sociedade. Apesar de ser rotineiramente retratado como refúgio de somente um tipo de eleitor, na verdade atrai uma coalizão de grupos-chave, embora tenha os trabalhadores brancos em seu âmago. Tanto Trump quanto o Brexit foram empurrados até a linha de chegada por uma frouxa, mas comprometida coalizão de eleitores que frequentemente tinham estilos de vida diferentes, mas estavam unidos por preocupações e valores partilhados.

É preciso reconhecer que Trump certamente não é um nacional-populista à maneira de figuras similares na Europa. Nigel Farage na Grã-Bretanha e Marine Le Pen na França são outsiders genuínos que jamais foram aceitos pelo mainstream. Eles são líderes de seus próprios partidos. Trump, em contraste, efetivamente assumiu o comando do convencional Partido Republicano e acabou sendo aceito por ele. Ele capturou a Casa Branca não somente mobilizando os americanos nos estados decisivos, mas também retendo a vasta maioria dos republicanos convencionais que haviam votado em Mitt Romney em 2012. Como resultado, uma minoria significativa de seus eleitores o apoiou mesmo com grandes reservas em relação a seu estilo e/ou suas políticas, embora ele também tenha inspirado uma base determinada que permaneceu leal após a posse.

O Brexit tampouco foi uma revolta nacional-populista típica. Ainda que a chocante decisão de retirar a Grã-Bretanha da UE tenha sido apresentada como parte de uma onda populista, houve alguns fatores únicos em jogo. O Brexit não surgiu durante uma eleição normal, mas durante um referendo binário "permanecer ou sair" que viu o comparecimento chegar a 72%, o mais alto em uma eleição nacional em um quarto de século. Assim como Trump não pode ser integralmente compreendido sem referência ao longo legado populista dos Estados Unidos, que discutiremos mais tarde, o Brexit não pode ser integralmente compreendido sem referência a uma tradição de décadas na Grã-Bretanha (ou, mais acuradamente, na Inglaterra) de forte suspeita pública em relação à ideia de integrar o país politicamente à Europa. Essa hostilidade latente fluiu e refluiu pelo convencional Partido Conservador, que via a UE como ameaça à soberania nacional, e preocupa alguns membros do Partido Trabalhista, que temem que a UE possa minar os direitos dos trabalhadores e seja um veículo para os capitalistas do mercado livre e para defender os interesses americanos.

Isso dito, esses movimentos partilham certos traços. A tendência de ver o eleitorado de Trump como bloco homogêneo de brancos pobres é enganosa. Ele não atraiu *somente* uma subclasse branca empobrecida do tipo descrito no best-seller *Era uma vez um sonho*.[15] Na realidade, capturou a Casa Branca atraindo uma ampla aliança de brancos sem ensino superior e conservadores sociais tradicionais que tipicamente votavam nos republicanos.

Contrariamente à crença popular, muitos dos apoiadores de Trump não estavam no degrau mais baixo da escada econômica. Como demonstrou a analista Emily Ekins, sua mensagem ressoou entre grupos distintos. Um dos mais importantes foi aquele que ela chamou de *conservadores ferrenhos*, um grupo de resolutos conservadores fiscais, tradicionalistas morais e republicanos leais que frequentemente eram de classe média, moderadamente instruídos, interessados em política e que apoiaram Trump desde as primárias. Um segundo grande grupo foi o dos *partidários do livre mercado*: conservadores fiscais defensores do governo pequeno e apoiadores passionais do mercado livre que detestavam Clinton, estavam na meia-idade, tinham renda elevada e usualmente moravam em casa própria. Combinados, esses dois grupos, que se identificavam como republicanos e conservadores, corresponderam a mais da metade do eleitorado de Trump; sem esses republicanos bastante moderados, que frequentemente possuíam boa renda, ele jamais teria vencido.[16]

Todavia, Trump também se apoiou fortemente em alguns grupos centrais que se aproximavam mais do perfil dos eleitores nacional-populistas na Europa. Seus mais leais apoiadores foram os *preservacionistas*. Esses eleitores ferozmente pró-Trump em geral tinham somente o ensino médio e viviam em domicílios de baixa renda, recebendo menos de 50 mil dólares por ano. Eles tinham muito em comum com dois outros grupos essenciais para sua vitória: os *antielites*, que tendiam a estar em melhor situação, mas se sentiam profundamente insatisfeitos com o *status quo*, e os *desengajados*, um grupo demográfico menor que sabia pouco sobre política, mas compareceu às urnas para votar em Trump. Foi a combinação desses cinco grupos bastante diferentes, unidos ao ouvir o chamado para "Tornar os Estados Unidos grandes novamente", que impulsionou Trump até a Casa Branca (e provavelmente ainda será receptiva ao chamado para "Manter os Estados Unidos grandes", se Trump concorrer novamente em 2020).

O que a maioria dos apoiadores de Trump tinha em comum eram visões republicanas razoavelmente convencionais. Comparados aos americanos que não o apoiaram, eles tinham mais probabilidade de se opor ao casamento gay, ser pró-vida em vez de pró-escolha, acreditar que as mulheres que se queixam de assédio causam mais problemas do que solucionam, apoiar a pena de morte, descrever-se como tradicionais, acreditar que a vida nos Estados Unidos hoje é pior do que era há cinquenta anos e se opor às ações afirmativas para mulheres e minorias. Com exceção dos *partidários do livre mercado*, também tinham mais probabilidade que os outros eleitores de sentir que é mais importante para uma criança ser obediente que autossuficiente, uma visão que reflete valores tradicionais que priorizam a ordem, a estabilidade e a conformidade ao grupo. E a maioria deles votou *em* Trump, e não *contra* Clinton. Ainda que frequentemente divergissem sobre economia, muitos partilhavam visões similares sobre questões culturais como a imigração, embora elas dominassem principalmente o modo de pensar dos apoiadores mais leais.

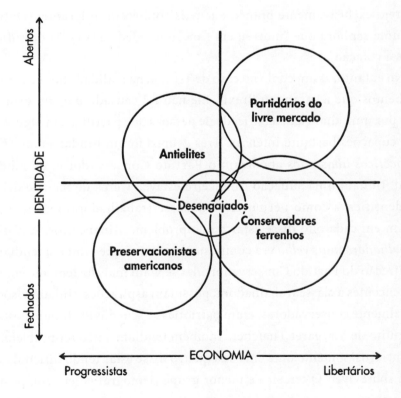

Figura 1.1
Comparação entre os eleitores de Trump em um mapa político.
Os eixos se aproximam do eleitor médio de Trump.

O Brexit também foi causado por um patchwork de grupos diferentes com valores partilhados. Como nos Estados Unidos, as pessoas foram rápidas em oferecer estereótipos simplistas. Tentativas de explicar o resultado do referendo focaram na classe branca trabalhadora. Embora 52% dos eleitores em geral apoiassem o Brexit, esse número subia para 60% entre a classe trabalhadora e 70% entre os aposentados da classe trabalhadora. Um tuíte que viralizou após o resultado retratava os defensores da saída como sendo quase exclusivamente brancos e idosos. Um deles era um senhor que, como foi dito aos leitores, vivia em um vilarejo exclusivamente branco e jamais conhecera imigrantes. Outro era uma senhora que "morreu em função da idade avançada dois dias após a votação".

No entanto, assim como no caso de Trump, na realidade houve vários elementos que levaram ao Brexit. Ele não foi causado por um grupo, mas por uma aliança diversificada de pessoas que partilhavam algumas preocupações bastante intensas. Três grupos foram fundamentais. Os *eurocéticos abastados* apoiavam o Partido Conservador e, de modo geral, tinham uma situação financeira estável. Cerca de metade deles se identificava como pertencendo à classe trabalhadora, mas menos de um em cada oito disse estar tendo problemas financeiros. A *classe trabalhadora mais velha* era composta de pessoas que também tendiam na direção do Partido Conservador: elas se viam mais fortemente como pertencentes à classe trabalhadora, possuíam aspirações, tinham visões socialmente conservadoras, eram patrióticas e sem dúvida teriam gostado muito de Margaret Thatcher. Também tendiam a não ter problemas financeiros: somente uma em cada quatro disse estar tendo dificuldade para sobreviver. O terceiro e menor grupo demográfico era composto dos *economicamente privados*, que tendiam a rejeitar completamente a política convencional, frequentemente haviam votado em Nigel Farage no passado, identificavam-se muito fortemente como pertencentes à classe trabalhadora e estavam tendo dificuldades financeiras. Essas pessoas também estavam especialmente ansiosas com a questão específica da imigração, embora, como veremos, os três grupos tivessem visões similares sobre a questão.[17]

Quando se trata dos nacional-populistas na Europa, o retrato é ligeiramente diferente. Trump e o Brexit foram campanhas amplas e bem-sucedidas que lançaram suas redes por toda a sociedade. De modo geral, os nacional-populistas da Europa obtiveram menos sucesso, apesar de terem reunido uma coalizão de apoiadores que tem muito em comum com a do Brexit e de Trump.

Especialmente desde a década de 1990, partidos como a Frente Nacional na França e os partidos da Liberdade na Áustria e na Holanda obtiveram grande parte de seu apoio não entre pessoas no degrau mais baixo da escada econômica, mas entre trabalhadores qualificados e semiqualificados, alguns deles com habilidades especializadas, como mecânicos ou operários de fábricas. Enquanto os desempregados e os beneficiários de programas de bem-estar social frequentemente evitam votar, os trabalhadores manuais se encontram imprensados entre a classe média, de um lado, e aqueles sem trabalho, do outro.[18] Eles tendem especialmente a sentir que saem perdendo em relação a outros membros da sociedade ou que outros grupos estão obtendo vantagens injustas e se mostram temerosos sobre o futuro.

Liberais de classe média
25% da população

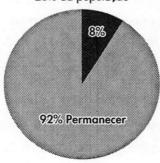

**Classe trabalhadora mais jovem
Eleitores do Partido Trabalhista**
25% da população

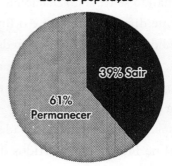

Eurocéticos abastados
23% da população

Classes trabalhadoras mais velhas
16% da população

**Economicamente privados,
anti-imigração**
12% da população

Figura 1.2
Como diferentes demografias votaram durante o referendo da UE.

Assim como os democratas, que viram muitos de seus apoiadores da classe trabalhadora desertarem para Trump em estados-chave como Michigan, onde venciam consistentemente desde 1992, nas últimas três décadas os social-democratas europeus de centro-esquerda viram seus eleitores tradicionais em bastiões históricos da classe trabalhadora deslizarem para o nacional-populismo (embora nem todos os eleitores da classe trabalhadora venham da esquerda). Esse evento vem se preparando há muito tempo.

Na verdade, desde 1995, ano em que nacional-populistas como Jean-Marie Le Pen emergiram como escolha mais popular entre os trabalhadores, sobretudo em áreas historicamente controladas pelos socialistas ou pelos comunistas. Quase um quarto de século depois, em 2017, o único grupo da sociedade francesa que apoiou majoritariamente sua filha no confronto final com Emmanuel Macron foi a classe trabalhadora. E essa forte presença entre a classe trabalhadora ocorre em grande parte da Europa. Mesmo antes da crise financeira, o acadêmico Daniel Oesch descobriu que os eleitores da classe trabalhadora apresentavam duas vezes mais probabilidade que suas contrapartes de classe média de votar nos nacional-populistas na Áustria, três vezes mais na Bélgica e na França e quatro vezes mais na Noruega. Apesar de os trabalhadores comporem cerca da metade desses eleitorados, eles foram responsáveis por cerca de dois terços dos votos nos nacional-populistas.

Embora os trabalhadores formem seu núcleo, os movimentos populistas europeus também recrutaram apoio entre os conservadores sociais, que partilham muitos de seus valores tradicionais e suas intensas preocupações com questões como a imigração, a segurança das fronteiras e a lei e a ordem. Alguns dos nacional-populistas mais bem-sucedidos também conquistaram proprietários de pequenos negócios, autônomos e pessoas da classe média baixa. Ainda que outros fatores locais e nacionais tenham sido relevantes, incluindo a corrupção dos partidos convencionais e a reação ao separatismo catalão, esses grupos foram importantes para que o Vox obtivesse quase 11% dos votos nas eleições de 2019 na Andaluzia. Mas, como no caso do Brexit e de Trump, os nacional-populistas consistentemente tiveram dificuldade para conquistar os profissionais de classe média com ensino superior, particularmente aqueles nos setores de educação, saúde, bem-estar social, cultura e mídia.

As principais falhas tectônicas

Isso nos leva a uma das principais falhas tectônicas que correm sob o nacional-populismo no Ocidente: a divisão educacional. Os debates frequentemente focam na renda e no emprego, mas o grau de instrução é muito mais importante.

Também é uma questão que precisa ser discutida cuidadosamente. Não é acurado nem justo retratar as pessoas que apoiam o nacional--populismo como "incultas" ou "ignorantes". Esses estereótipos grosseiros são enganosos e só servem para entrincheirar a polarização, de modo que precisamos começar esclarecendo que muitos deles concluíram o ensino médio e um número considerável frequentou a faculdade — por exemplo, um em cada quatro apoiadores do Brexit possui diploma de ensino superior. Nos EUA, o Voter Study Group estima que pouco mais que um terço do apoio a Trump durante as primárias e mais de dois quintos durante a eleição presidencial de 2016 vieram de brancos com diploma universitário. Claramente, Trump não atraiu muitas pessoas com nível superior, mas é incorreto dizer que atraiu somente as pessoas incultas. No caso brasileiro, o apoio ao ex-oficial do Exército Bolsonaro foi forte entre os eleitores com nível superior e os grupos de renda mais alta, mas isso foi parcialmente um reflexo do fato de que seu oponente do Partido dos Trabalhadores vinha de um partido que fora muito forte entre os eleitores mais pobres em anos recentes.

Os apoiadores do nacional-populismo também podem ter decidido prosseguir sua instrução através de outros canais, fora do (cada vez mais dispendioso) sistema universitário, como ensino técnico ou aprendizado autodidata. E, embora muitos comentaristas retratem a ausência de diploma universitário como símbolo de fracasso, devemos lembrar que muitos desses apoiadores possuem uma renda decente, têm empregos em tempo integral e gozam de um padrão de vida comparativamente alto. Somente uma minoria dos *partidários do livre mercado* pró-Trump frequentou a universidade, mas, na média, eles ganhavam bem mais que os democratas. Trump obteve níveis significativos de apoio entre americanos que ganhavam no mínimo 70 mil dólares por ano.

E, mesmo assim, pessoas sem diploma universitário apresentam uma probabilidade notadamente maior de votar nos populistas. Eleitores brancos sem ensino superior formavam cerca de dois terços da base de Trump nas primárias e cerca de três quintos durante a batalha eleitoral contra Clinton. Se olharmos para seus eleitores mais leais, os *preservacionistas*, seis em cada dez abandonaram o sistema educacional durante ou após o ensino médio e somente um em cada oito frequentou a faculdade. Os eleitores democratas têm duas vezes mais probabilidade que esse grupo de possuir ensino superior e quase cinco vezes mais probabilidade de ter feito pós-graduação.

Essa divisão foi crucial para Trump. Em 2012, Obama perdera quase 25% dos eleitores brancos sem diploma universitário. E, quatro anos mais tarde, Clinton se saiu ainda pior, perdendo estimados 31%, e aqueles que votaram contra ela nos estados do cinturão da ferrugem frequentemente foram o dobro da média. Essas perdas colocaram estados-chave além de seu alcance. Elas foram tão importantes que alguns sugeriram que, mesmo que Clinton tivesse conseguido replicar os níveis de comparecimento de afro--americanos de Obama, ela *ainda assim* teria perdido a eleição.[19] Clinton e sua equipe deveriam ter previsto isso. A atração que Trump exerce entre os não diplomados foi visível desde o início. Durante as primárias, ele vencera em quase todos os 150 condados nos quais ao menos oito em cada dez pessoas não possuíam diploma universitário.

Clinton e seus estrategistas também poderiam ter aprendido mais com o Brexit, que, somente cinco meses antes, demonstrara claramente a forte atração que o populismo exercia entre os não diplomados. De maneira notável, o apoio ao Brexit entre pessoas sem qualquer qualificação educacional chegara a uma média de 74%. Crucialmente, essa divisão educacional também foi maior que as divisões de classe social, renda ou idade, mostrando que muitas vezes é o grau de instrução que desempenha o papel dominante.

Veja a interação entre idade e grau de instrução. Embora 80% dos britânicos com menos de 34 anos e diploma universitário tenham votado para que a Grã-Bretanha permanecesse na UE, somente 37% de seus pares sem diploma fizeram o mesmo.[20] Em outros lugares da Europa, o nacional-populismo similarmente atrai de modo mais intenso não aqueles sem instrução, mas aqueles com instrução média, que terminaram o ensino médio e, às vezes, buscaram instrução adicional, mas que não concluíram o ensino superior. Durante a eleição presidencial francesa em 2017, enquanto aqueles com ensino superior escolheram Macron e não Marine Le Pen em uma inacreditável proporção de 83 para 17, sua margem de vitória entre os menos instruídos foi de somente 54 para 46.[21]

A divisão educacional também é uma das razões pelas quais tão poucas pessoas previram a vitória de Trump. Brancos sem diploma universitário foram sub-representados nas pesquisas de opinião, assim como em algumas pesquisas na Grã-Bretanha. Isso foi especialmente verdadeiro em estados-chave do cinturão da ferrugem como Michigan, Ohio, Pensilvânia e Wisconsin, onde os brancos sem diploma universitário superam facilmente suas contrapartes com diploma. É por isso que uma das respostas óbvias aos choques do Brexit e de Trump é assegurar que as amostras das pesquisas capturem esse grupo crítico.[22]

A divisão educacional também foi fundamental porque demonstrou possuir grande influência sobre nossos valores e a maneira como interpretamos o mundo a nossa volta. Aqueles que frequentaram a universidade tendem a ter uma mentalidade culturalmente liberal, que valoriza a tolerância à diferença, tem pouco tempo para as hierarquias sociais e prioriza os direitos individuais acima das identidades de grupo. Em contraste, aqueles que não frequentaram tendem na direção de uma visão socialmente conservadora, que dá mais valor à preservação das hierarquias sociais, da estabilidade, da manutenção da ordem e da tradição e à garantia de que as pessoas se adequem ao grupo mais amplo.

Os acadêmicos continuam a discutir por que essa ligação existe, mas muitos demonstraram que é a própria experiência de ir à universidade que importa. Ter de sair de casa e frequentar a universidade ocorre em um momento formativo de nossas vidas, quando usualmente somos jovens e impressionáveis e estamos descobrindo como vemos o mundo. Socializar, debater e partilhar experiências de vida em um ambiente repleto de estudantes e professores liberais que vêm de diferentes backgrounds encoraja muitos jovens a absorverem uma visão cultural mais liberal, que continua a influenciar seu pensamento muito depois de eles terem se formado.[23]

É claro que o ensino superior não explica tudo. Algumas pessoas passam por ele e continuam a ter valores socialmente mais conservadores. Outros cresceram em uma era na qual o ensino superior era restrito a alguns poucos privilegiados. Mas esse retrato geral não explica por que alguns cidadãos são instintivamente mais receptivos ao nacional-populismo que outros. Por causa de seu background educacional e valores proximamente associados, eles partilham de preocupações centrais sobre como suas comunidades, nações e, de modo mais geral, o Ocidente estão mudando. Como veremos neste capítulo e naqueles que se seguem, eles pensam de maneira profundamente diferente dos eleitores de mentalidade mais liberal em uma ampla variedade de questões, como quem realmente pertence à comunidade nacional, como a imigração está mudando seu país, se o Islã é ou não compatível com o Ocidente, a posição de seu grupo mais amplo em relação a outros grupos da sociedade, a extensão em que instituições políticas e econômicas são confiáveis e se sentem ou não que têm voz ativa.

Chegando às preocupações essenciais

Exploraremos essas preocupações em todo o livro, mas podemos começar analisando outro mito popular, o de que as pessoas que apoiam Trump, o Brexit ou figuras como Le Pen e Salvini estão votando *contra* o sistema, e não *a favor* dos nacional-populistas.

Essa "teoria do protesto" é popular porque muitos escritores, particularmente os da esquerda liberal, têm dificuldade de aceitar a ideia de que as pessoas podem realmente querer coisas como menos imigração, fronteiras mais fortes, menos benefícios de bem-estar social para imigrantes recentes que não pagaram impostos durante anos e mais poderes devolvidos pelas distantes instituições transnacionais ao Estado-nação. No entanto, quando oito em cada dez eleitores de Trump apoiaram sua ideia de construir um muro na fronteira entre os Estados Unidos e o México ou quando três em cada quatro eleitores na Grã-Bretanha, preocupados com a maneira como a imigração estava mudando seu país, aceitaram a oferta do Brexit de "Reassumir o controle", é difícil aceitar que eles não sabiam no que estavam votando ou que estavam apenas protestando contra o establishment. Certamente, muitos detestam os políticos estabelecidos, mas também estão endossando a mensagem — estão votando nela porque a desejam.

Isso nos leva a outro ponto em relação ao qual aqueles que fazem campanha contra os nacional-populistas frequentemente estão errados. Seus apoiadores não são motivados simplesmente pelo autointeresse individual, nem seu voto está enraizado principalmente em preocupações econômicas objetivas. Mas os democratas nos EUA, os defensores da permanência na Grã-Bretanha e muitos social-democratas na Europa costumam falar com esses eleitores somente e muito estritamente sobre seus empregos e rendas, como refletido no aviso de 2016 na Grã-Bretanha de que, se as pessoas votassem pelo Brexit, seus domicílios perderiam 4.300 libras esterlinas por ano. Esse ângulo do autointeresse econômico individual foi evitado pelos nacional-populistas, cuja atratividade para os eleitores está baseada nos quatro Ds.

O primeiro é forte *desconfiança* das elites políticas e econômicas estabelecidas e a crença de que as pessoas comuns já não possuem voz significativa. Contrariamente às alegações histéricas que emergiram após o Brexit e a eleição de Trump, a maioria dos ocidentais não está desistindo da democracia, ainda que muitos estejam abertos a formas mais "diretas" de democracia, que dariam mais poder às pessoas nas decisões que afetam suas vidas cotidianas.

Mas há claras e esmagadoras evidências de uma onda crescente de desconfiança e da firme crença, entre muitos eleitores, de que eles já não participam do diálogo. Embora grupos-chave do eleitorado de Trump concordassem com grande número de democratas sobre a noção de que o sistema econômico americano favorece os ricos, seus apoiadores mais leais tinham *mais* probabilidade que os democratas de sentir que "pessoas como eu não têm nenhum poder sobre o que o governo faz": sete em cada dez se sentiam dessa maneira. Esses eleitores teriam muito em comum com os apoiadores do Brexit na Grã-Bretanha, que chegaram à mesma conclusão: já não possuíam voz. Entre os britânicos que sentiam que estavam sendo ouvidos, o voto pelo Brexit foi de somente 37%, mas, entre aqueles que sentiam que os políticos "não ouvem pessoas como eu", disparou para 58%. Muitos desses apoiadores de Trump e do Brexit viram uma oportunidade de voltar a participar da discussão nacional, da qual sentiam ter sido excluídos há muito, e a agarraram com as duas mãos.[24]

Ambas as campanhas também ecoaram uma segunda preocupação acerca da *privação* relativa, a sensação de que o grupo mais amplo, fossem americanos ou britânicos nativos, estava sendo deixado para trás em relação a outros na sociedade e que políticos, mídia e celebridades culturalmente liberais concediam muito mais atenção e status aos imigrantes, às minorias étnicas e a outros recém-chegados.

Trump atraiu pessoas absolutamente convencidas de que os americanos brancos estão perdendo em relação aos outros: 90% de seus principais apoiadores acreditavam que a discriminação contra os brancos era um grande problema nos Estados Unidos, enquanto menos de 10% dos democratas partilhavam dessa visão. De fato, americanos brancos que sentiam que havia muita discriminação contra seu grupo tinham quase 40% mais probabilidade de apoiar Trump que aqueles que não sentiam isso. Similarmente, as pessoas que acreditavam que os brancos já não conseguiam emprego porque as empresas os estavam dando às minorias tinham 50% mais probabilidade de votar em Trump. Dadas essas visões, não surpreende que grande número deles também se opusesse intensamente aos programas de ação afirmativa e se sentisse profundamente ansioso com a correção política, visões que exploraremos mais tarde.[25]

Na Grã-Bretanha, muitos apoiadores da saída da UE partilhavam dessa intensa raiva pela maneira como, a seus olhos, seu grupo mais amplo estava sendo tratado em relação aos outros. O Brexit atraiu não só aqueles no nível econômico mais baixo, como também pessoas que trabalhavam em tempo integral, mas que acreditavam que elas e seu grupo estavam ficando para trás. As pessoas que começaram votando em Nigel Farage e no UKIP e mais tarde endossaram o Brexit tinham 20% mais probabilidade que a média de acreditar que as autoridades governamentais permitiam que os imigrantes furassem a fila na hora de obter habitação social (quase oito em cada dez achavam isso). No momento do crítico referendo, a média de apoio ao Brexit era de apenas 25% entre pessoas que sentiam que as coisas para elas estavam "muito melhores que para as outras". Mas, entre as que sentiam que as coisas haviam "piorado muito para mim, em comparação com outras pessoas", o número disparou para 76%.[26]

Essa sensação de privação relativa é absolutamente central para o nacional-populismo. Ela age como ponte entre cultura e economia. Está intimamente ligada às preocupações das pessoas com a economia mais ampla e com a posição social de seu grupo e como ele se compara a outros grupos da sociedade. Mas também está relacionada a preocupações específicas das pessoas sobre como sentem que os imigrantes, as minorias étnicas e a rápida mudança étnica ameaçam seu grupo, não somente econômica, mas também social e culturalmente. Essa sensação de perda e essas preocupações com a mudança étnica alimentam a animosidade em relação aos políticos estabelecidos, que falharam em impedir que ela ocorresse ou, ainda pior, encorajaram-na ativamente, levando a intensos medos sobre o futuro: seu grupo nacional, sua identidade e seu modo de vida ficarão para trás ou até mesmo serão destruídos para sempre? Essa é a terceira preocupação, que foca na *destruição*.

Tais medos nem sempre estão embasados na realidade objetiva, mas, mesmo assim, são potentes. Isso é especialmente verdadeiro nos Estados Unidos, onde se projeta que as crianças não brancas serão maioria em 2020, e em grandes partes da Europa, que também testemunham importantes mudanças, como demonstraremos no capítulo 4. Para aqueles que apoiam os nacional-populistas, essas tendências são profundamente alarmantes e geram preocupações com o tipo de futuro que espera por eles e por seus filhos.

Trump lançou mão desses medos de deslocamento cultural, que jazem no âmago dos votos que recebeu: os americanos brancos que disseram frequentemente se sentir estrangeiros em seu próprio país e acreditavam que os EUA precisam de proteção contra a influência estrangeira tinham quase quatro vezes mais probabilidade de apoiar Trump que os americanos que não partilhavam dessas preocupações. Outro estudo descobriu que, quando os americanos brancos que se identificavam intensamente com seu grupo eram lembrados de que os não brancos os superarão nos EUA em 2042, isso os levou não somente a se preocupar muito mais com o status e a influência em declínio dos americanos brancos, como também a apoiar Trump e se opor ainda mais à correção política. De fato, um crescente número de estudos mostra que Trump se beneficiou muito mais dos medos públicos sobre a imigração, a mudança étnica e os muçulmanos que os candidatos republicanos do passado, como John McCain e Mitt Romney.[27]

Sérias preocupações com a mudança étnica e seus efeitos sobre os americanos brancos são partilhadas por muitos dos eleitores mais leais de Trump. Além de acreditarem que a discriminação contra os brancos é um problema importante, eles são muito mais propensos que os outros americanos a expressar forte oposição aos imigrantes ilegais, querer dificultar a entrada de estrangeiros e muçulmanos, ver a imigração como questão fundamental, apoiar a proibição às viagens de Trump, acreditar que o Islã encoraja o terrorismo e admitir abertamente que possuem uma visão negativa dos muçulmanos. No âmago dessas atitudes, estão medos intensos sobre como a imigração continuada e a mudança étnica afetarão os americanos brancos. Dos quase 40% de eleitores republicanos que sentiam ser ruim para o país o fato de que, nos próximos 25 ou 30 anos, as minorias étnicas se tornarão maioria, a maior parte gostava de Trump.[28]

Essa ansiedade sobre a mudança étnica e cultural também ajuda a explicar por que alguns dos apoiadores de Obama desertaram para Trump. Hillary Clinton manteve quase todos os eleitores brancos de Obama com sentimentos positivos sobre a imigração, mas perdeu um em cada três dos que se sentiam ansiosos em relação a ela. E não era um grupo pequeno. Em meio ao eleitorado de Obama, havia pessoas brancas que achavam que os imigrantes ilegais eram um dreno aos recursos americanos e queriam dificultar a imigração para o país, e muitas delas passaram para o lado de Trump. Assim como os nacional-populistas da Europa estão atraindo trabalhadores brancos dos social-democratas de centro-esquerda, Trump atraiu alguns democratas brancos que se sentiam ansiosos com a maneira como os Estados Unidos estavam sendo radicalmente transformados em termos étnicos, embora essa tendência tenha se iniciado muito antes de ele e a esposa descerem pela escada rolante da Trump Tower, como discutiremos mais tarde.

Assim, a chocante vitória de Trump foi em parte um sintoma de divisões muito mais profundas sobre a transformação étnica dos EUA. Como observaram o acadêmico John Sides e seus colegas: "Conforme os Estados Unidos mudam demográfica, social e culturalmente, as identidades políticas dos americanos são cada vez mais impulsionadas por noções concorrentes sobre o que seu país é e o que deveria ser — uma sociedade multicultural que dá boas-vindas aos recém-chegados e abraça a diversidade crescente ou um lugar mais provinciano que lembra uma era anterior, de papéis tradicionais para os gêneros e domínio dos cristãos brancos na vida econômica e cultural."[29] Mas essas divisões não estão de modo nenhum restritas aos EUA.

Na Grã-Bretanha, similarmente, muitos adeptos da saída da UE viram o referendo como excelente oportunidade para dar voz a suas preocupações sobre como a imigração estava modificando a nação — preocupações que aumentaram com os fluxos historicamente inéditos de imigrantes para a Grã-Bretanha a partir da década de 2000. Nigel Farage contribuiu para esse clima tóxico ao alegar que os imigrantes que se estabeleciam na Grã-Bretanha vindos de outros locais da Europa estavam tirando empregos dos trabalhadores britânicos, sentindo empatia por pessoas que já não ouviam a língua inglesa ser falada nos transportes públicos e argumentando que a Grã-Bretanha chegara ao "ponto de ruptura". A maioria dos partidários da saída da UE partilhava de suas preocupações: 64% acreditavam que a imigração fora ruim para a economia, 72% achavam que enfraquecera a cultura britânica e 80% a viam como fardo para os programas de bem-estar social. Se as pessoas se sentiam ansiosas em relação à imigração, elas tinham mais probabilidade não somente de votar pela saída da UE, mas também de se dar ao trabalho de comparecer para votar e rejeitar a ideia de que o Brexit era um risco. Os partidários da permanência falavam incessantemente sobre os riscos econômicos, ao passo que os partidários da saída estavam preocupados principalmente com as ameaças percebidas a sua identidade e ao grupo nacional.

Tão forte era o desejo, entre os partidários da saída, de encontrar um caminho diferente que seis em cada dez disseram que um dano significativo à economia britânica seria um "preço válido a pagar pelo Brexit", enquanto quatro em cada dez estavam dispostos a ver seus próprios familiares perderem o emprego se isso significasse que o Brexit seria concretizado.[30] Os estrategistas da permanência, contrários ao Brexit, lidaram mal com a situação. Ao evitarem completamente a questão da imigração, eles enviaram aos eleitores um sinal de que "a elite" não tinha interesse real em suas preocupações. E continuaram a subestimar a força do comprometimento com o Brexit entre os partidários da saída. Em 2019, por exemplo, os partidários da saída disseram em pesquisas que queriam o Brexit mesmo que ele levasse a Escócia e a Irlanda do Norte a se separarem do Reino Unido, causasse danos significativos à economia nacional e destruísse o Partido Conservador. Nas eleições gerais de dezembro de 2019, o desejo de resolver o Brexit de uma vez foi crucial para muitos ex-apoiadores dos trabalhistas que passaram a apoiar os conservadores (embora a liderança do esquerdista Corbyn, que evasivamente buscou permanecer neutro nessa questão, também tenha sido um fator importante).

O mesmo potente coquetel está em exibição na Europa, onde o nacional-populismo tem sido impulsionado pela intensa angústia pública em relação à imigração e à mudança étnica. Um grande estudo com cinco democracias descobriu que os trabalhadores que votaram em Marine Le Pen na França ou Geert Wilders na Holanda foram movidos pelo desejo de reduzir a influência da imigração em sua cultura e expressar desaprovação pelos políticos estabelecidos. Os trabalhadores que se sentiam ansiosos a respeito da imigração tinham sete vezes mais probabilidade que aqueles que não se sentiam ansiosos de desertar para os nacional-populistas. Outros estudos também mostram como esses eleitores foram motivados não pelo protesto, mas pela crença de que seu grupo mais amplo estava sendo ameaçado pela imigração e pelos muçulmanos e que eles não podiam confiar nos políticos convencionais para lidar com o problema.[31]

Veja o caso da Suécia, que todos sempre acreditaram ser imune ao nacional-populismo por causa de sua cultura muito tolerante, do relacionamento próximo entre os trabalhadores e os principais partidos e do fato de que a imigração não estava no topo da agenda. Mas, embora os nacional-populistas estejam ativos há anos, na última década eles obtiveram grande sucesso ao embalar sua oposição à imigração e ao Islã em alegações apocalípticas sobre a destruição dos suecos nativos e de seu modo de vida. O vídeo de campanha do nacional-populista Democratas Suecos, que foi banido da televisão, mostrava uma senhora idosa claudicando para receber sua aposentadoria e sendo ultrapassada por uma multidão de mulheres usando burca (o vídeo foi assistido mais de 1 milhão de vezes no YouTube). Antes de uma eleição em 2018, o líder do partido disse aos eleitores: "Vocês criaram uma Suécia na qual famílias são forçadas a se mudar porque já não se sentem seguras em seus bairros. Uma Suécia na qual o sistema de bem-estar social está entrando em colapso e amigos e familiares morrem esperando por assistência médica. Uma Suécia na qual mulheres são estupradas por um ou mais homens e meninas são mutiladas e forçadas a se casar contra sua vontade."

A narrativa dos nacional-populistas foca menos nos detalhes políticos e muito mais em alegações sobre o declínio e a destruição nacional, que eles ligam não somente à imigração e à mudança étnica, mas também ao que veem como incompatibilidade cultural com muçulmanos e refugiados. Também culpam uma classe política estabelecida que conspira com os capitalistas para colocar o lucro antes das pessoas, encorajando infindáveis fluxos de trabalhadores com pouca ou nenhuma qualificação para satisfazer o sistema econômico neoliberal e "trair" a nação (na Europa Oriental, movimentos mais extremos associam essas mudanças aos judeus). Trata-se primariamente de uma narrativa enraizada no medo da destruição: na Hungria, Viktor Orbán apresenta os refugiados como "força muçulmana de invasão"; na, Marine Le Pen avisa que "toda a França se tornará uma gigantesca zona proibida"; na Áustria, Heinz-Christian Strache diz aos eleitores que, a menos que eles ponham fim à política de "islamização", os europeus "chegarão a um fim abrupto"; na Holanda, Geert Wilders adverte que a Europa irá "deixar de existir" se não impedir o crescimento do Islã; e, na Itália, o líder da Liga Matteo Salvini afirma que séculos de história europeia estão em risco de desaparecimento "se a islamização, que até agora foi subestimada, obtiver o controle da situação".

Ordinariamente, se estivéssemos em uma era na qual seus laços com as pessoas fossem fortes e robustos, os partidos tradicionais poderiam superar esses desafios. Mas a era clássica do início e meados do século XX, na qual as alianças políticas eram mais estáveis e as linhas divisórias eram fixas, chegou ao fim. Os antigos laços entre as pessoas e os partidos tradicionais começaram a se romper, em um processo que chamamos de *desalinhamento*. Como grande número de pessoas, incluindo muitos jovens, está menos disposto que no passado a se aliar aos partidos tradicionais, o caminho para os nacional-populistas se abriu ainda mais. Hoje, muitos sistemas políticos ocidentais são caracterizados por um recorde de volatilidade no qual as pessoas não somente confiam menos nos políticos, como também estão mais dispostas a mudar de filiação entre uma e outra eleição. Isso tem sido central para o colapso de movimentos que desempenharam papel-chave na evolução da Europa no pós-guerra, como a social-democracia, e criou ainda mais abertura para o nacional--populismo, como veremos no capítulo 6.

Trump, o Brexit e os nacional-populistas na Europa não são idênticos. Sempre haverá diferenças de um país para outro, como em todas as "famílias políticas". Mas, neste capítulo, demos um passo atrás a fim de observar o cenário mais amplo, indicar mitos enganosos que se entrincheiraram nos debates mais amplos e identificar algumas correntes comuns que unem essas rebeliões nacional-populistas. Vimos como os nacional-populistas conquistaram o apoio de uma aliança bastante ampla de pessoas sem ensino superior e conservadores sociais, que partilham valores tradicionais e um conjunto de preocupações essenciais com sua falta de voz, com a posição de seu grupo em relação aos outros e, em particular, com a imigração e a mudança étnica.

Um ponto recorrente é que as pessoas que apoiam o nacional-populismo não estão meramente protestando: elas estão endossando visões que acham atraentes. Assim, precisamos olhar mais de perto para as promessas que estão sendo feitas por esses políticos e examinar se, contrariamente à alegação popular de que se trata de uma nova forma de fascismo, o nacional-populismo luta por uma nova forma de democracia na qual os interesses e as vozes das pessoas comuns sejam muito mais proeminentes.

CAPÍTULO 2
Promessas

O que queremos dizer com "populismo"? E em que extensão é justo — presumindo-se que seja justo — agrupar os populistas com os fascistas ou com a extrema direita?

O populismo é rotineiramente retratado como lar dos nacionalistas extremistas, muitas vezes um passo perigoso na ladeira escorregadia até o fascismo. Durante uma recente turnê mundial, a pop star global Madonna projetou uma fotografia de Marine Le Pen com uma suástica sobreposta. O filósofo holandês Rob Riemen enviou um artigo a todos os membros do Parlamento, avisando que a ascensão de Geert Wilders e de seu Partido da Liberdade representava o retorno do fascismo histórico. No Brasil, o Partido dos Trabalhadores, em especial, frequentemente retratou Jair Bolsonaro como fascista — embora, neste caso, os medos tenham sido intensificados pelo fato de ele possuir forte background militar e ter nomeado vários militares para seu governo.

Nos EUA, o escritor neoconservador Robert Kagan capturou esse clima quando argumentou que a campanha de Trump para chegar à Casa Branca exibia "uma aura de força bruta e machismo, um desrespeito descarado pelas amenidades da cultura democrática que ele afirma, e seus seguidores acreditam, terem produzido a fraqueza e a incompetência nacionais [...] Foi assim que o fascismo chegou aos Estados Unidos, não com botas militares ou saudações [...], mas com um vendedor de TV, um bilionário cafona, um egomaníaco clássico 'se alimentando' dos ressentimentos e inseguranças populares".[1]

No ano seguinte, o eminente teórico social canadense-americano Henry Giroux afirmou: "O pensamento fascista está em ascensão em todo o mundo, mas sua manifestação mais evidente e perigosa emergiu na administração Trump."[2] Embora, após o Relatório Mueller de 2019, Shadi Hamid, membro sênior da Brookings Institution, tenha escrito na The Atlantic sobre a "legitimidade fundamental de Donald Trump", observando que sua "tirania jamais se materializou", outros continuaram a prever o surgimento de um regime autoritário. E houve criticismo generalizado a suas atitudes indiferentes às normas democráticas, como quando, em 2019, ele pediu ajuda ao novo presidente ucraniano para obter informações possivelmente comprometedoras sobre o filho de um potencial rival democrata, gerando procedimentos de impeachment no Congresso.

Esses argumentos refletem como muitas pessoas são rápidas em agrupar o populismo com ideologias extremistas como o nazismo. Isso, por sua vez, reflete um sério problema sobre como pensamos no populismo.

O estilo populista

A equação que iguala o populismo ao fascismo tipicamente foca mais no estilo que no conteúdo. Muitos críticos rejeitam a ideia de que o populismo seja uma ideologia séria, englobando um corpo de políticas e de visões sobre política e sociedade. Em vez disso, ele parece uma maneira de competir pelo poder, uma maneira de *fazer* política,[3] especialmente em tempos de "crise", que são exagerados pela retórica populista.

Os líderes nacional-populistas são rotineiramente apresentados como não possuindo um programa para além das diatribes contra imigrantes, minorias, políticos estabelecidos e vários outros "inimigos do povo". Seus críticos focam sobretudo na face que eles apresentam ao mundo, minimizando as ideias e os valores que os unem e as promessas que fazem. O populismo é visto como movimento tipicamente definido por um líder carismático ou demagogo que afirma falar em nome das massas. Os líderes populistas costumam usar linguagem comum e mesmo grosseira para demonstrar sua afinidade com as pessoas "verdadeiras", "puras" ou "reais"; eles buscam cimentar seus laços com elas e reforçar seu status como outsiders através de terminologias "nós *versus* eles" ou "bom *versus* mau".

Outra preocupação comum entre os críticos é que o populismo está ligado à crença em teorias da conspiração sobre forças sombrias que supostamente operam na sociedade, organizações obscuras que conspiram atrás de portas fechadas para prejudicar "o povo" e desmantelar a nação. Donald Trump ataca regularmente o "pântano de Washington", que inclui o "Estado profundo", uma suposta rede de burocratas governamentais e interesses associados que conspiram nos bastidores para minar as ações presidenciais e, por extensão, a vontade do povo. Alguns dos que cercam Trump ligam isso ao que veem como ameaça mais ampla ao Ocidente advinda dos "marxistas culturais", uma aliança amorfa inspirada pelo pensador marxista Antonio Gramsci que busca disseminar os valores liberais e esquerdistas através da mídia, das universidades e de outras instituições civis.[4]

Ideias similares foram expressas na Grã-Bretanha. O aliado de Trump, Nigel Farage, satiriza o que chama de "elites globais", as quais, segundo ele, não somente falharam em ouvir as pessoas antes do referendo do Brexit como, desde então, tentam anulá-lo. Outros mencionam o mesmo "Estado profundo", argumentando que os funcionários públicos do "establishment" em Westminster buscam amenizar e mesmo reverter o Brexit e que os acadêmicos e os *think tanks* supostamente estão transformando os estudantes universitários em autômatos pró-UE.

Em outros lugares da Europa, nacional-populistas como o húngaro Viktor Orbán argumentam que os políticos liberais da UE, juntamente com o bilionário financista judeu húngaro George Soros, estão engajados em um complô para encher a Hungria e a Europa "cristã" de imigrantes e refugiados muçulmanos, o que eles veem como parte de uma tentativa de desmantelar as nações ocidentais e apressar o surgimento de um mundo sem fronteiras e subserviente ao capitalismo. Especialmente na Europa Oriental, as teorias da conspiração antissemitas, assim como os preconceitos, estão vivos e passam bem.

Essa ênfase na teoria da conspiração não é nova. Já na década de 1960 o historiador Richard Hofstadter escreveu de maneira influente sobre o "estilo paranoico" do populismo, destacando traços que via como característicos de todos os movimentos populistas. "O porta-voz paranoico", escreveu Hofstadter, "vê o destino da conspiração em termos apocalípticos — ele lida com o nascimento e a morte de mundos, ordens políticas e sistemas de valores humanos inteiros [...] Como os milenaristas religiosos, ele expressa a ansiedade daqueles que vivem os últimos dias e, às vezes, está disposto a estabelecer uma data para o apocalipse."[5]

Os nacional-populistas de hoje certamente tendem a exibir esses traços manipulativos e messiânicos. Mas muitas facetas, incluindo teorias da conspiração, podem ser encontradas alhures. Também é válido notar que algumas delas não são totalmente infundadas. Por exemplo, Soros *realmente* investe muito em campanhas da sociedade civil que tendem a ser pró-UE e anti-Brexit e os financistas da City de Londres *realmente* se uniram para custear campanhas anti-Brexit e publicar previsões econômicas dúbias sobre o impacto de curto prazo da saída da UE, muitos dos quais ficaram bem distantes do alvo. Os ataques de Trump às conspirações do "Estado profundo" refletem parcialmente o fato de que *houve* sérios vazamentos da inteligência e de outras agências, como a escuta que levou à renúncia do conselheiro de Segurança Nacional Michael Flynn.

Além disso, o intenso foco nos líderes nacional-populistas e em seu estilo ignora a extensão em que eles estão unidos por valores fundamentais. Em anos recentes, um número crescente de acadêmicos se mostrou disposto a ver o populismo como "ideologia tênue" [*thin ideology*], embora uma ideologia que precisará ser combinada a outras se quiser desenvolver uma gama completa de políticas, especialmente na esfera econômica.[6] Isso significa que a "família partidária" populista pode assumir formas de esquerda e de direita. Políticos não populistas também podem assumir aspectos dessa retórica, como fizeram a primeira-ministra Theresa May após a votação pelo Brexit, quando criticou os "cidadãos de lugar nenhum", e seu sucessor Boris Johnston, quando usou a retórica "Parlamento *versus* povo" para justificar a eleição geral a fim de solucionar o impasse entre os parlamentares. Após obter uma grande vitória eleitoral em dezembro de 2019, ele até mesmo falou sobre "governo do povo" e "gabinete do povo".

Tanto os populistas de esquerda quanto os populistas de direita prometem dar voz às pessoas comuns e restringir as elites poderosas que ameaçam seus interesses. No entanto, as promessas de populistas de esquerda como Bernie Sanders nos EUA ou o Podemos na Espanha focam em desigualdades socioeconômicas limitantes, enquanto os populistas de direita enfatizam a necessidade de limitar a imigração e preservar a identidade nacional. Mas, como veremos, nem sempre é fácil colar rótulos nos populistas "de direita", que cada vez mais partilham preocupações com as desigualdades socioeconômicas e, mais particularmente, com a maneira como elas afetam os brancos. Esse ponto é frequentemente ignorado pelos críticos, que destacam somente o desejo do populismo de excluir os imigrantes, em vez de seu desejo de incluir o que veem como pessoas negligenciadas e sem voz.[7]

Muitos também veem o fascismo como estilo, e não ideologia, focando em seu gosto por líderes racistas e autoritários, paramilitarismo e comícios coreografados. No entanto, um número crescente de acadêmicos aceita que o fascismo também pode ser visto como oferecendo uma "ideologia" potencialmente atraente por si mesma, que o separa dos outros "ismos".[8]

Esses debates sobre rótulos não são somente um passatempo acadêmico. O termo "fascismo" envia a mensagem de que certas pessoas são inaceitáveis. Para os populistas, aqueles que os chamam de "fascistas" estão trabalhando por uma agenda "politicamente correta" que suprime questões legítimas sobre temas como imigração, Islã e elites não responsivas.[9] Os críticos que os rotulam erroneamente estão avivando o fogo populista.

Não vemos líderes como Trump, Bolsonaro, Le Pen ou Wilders como fascistas. Defendemos que eles são "nacional-populistas" que representam uma tradição de pensamento distinta no Ocidente. E achamos que esse corpo de pensamento precisa ser levado a sério. O nacional-populismo é uma ideologia que prioriza a cultura e os interesses da nação e promete dar voz a pessoas que sentem que foram negligenciadas e mesmo desdenhadas por elites distantes e frequentemente corruptas.

Longe de ser antidemocrático, o populismo — como argumentam acadêmicos como Margaret Canovan — é uma resposta às contradições no interior da democracia liberal, que promete um governo "redentor" pelo povo, mas que, na prática, é cada vez mais baseada em elites concorrentes, "pragmáticas" e tecnocráticas cujos valores são fundamentalmente diferentes de muitos daqueles que governam, como veremos no próximo capítulo. A visão "pragmática" considera a democracia um sistema elitista de instituições e regras para lidar pacificamente com os conflitos, ao passo que a abordagem "redentora" vê a democracia como promovendo a "salvação" através de formas mais diretas de política, identificando as pessoas como única fonte da autoridade legítima. É por isso que, para Canovan, enquanto tivermos democracia liberal, teremos populismo, que continuará a seguir nossos sistemas democráticos "como uma sombra".[10]

As fundações ideológicas do populismo

Embora houvesse "populares" (do latim *populus*), senadores da Roma antiga que cortejavam o povo, a maioria dos historiadores traça as origens dos movimentos populistas até o século XIX. Muitos consideram que os primeiros foram os Narodniks russos, proselitistas instruídos que buscavam "ir até o povo" no interior. Eles faziam campanha pela liberalização do autocrático regime czarista e celebravam a simplicidade da vida rural e os valores autênticos. Mas fizeram pouco sucesso entre os camponeses iletrados e supersticiosos, de modo que muitos deles se voltaram para o socialismo revolucionário.

A ascensão do populismo é mais bem entendida como resposta à disseminação da democracia liberal durante o século XIX. Aquele foi um período de crescente alfabetização no Ocidente, com a extensão do direito ao voto e a introdução do voto secreto. Além disso, a política era influenciada por novas formas de comunicação, especialmente a imprensa popular, que enviava mensagens diretamente aos eleitores. Termos como "povo" e "soberania popular" eram ferramentas retóricas potencialmente poderosas, desafiando a maneira pela qual o poder político e econômico permanecia nas mãos das elites.

Embora os inimigos elitistas dos primeiros populistas variassem e muitas vezes fossem deliberadamente vagos, eles incluíam os partidos que dominavam cada vez mais o poder político e uma nova classe econômica capitalista que, em países como os EUA, possuía imensa riqueza e estava divorciada das preocupações e dos estilos de vida das pessoas comuns. Essas elites eram retratadas como pequenas, mas interconectadas, altamente poderosas e dominantes nas decisões nacionais. A mídia (e, mais tarde, universitários e "especialistas") também era incluída na "elite" quando os populistas queriam indicar aqueles que influenciavam a opinião pública ou eram vistos como parte de conspirações secretas contra a nação. Mas os populistas não necessariamente se opunham a todas as elites; seus alvos eram os líderes e poderes que supostamente negligenciavam os interesses e as opiniões do povo. Podemos ter uma breve visão desses temas observando alguns dos mais significativos movimentos populistas nos Estados Unidos e na França.

Os Estados Unidos possuem uma longa e entrincheirada tradição de populismo. Ecoando o "direito do povo" de governar, consagrado na Declaração da Independência em 1776, uma sucessão de movimentos populistas alegou falar em nome do povo contra elites corruptas, autointeressadas e fora de alcance. Um precursor-chave foi o proprietário de escravos de origem humilde e herói militar Andrew Jackson (presidente entre 1829 e 1837), cujo retrato está no Salão Oval de Trump. Jackson exaltava as virtudes do homem branco produtivo comum contra os ricos ociosos, incluindo os banqueiros, e retratava os Estados Unidos como uma república autônoma única. Outro exemplo inicial importante foi o Partido Americano da década de 1850, antes uma sociedade secreta cujos membros eram comumente chamados de Know Nothings (porque, quando lhes perguntavam sobre o movimento, eles respondiam "*I know nothing*", "Não sei de nada"). Eles buscavam defender a histórica linhagem protestante americana dos novos imigrantes católicos, que temiam ser parte de uma conspiração papista para dominar o país.

Então veio uma série de outros movimentos que ajudaram a moldar a tradição populista. O Partido do Povo da década de 1890, que muitos veem como primeiro partido populista "importante", durante breve tempo atraiu um número significativo de seguidores. O "padre do rádio" Coughlin e o movimento "Partilhar nossa prosperidade", do senador Huey Long, na década de 1930 e as campanhas anticomunistas lideradas pelo senador Joseph McCarthy na década de 1950, embora fossem muito diferentes, também atraíram muitos apoiadores. Outros se seguiram, incluindo o abertamente racista governador George Wallace, que, após uma derrota inicial no Alabama, notoriamente anunciou que nunca mais seria "vencido por negros". Wallace concorreu à presidência como candidato do Partido Americano Independente em 1968, atacando os intelectuais "metidos à besta" e os "burocratas *beatnik* barbados" de Washington. Na década de 1990, Pat Buchanan concorreu à presidência com um misto de hostilidade pelas elites econômicas e simpatia pelas pessoas comuns que trabalhavam duro, combinadas a um nacionalismo "Estados Unidos primeiro" que estava notavelmente em descompasso com o globalismo republicano, embora suas visões sociais estivessem mais alinhadas com a direita conservadora. O bilionário Ross Perot concorreu como candidato presidencial de um partido independente, obtendo quase 19% dos votos em 1992, atacando a corrupção em Washington, a proposta da área norte-americana de livre comércio e outras políticas que antecipavam Trump. Mais recente, o Tea Party, que começou como campanha contra os resgates financeiros do "governo grande" após a crise financeira de 2008, tornou-se uma revolta eclética contra Barack Obama e a imigração e a favor de valores socialmente tradicionais, frequentemente ligados ao cristianismo evangélico.

O populismo também se disseminou em outros países, especialmente na França, onde a "soberania do povo" foi o grito de união dos revolucionários durante o século XVIII. O mais importante movimento inicial era conhecido como "bulangismo", em referência ao ex-ministro da Guerra, general Georges Boulanger. Durante a década de 1880, os bulangistas combinaram ataques às condescendentes e corruptas elites parlamentares com chamados para uma guerra de vingança contra a Alemanha, que em 1870 infligira uma humilhante derrota à França. Todavia, o bulangismo entrou em colapso quando seu líder fugiu após ser acusado de traição, mais tarde cometendo suicídio na sepultura da amante.

Após a Segunda Guerra Mundial, quando o populismo europeu deveria estar morto e enterrado, o pujadismo subitamente emergiu na França da década de 1950. Ele foi nomeado em homenagem a um comerciante chamado Pierre Poujade, que fundou um movimento de artesãos e donos de pequenos negócios que protestavam contra um sistema fiscal injusto. Mas logo se expandiu e se transformou em um ataque nacionalista contra as elites parlamentares e a defesa de "*l'Algérie française*" (Argélia francesa, uma colônia cujos nacionalistas árabes conquistariam a independência em 1962). Um desses ativistas foi Jean-Marie Le Pen, um paraquedista que lutara na Argélia e que, como sabemos, lideraria a Frente Nacional, um dos mais importantes movimentos nacional-populistas da Europa; ele foi fundado em 1972 e liderado por Le Pen até 2011, quando foi sucedido pela filha Marine. A essa altura, sua neta, Marion Maréchal-Le Pen, também estava envolvida e os Le Pen desenvolveriam laços com aliados de Trump.

Mas o que, exatamente, conecta esses líderes e movimentos díspares? Para seus críticos, a resposta curta jaz no nacionalismo, no racismo e mesmo no fascismo, que, segundo nos dizem, é apregoado por demagogos instáveis que exploram as tensões sociais, e no anseio pelas coisas que pessoas com valores tradicionais apreciam, como estabilidade, respeito pela autoridade, patriarcado e conformidade ao grupo mais amplo. Além disso, a concepção que esses movimentos fazem do "povo" que representam é vista como estrita, exclusivista e baseada na total rejeição da legitimidade de visões e grupos sociais alternativos. Os ataques populistas ao conhecimento especializado e à correção política também podem levar a conclusões perigosas, como a rejeição de Bolsonaro e Trump à ciência por trás das mudanças climáticas, embora ligações com interesses comerciais também tenham sido notadas nesses casos. No entanto, nem todos os populistas seguem essa linha, com alguns vendo a preservação da paisagem e do meio ambiente como parte do legado nacional.

Certamente há um lado sombrio no nacional-populismo. Mas focar indevidamente nesse aspecto tira a atenção da maneira pela qual os populistas às vezes também suscitam questões desconfortáveis, porém legítimas, que de outro modo permaneceriam sem discussão. Hoje, e frequentemente por razões legítimas, os populistas atacam a natureza elitista da política liberal-democrata, a escala e o ritmo da mudança étnica e o cada vez mais desigual arranjo econômico — três desafios gerais que exploraremos mais tarde.

Os populistas também atacam aqueles que falharam em responder a esses desafios ou, pior ainda, os encorajaram. Embora suscitem questões sobre como reformular ou reformar radicalmente os arranjos existentes, eles simultaneamente argumentam que os políticos estabelecidos e outras pessoas influentes, como jornalistas, acadêmicos e financistas, não são suficientemente críticos em relação ao *status quo*. E rotineiramente criticam os políticos e formadores de opinião mais culturalmente liberais, que veem como tendo negligenciado ou se oposto às preocupações do público com a nação e a identidade nacional.

Esses pontos podem ser vistos claramente ao examinarmos os três temas centrais do importante Partido do Povo nos EUA, o primeiro movimento a chamar a si mesmo de "populista". Tratava-se de uma coalizão de trabalhadores agrícolas do sul e dos estados das Grandes Planícies e de trabalhadores industriais urbanos e chegou ao auge no fim do século XIX. De modo revelador, alguns críticos liberais contemporâneos do populismo se recusam a chamar o Partido do Povo de populista, pois ele não se adéqua bem a seu modelo hostil, que vê o populismo como forma de política "antipluralista" que homogeneíza perigosamente o "povo" e promove uma liderança carismática e antidemocrática.[11] Mas, ao prometer reformar a democracia em torno da noção de *vontade popular*, defender as *pessoas simples e comuns* e substituir o que via como *elites corruptas e distantes*, o Partido do Povo foi um clássico exemplo inicial do que emergiria mais tarde em muitas democracias ocidentais. De modo crucial, e como muitos movimentos populistas subsequentes, ele aceitava que a sociedade é legitimamente composta de diferentes grupos. Seu objetivo era retificar o equilíbrio da discussão na direção dos "sem voz", não instalar uma ditadura de estilo protofascista.

1. VONTADE POPULAR
Os populistas prometem reformar a democracia,
de modo que a vontade popular seja ouvida e obedecida

A Plataforma Omaha do Partido do Povo em 1892 proclamava: "Buscamos devolver o governo da república às mãos das 'pessoas comuns'." Ela apresentava várias propostas para recolocar as pessoas comuns no centro das tomadas de decisão, incluindo a eleição direta do presidente (em vez de um colégio eleitoral de "notáveis"), a introdução de eleições diretas para o Senado, o uso regular de referendos e o voto secreto.[12] Longe de desprezar o conhecimento (uma acusação feita de modo frequente aos populistas), o partido tinha uma forte ala educacional e imaginava um governo guiado por especialistas, e não por corruptos partidos convencionais.

Como resultado, o partido estava dividido sobre a colaboração com outros. Seu pobremente financiado candidato, James B. Weaver, venceu em quatro estados nas eleições presidenciais de 1892. Mas, sem esperança de capturar a presidência, o Partido do Povo apoiou o candidato democrata de 1896, William Jennings Bryan. O vitorioso, William McKinley, usou o primeiro consultor profissional para dirigir sua campanha, iniciando uma tendência de contratar equipes de especialistas e, desse modo, introduzindo outra barreira aos pobres partidos insurgentes, que já encontravam dificuldades nos distritos que usavam o sistema de eleição por maioria simples.[13] Além disso, o Partido do Povo sofria com outro problema que continuaria a afligir os partidos populistas, a saber, "progressistas" democratas e republicanos adotando e adaptando aspectos de sua luta por maior democracia, incluindo a guerra contra a cobiça corporativa e pessoal — uma estratégia familiar para os políticos contemporâneos de centro-direita, especialmente na Europa, que frequentemente tentam usar políticas de "nacional-populismo leve" para desarmar os novos desafiantes, uma questão que desenvolveremos no capítulo final.

2. PESSOAS SIMPLES E COMUNS
Os populistas prometem defendê-las, sempre
retratando as elites distantes como inimigas, mas
também tendo outros na mira, como os imigrantes

Um dos mais importantes nacional-populistas a emergir na Europa do pós-guerra foi Jean-Marie Le Pen, que alegava estar "dizendo em voz alta aquilo que as pessoas estão pensando". Na Áustria, Jörg Haider dizia algo similar: "Eles me odeiam porque estou do lado de vocês." Esses dois nacional-populistas teriam muito em comum com o Partido do Povo.

O Partido do Povo muitas vezes identificava o povo com o "interior", uma cultura vista como autêntica, trabalhadora e dotada de senso comum.[14] Embora isso possa privilegiar um grupo específico, a Plataforma Omaha argumentava que "os interesses do trabalho rural e urbano são os mesmos", e o partido tinha elos com seções do movimento trabalhista industrial, assim como com sua forte base rural. O Partido do Povo, portanto, buscava um grande reequilíbrio do poder em favor de um povo americano proteiforme e concebido em termos amplos, não o retorno a um passado rural idealizado em face da rápida industrialização. Muitos de seus líderes tampouco defendiam o patriarcado, frequentemente apoiando a extensão do direito ao voto às mulheres, muitas das quais eram ativas no movimento.

Ainda que o Partido do Povo buscasse banir os imigrantes asiáticos, que acreditava estarem fazendo baixar os salários e não possuírem uma cultura democrática, é importante notar que tais visões eram disseminadas na época. O partido certamente não via o povo em termos de uma linhagem fundadora nativista, como os anteriores Know Nothings. De fato, muitos católicos e outros imigrantes recentes eram ativos no partido, e os líderes apoiavam alianças com os afro-americanos pobres. Todavia, como seus oponentes, os democratas sulistas, usavam a estratégia racial, em 1900, a liderança passou a atacar as comunidades afro-americanas e judaicas na esperança de restaurar o sucesso do partido. Isso antecipou a maneira pela qual populistas posteriores usariam concepções étnicas e raciais, ligadas à identidade nacional e à democracia, como modo de obter apoio.

3. ELITES CORRUPTAS E DISTANTES
Os populistas prometem substituir as elites autointeressadas, embora sua agenda seja moral, e não um chamado físico às armas

Antecipando argumentos contemporâneos sobre o papel do "dinheiro sombrio" na política, havia alguma verdade na alegação do Partido do Povo de que os interesses abastados haviam comprado os políticos democratas e republicanos, grande parte da imprensa e até mesmo os juízes. Seu fogo moral era dirigido especialmente contra a nova elite plutocrática, descrita como "inédita na história da humanidade". Uma das líderes do Partido do Povo, Mary Lease, resumiu um sentimento disseminado quando adaptou o discurso de Gettysburg (1863) de Abraham Lincoln para argumentar que, por trás da fachada, a "democracia" americana era o governo "de Wall Street, por Wall Street e para Wall Street".

Esses primeiros populistas eram especialmente hostis em relação aos banqueiros, que haviam se recusado a socorrer os fazendeiros durante os tempos difíceis que se seguiram à "Longa Depressão" da década de 1870. Também atacavam as ferrovias, que haviam aumentado os preços para os pequenos produtores, consideradas transportadoras orientadas para o lucro que haviam prosperado com maciço auxílio governamental conforme estendiam seus trilhos para oeste, até o Pacífico, e cujos proprietários viviam em grandes mansões, e não em barracos. O Partido do Povo argumentava que o Estado deveria obter o controle dos monopólios, buscava ligar a convertibilidade do dólar à prata, assim como ao muito mais raro ouro (para permitir que mais dinheiro fosse impresso, a fim de reflacionar a economia) e queria um imposto de renda gradual. Eles não eram socialistas, e sim grandes defensores do empreendedorismo privado honesto e da iniciativa individual. Mas queriam que o Estado restabelecesse um campo de jogo justo e nivelado para os produtores independentes, que viam como espinha dorsal da nação.

As fundações ideológicas do fascismo

Como esses temas centrais do populismo, personificados pelo Partido do Povo, se comparam aos do fascismo? Embora possamos encontrar aspectos da ideologia fascista desde antes da Primeira Guerra Mundial, foi somente após aqueles anos traumáticos, incluindo a transformadora Revolução Russa, que ela assumiu uma forma identificável contra um pano de fundo de divisão e instabilidade econômica e política em grande parte da Europa.[15]

Benito Mussolini, anteriormente um importante socialista italiano, fundou o primeiro autoproclamado movimento "fascista" em 1919. O conceito de *fasci*, significando "união" em um contexto político, fora usado previamente tanto pela esquerda quanto pela direita, e o símbolo do movimento se tornou o antigo *fasces* romano, um machado preso a varas que simbolizava unidade e autoridade. O nacionalismo extremo está no âmago do fascismo, mas seu primeiro programa também incluía políticas que coincidiam com as da esquerda, como a jornada de oito horas, a taxação progressiva sobre o capital e a apreensão dos bens da Igreja.

O Partido Nacional-Socialista de Adolf Hitler é visto como outro grande movimento "fascista", ainda que jamais tenha empregado o termo como autorreferência. A maioria dos movimentos "fascistas" do entreguerras — como a Cruz Flechada na Hungria, a Falange na Espanha e a Guarda de Ferro na Romênia — acentuava suas raízes nacionais e possuía suas próprias idiossincrasias. De fato, alguns historiadores afirmam que o nazismo foi exclusivo da Alemanha, enfatizando uma concepção da nação baseada no "sangue" e um ódio desenfreado pelos judeus, ambos embebidos em uma tradição mais longa de nacionalismo alemão.

Então o que, exatamente, une os "fascistas"? O historiador Richard Bessel chama os nazistas de "bando de gângsteres políticos, inspirados por uma crua ideologia racista".[16] Mas o foco dos críticos no racismo e na violência paramilitar torna difícil entender por que ele atraiu intelectuais importantes, como o sociólogo da teoria da elite Robert Michels, o filósofo do Estado "ético" Giovanni Gentile, seu colega filósofo Martin Heidegger, cujas ideias focavam no "ser" autêntico, e o filósofo político-jurídico Carl Schmitt, que argumentou que o liberalismo era divisor e que a ditadura era necessária em tempos de crise e para implementar mudanças radicais. Embora alguns intelectuais só tenham se voltado para o fascismo depois que ele chegou ao poder, poucos foram motivados pelo puro oportunismo. Para apreciar essa atração tanto intelectual quanto popular, precisamos identificar seus três temas centrais.

1. NAÇÃO HOLÍSTICA
Os fascistas prometem forjar uma comunidade espiritual
que exige total lealdade e devoção a seus interesses

A maior parte das pessoas pensa no nacionalismo como ideologia todo abrangente, mas, na verdade, há variantes radicalmente diferentes. O "nacionalismo civil" liberal é consistente com a democracia e uma concepção aberta de cidadania. Mas o "nacionalismo holístico" tipicamente afirma que a nação possui uma fundação fechada e etnicamente pura. Esse nacionalismo holístico também incluía políticas "autoritárias", como uma posição forte sobre lei e ordem, estabilidade e conformidade ao grupo, que seriam usadas para defender os interesses de toda a nação, uma abordagem que atraía muitas pessoas, de diferentes classes sociais, vivendo em sociedades altamente divididas que, nos anos do entreguerras, tinham somente uma débil tradição de governo democrático.

Os nazistas afirmavam que as raízes da nação alemã eram profundas e tinham uma visão específica sobre o grupo nacional etnicamente definido. Essa visão estava ligada à tipologia caucasiana-mongoloide-negroide criada no século XIX pelo pensador francês Arthur de Gobineau, na qual os caucasianos nórdicos eram os "mais puros entre os puros", uma visão reforçada mais tarde pela "ciência racial" (que, nos Estados Unidos, legitimava as cotas de imigração e políticas como a esterilização compulsória, estudada pelos nazistas).[17]

Na Itália, o nacionalismo estava baseado mais em um senso de cultura e história comuns, embora os fascistas afirmassem que ele havia sido enfraquecido por séculos de divisão. De fato, o escritor protofascista Giovanni Papini escreveu, às vésperas da Primeira Guerra Mundial, que a Itália era "feita de merda, arrastada, chutando e gritando, em um novo Estado, por uma elite ousada, e permanecera como merda durante os últimos cinquenta anos". Alguns de seus apoiadores eram judeus, e Mussolini tinha como amante uma intelectual judia, apesar de o fascismo ter se tornado antissemita depois que Mussolini passou a ser influenciado por Hitler. No entanto, isso não significa que os fascistas italianos não eram racistas: eles acreditavam ter o direito de conquistar *spazio vitale* (espaço vital) em áreas do mundo que eram habitadas pelo que viam como raças inferiores, como eslavos e africanos, o que levou a um expansionismo brutal.

Esse novo imperialismo era suportado pela expansão do pensamento geopolítico, que retratava o mundo como dividido em esferas naturais que precisavam ser controladas e exploradas pelas grandes potências. A concepção de Hitler de *Lebensraum* afirmava que o Volga era "nosso Mississippi", embora ele buscasse escravizar os racialmente inferiores eslavos, em vez de exterminá-los, que era o destino do "maquinador" "judeu eterno".[18] Para os nazistas, a conquista da União Soviética estava ligada a uma cruzada contra o bolchevismo "judaico", visto como um dos lados de um ataque duplo à saúde das nações (o outro era o capitalismo "judaico"). A nação holística era, portanto, uma comunidade do futuro, uma força que transformaria o mundo em feudos das grandes potências.

2. NOVO HOMEM
Os fascistas prometem criar um "novo homem" comunal e espiritual sob a direção de novos líderes dinâmicos

Após a Primeira Guerra Mundial, Mussolini, que, assim como Hitler, prestara serviço militar ativo, chamou uma dinâmica e jovem "trincheirocracia" para substituir o que via como fracas e divisoras elites, tanto conservadoras quanto liberais, nos principais partidos, que haviam se mostrado incapazes de unir a nação. Os fascistas do entreguerras tentaram construir movimentos de massa, mas não acreditavam que as pessoas eram capazes de governar. Somente uma vanguarda, servindo a um grande líder, seria capaz de impulsionar a nação e criar uma nova ordem social.

Hitler escreveu, em *Mein Kampf* (1925), que a "multidão" precisava de um líder decidido para fazê-la compreender a grande "ideia" alternativa às promessas divisoras e materialistas do marxismo. Após o fracasso do violento *Putsch* nazista em Munique em 1923, Hitler decidiu que o Estado moderno era forte demais para ser atacado diretamente e, em vez disso, colocou sua fé em sua habilidade de mobilizar apoio disseminado através das urnas. Ele se proclamou o há muito esperado grande *Führer* (líder), uma figura messiânica que fora enviada pelo destino para unir e restaurar a grande nação alemã. Essa imagem foi cultivada nas campanhas eleitorais, orquestradas por Joseph Goebbels, durante as quais Hitler cruzou o país em aeroplanos, de modo que não somente parecia moderno, como também podia descer das nuvens para se dirigir às festivas massas que o aguardavam. Os nazistas expandiram sua organização e dirigiram sua violência contra seus oponentes, e não contra o Estado, uma tática que gerou simpatia em certos membros do establishment alemão, que estavam extremamente temerosos com a ascensão da esquerda comunista.

O pensamento fascista sobre o novo homem tinha como foco a "decadência", a forte crença de que a sociedade estava decaindo de dentro para fora em função do individualismo materialista. Era uma visão encapsulada na alegação protofascista francesa de que, na lápide do "homem burguês", deveria ser entalhado o epitáfio: "Nasceu homem, morreu vendeiro." Uma noção do idealizado novo homem holístico pode ser obtida na alegação de Mussolini de que "ele é político, ele é econômico, ele é religioso, ele é santo, ele é guerreiro". O feminismo era condenado e os papeis tradicionais, como a maternidade e as tarefas domésticas, eram celebrados, mas havia espaço para que as mulheres fossem ativas em suas próprias organizações fascistas (uma fórmula que ajuda a explicar por que mais da metade dos votos nazistas veio das mulheres em 1932).[19]

3. UMA TERCEIRA VIA AUTORITÁRIA
O fascismo promete criar uma autoritária terceira via socioeconômica, liderada pelo Estado, entre o capitalismo e o socialismo

Entre os principais fascistas, havia o claro desejo de criar uma nova ordem que combinasse unidade social com desenvolvimento econômico, evitando as depressões periódicas do capitalismo, como a que atingira a Alemanha após 1929. A ala "socialista" dos nazistas, associada aos irmãos Strasser, tinha importância marginal, uma vez que os principais nazistas cortejaram os industriais e os grandes negócios antes de chegarem ao poder e tinham os empreendedores em alta conta. Mesmo assim, esperava-se que eles trabalhassem pelo interesse nacional, e o Estado nazista supervisionava o estabelecimento do pleno emprego, de esquemas de bem-estar social e de benefícios como férias baratas.[20] Os fascistas também rejeitavam os supostos benefícios do livre comércio internacional. Em vez disso, buscavam uma economia autossuficiente no interior de um sistema geopolítico "autárquico". Os planejadores nazistas até mesmo desenvolveram a ideia de uma economia europeia coordenada; embora a realidade de tempos de guerra fosse a exploração alemã, fascistas em países como a França e a Hungria receberam bem essa visão do futuro.

O fascismo é frequentemente classificado como "totalitário", um termo cunhado por seus oponentes (e, mais tarde, popularizado por acadêmicos liberais para enfatizar as similaridades entre o comunismo soviético e o nazismo, como idolatria do líder, Estado policial e destruição da sociedade civil). Intelectuais fascistas como Giovanni Gentile adotaram o termo, argumentando que um "Estado ético" com um único partido podia atingir objetivos que as democracias liberais, divididas pela política partidária, não podiam. Na prática, a Igreja católica detinha grande influência na Itália e a oposição do partido, do Exército e das corporações levou à prisão de Mussolini em 1943 (contudo, ele foi libertado por comandos SS e instalado na república fantoche de Salò). O fascismo, portanto, é um "regime autoritário" híbrido que destruiu a democracia liberal, mas que foi menos disseminado que o "modelo totalitário".[21]

Apesar de os nazistas não falarem em "totalitarismo", eles buscavam o colapso radical da esfera privada, e a dissensão era esmagada impiedosamente. O papel do terror, no entanto, foi exagerado: muitos alemães ficavam felizes em denunciar inimigos da nação, e Hitler obteve amplo apoio no fim da década de 1930, após sucessos como o pleno emprego e a reocupação da desmilitarizada Renânia em 1936.[22] Assim, ainda que o Estado nazista fosse totalitário, ele não deve ser visto simplesmente em termos de controle de cima para baixo.

Ele também era notadamente diferente do que alguns veem como terceiro grande exemplo de regime fascista, a saber, a ditadura de Franco, que durou de 1939 a 1975. Franco adotou aspectos do estilo fascista, transformou a pequena e fascista Falange no único partido legal e suprimiu brutalmente a oposição, mas seu programa socioeconômico era altamente conservador. O franquismo buscava restaurar a religião católica e os valores tradicionais, e não criar um "novo homem" secular e uma terceira via radical. O autoritário e corporativista "novo Estado" português, liderado pelo distintamente não carismático economista António de Oliveira Salazar de 1932 a 1968, devia ainda menos ao fascismo, especialmente a sua ideologia racial (embora, durante as décadas iniciais, ele tenha partilhado de um forte senso de superioridade da raça branca). Mesmo assim, isso não impediu que muitos o vissem como quarto grande exemplo de regime fascista.

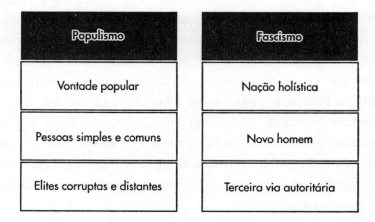

Figura 2.1
Sumário dos temas centrais do populismo e do fascismo.

Novo fascismo ou extrema direita?

Quando consideramos as fundações do fascismo e do populismo, fica claro que políticos como Trump, Le Pen e Salvini não sinalizam um retorno do fascismo, mas seguem a tradição populista.

Isso os torna diferentes do Movimento Social Italiano, que foi fundado em 1946 e cujo símbolo era uma chama nas três cores da Itália surgindo do caixão de Mussolini, ou do atual grupo italiano CasaPound, nomeado em homenagem ao poeta modernista americano e apoiador do fascismo Ezra Pound, que reconhece a inspiração do suposto fascismo de esquerda da república de Salò.

As promessas feitas por Trump, Le Pen e outros também diferem notadamente desses valores. Nos países em que foca este livro, com exceção do Brasil e da Europa Oriental, eles operam no interior de sistemas democráticos maduros, desenvolvidos e estabelecidos que possuem um forte e testado sistema de freios e contrapesos (que também são apoiados pela maioria de seus eleitores, como veremos no próximo capítulo). Eles não defendem o fim das eleições livres e justas. Nem falam de concentrar o poder nas mãos de um ditador. Em vez disso, muitos falam positivamente de dar *mais* poder ao povo através de um modelo democrático no "estilo suíço", um sistema de iniciativas populares e referendos ligados ao governo representativo.

Há outras diferenças importantes. Após anunciar que concorreria à indicação republicana em 2015, Trump, com seu slogan de "Tornar os Estados Unidos grandes novamente", refletiu o apelo nacionalista que está no âmago de sua campanha e é a base de seu apoio popular. Mas, embora afirmasse que os Estados Unidos estavam definhando, Trump claramente não buscava, nem busca, forjar uma "nação holística", quanto mais um "novo homem" radical em um país cuja cultura é caracterizada pelo individualismo áspero e autoconfiante. Ainda que suas declarações tenham dado alento aos racistas, suas visões são muito distantes do racismo fascista e do antissemitismo nazista.

A proveniência histórica do poder de atração de Trump é antes o "excepcionalismo americano", a crença de que os Estados Unidos são uma nação única, baseada em valores democráticos e indivíduos que trabalham duro, combinada à sedução da cultura contemporânea de celebridades, significando que as pessoas comuns não ficaram ofendidas com sua imensa fortuna pessoal. Na esfera econômica, a campanha de Trump criticou a globalização, pediu a repatriação dos empregos e a substituição da assistência médica do "Obamacare" por um sistema alternativo e apoiou a necessidade de extensas obras públicas. Embora seja incomum em um Partido Republicano que endossa fortemente a economia neoliberal, isso não constitui nada parecido com a terceira via fascista. De fato, após assumir o poder, a maior parte dos aspectos mais radicalmente populistas do trumpismo, como a reforma da assistência médica e as extensas obras públicas (com exceção das repetidas referências à construção do muro na fronteira com o México, parcialmente projetadas para levar seus oponentes a apoiarem políticas mais liberais), desapareceu de vista. Suas reduções fiscais favoreceram amplamente os ricos, embora seus defensores argumentem que elas foram cruciais para a força recente da economia americana (uma força refletida mais em número de empregos que no crescimento dos salários reais).

É importante reconhecer que Trump posa de homem forte, demonstrou notável simpatia por líderes autoritários como Vladimir Putin, criticou aspectos-chave da democracia liberal, incluindo a mídia livre produtora de "*fake news*" e o poder judiciário, e usou ordens executivas para restringir a imigração, pôr fim à Parceria Transpacífica e impor tarifas e outras políticas. No entanto, suas ações, mesmo que frequentemente irrefletidas, estão longe de ser uma tentativa de estabelecer um Estado autoritário em um país estável com fortes valores democráticos. Na verdade, involuntariamente, Trump ajudou a inspirar o crescimento do ativismo político entre seus oponentes, incluindo as mulheres mais jovens e educadas.

Ou considere a Frente Nacional francesa, que surgiu de uma aliança entre neofascistas e nacionalistas linha-dura na década de 1970. Seu líder durante muito tempo, Jean-Marie Le Pen, que veio da ala nacionalista, foi justamente acusado de extremismo, inclusive após uma série de comentários depreciativos sobre os judeus. Mas, após substituir o pai como líder em 2011, Marine Le Pen buscou uma imagem menos tóxica para o partido. Ela expulsou o pai por seu renovado extremismo; fez apelos às mulheres e às comunidades LGBT, que foram incluídas entre seus conselheiros mais próximos; prometeu referendos, que poderiam ser iniciados por um mínimo de 500 mil assinaturas, incluindo um sobre a filiação da França à UE; e abandonou o nome do partido durante a campanha para as eleições presidenciais de 2017, usando apenas "*Marine. Présidente*". Seu partido está agora retornando a um foco mais intenso na nação e na imigração. Não há sérias evidências de que a política do partido esteja sendo dirigida por neofascistas, mesmo que alguns ainda permaneçam nos bastidores. De fato, a mudança do nome do partido para Reunião Nacional em 2018 teve por objetivo facilitar alianças com a direita convencional.

Nacional-populismo

Assim, se não é "fascista", como essa "família" deve ser rotulada? Uma abordagem comum é chamá-la de "extrema direita", uma vez que o termo cobre todos os movimentos que focam na imigração e na mudança étnica como ameaças à nação. Mas "extrema direita" é um termo muito amplo. Ele inclui tanto fascistas violentos que querem destruir a democracia quanto aqueles que jogam pelas regras democráticas. Também inclui racistas declarados e aqueles cujas visões sobre a imigração não são significativamente diferentes da direita convencional.

Na Espanha, após a vitória do Vox em 2018, milhares de pessoas foram às ruas em várias cidades cantando "Isso não é democracia, é fascismo". O líder do Vox, Santiago Abascal, falou de *reconquista*, um termo usado em referência à histórica expulsão dos mouros, mas também utilizado pelos rebeldes de Franco em suas batalhas contra o governo republicano. No entanto, mesmo sendo altamente conservador, o Vox não esposa a violência nem busca uma ditadura. Enquanto a supressão do nacionalismo regional foi central para o franquismo, a oposição do Vox às recentes tentativas catalãs de se separar realizando um referendo inconstitucional é partilhada por muitos que não fazem parte dessa tradição, mas criticam a fraqueza dos governos de centro-esquerda e centro-direita. Isso foi determinante para que o Vox se tornasse o terceiro maior partido espanhol nas eleições de 2019, em seguida a uma nova erupção de violência na Catalunha, após a imposição de sentenças de prisão aos líderes que haviam organizado o referendo ilegal — embora a força do partido na Andaluzia e na Múrcia indique que a imigração é uma preocupação crescente em certas áreas.

As questões aqui envolvidas são especialmente importantes, dada a extensão em que muitas figuras do mainstream político estão emprestando a linguagem da "extrema direita" em uma tentativa de desarmá-la, como o ministro do Interior da Alemanha Horst Seehofer, que em 2018 sugeriu: "O Islã não pertence à Alemanha." O nacional-populista Alternativa para a Alemanha não poderia ter dito melhor.

É parcialmente por isso que alguns pensadores dividem a "extrema direita" em dois grupos: a "direita extremista" e a "direita radical". Os partidos de "direita radical" podem efetivamente fazer a mesma distinção quando se recusam a se associar aos "extremistas". Muitos nacional-populistas na Europa se distanciam de movimentos abertamente neonazistas e extremistas como o Aurora Dourada na Grécia. Na Holanda, durante as eleições presidenciais francesas de 2002, o nacional-populista gay Pim Fortuyn criticou a capacidade do Islã de se adaptar às liberdades liberais e, ao mesmo tempo, denunciou Jean-Marie Le Pen como "racista". Os partidos convencionais também podem fazer essa distinção, aceitando a direita radical como parceira de coalizão em países como a Áustria, a Itália e a Suíça, na qual o Partido do Povo é o maior grupo. Embora em países como França e Alemanha os partidos convencionais se recusem a trabalhar com esses partidos, na Suécia a centro-direita recentemente disse estar aberta à cooperação com o outrora extremista Democratas Suecos.

Nessa abordagem, a "direita extremista" é caracterizada pela rejeição da democracia e inclui "autoritários" que não toleram o "mercado de ideias" no qual as pessoas negociam e fazem compromissos, a essência da vida democrática liberal. Em vez disso, querem fechar esse mercado e dividir a nação em uma situação de "nós *versus* eles".[23] É por isso que algumas democracias, como a Alemanha, buscam ativamente banir organizações que consideram "extremistas".

A direita extremista também inclui terroristas como Anders Breivik, que assassinou 77 pessoas, principalmente jovens ativistas de esquerda, com bombas e tiroteios na Noruega em 2011, no que ele via como parte da missão mais ampla de evitar a "islamização" da Europa e lutar contra a influência do "marxismo cultural".

"Direita radical", em contrapartida, é um termo tipicamente usado para descrever grupos que criticam *certos aspectos* da democracia liberal, mas não querem acabar com a democracia e estão abertos a formas alternativas de "governo pelo povo", como discutiremos no próximo capítulo. A "direita radical" engloba movimentos amplos, como a Frente Nacional na França, os partidos da Liberdade na Áustria e na Holanda, a Liga na Itália e o Alternativa para a Alemanha.

Esses partidos defendem políticas sociais "autoritárias", como uma posição rígida em relação à lei e à ordem, mas também pedem mais referendos para fortalecer os elos entre governantes e governados. Eles querem retomar a soberania nacional de distantes organizações transnacionais como a UE (embora a maioria não busque a saída imediata, especialmente após os problemas revelados por mais de dois anos de negociação do Brexit). Esse argumento em geral está ligado à imigração, apontando o dedo para o princípio da "liberdade de movimentação" no interior da União Europeia, que permite que as pessoas viajem e trabalhem livremente em seus países-membros. Isso, por sua vez, está frequentemente ligado a questões de segurança. Os nacional-populistas costumam argumentar que a UE não policia suas fronteiras externas e internas de modo adequado, uma omissão que, particularmente desde o início da crise dos refugiados, permitiu que terroristas islamistas cruzassem fronteiras e cometessem atrocidades.

No entanto, o termo "direita radical" também é problemático. Confusamente, nos EUA ele pode ser usado para se referir a uma variedade de grupos, incluindo conservadores contrários ao governo grande e o diversificado grupo de racistas que forma a "direita alternativa" [*alt-right*] e que apoiou Trump aos berros em 2016. Além disso, o termo torna mais difícil perceber como esses grupos atraíram diferentes "eleitorados", incluindo pessoas que costumavam votar na esquerda e jovens eleitores de áreas historicamente de esquerda. Chamá-los de "direita radical" também nos impede de perceber como alguns desses movimentos estão sofrendo importantes mudanças.

Para que não haja mal-entendido, não contestamos o fato de que esses políticos são, falando de modo amplo, de direita. Mas precisamos reconhecer que eles adotaram políticas que frequentemente não se adéquam bem à clássica divisão "esquerda *versus* direita". Essa divisão surgiu durante a Revolução Francesa que se iniciou em 1789, com a "direita" se referindo àqueles que apoiavam o direito divino dos reis e a "esquerda" àqueles que defendiam ideias progressistas, incluindo os políticos "direitos do homem".[24] Cada vez mais, durante o século XIX, a "esquerda" passou a ser associada à conquista de igualdade econômica e política. Paralelamente a esse desenvolvimento, surgiu um entendimento sociológico do espectro esquerda-direita no qual a esquerda defende a classe trabalhadora e a direita defende os interesses dos ricos e privilegiados (ainda que, na virada do século XX, a direita de alguns países, como a Grã-Bretanha e a Alemanha, oferecesse programas de bem-estar social para ajudar a combater a ascensão do socialismo).

No fim do século XX, muitos partidos convencionais, incluindo os social-democratas, adotaram aspectos-chave do acordo econômico neoliberal, levando à crescente desigualdade no Ocidente, como discutiremos no capítulo 5. Isso pavimentou o caminho para partidos como a Frente Nacional na França, que adotou políticas de "estatismo" previamente oferecidas pela esquerda, incluindo a "reindustrialização" e o "protecionismo inteligente". Embora esses partidos já começassem a flanquear a esquerda na questão da imigração, alguns deles começaram a atender às demandas da esquerda por mais proteção para os trabalhadores e a agir contra os efeitos negativos da globalização descontrolada.

Em 2017, Marine Le Pen fez campanha usando o slogan "Nem direita, nem esquerda", atacando a globalização e declarando que "nossos líderes escolheram a globalização, pois acharam que seria uma coisa boa. Ela se revelou uma coisa horrível". Le Pen diverge da esquerda histórica na maneira como essa crítica à globalização está infundida de estridente oposição à imigração. Em suas palavras, "a globalização econômica, que recusa qualquer regulamentação [...], estabelece as condições para outra forma de globalização, o fundamentalismo islâmico".[25] Ela não é, de modo nenhum, a única a se expressar dessa maneira. Salvini, por exemplo, comentou que vê mais valores esquerdistas na "extrema direita" que em muitos partidos de esquerda e que hoje são os populistas que "defendem os trabalhadores".

Os membros do Partido do Povo dinamarquês chamam a si mesmos de "social-democratas *reais*", indicando não somente sua sensibilidade às preocupações da classe trabalhadora com a imigração, mas também seu desejo de proteger os benefícios de bem-estar social para o grupo nativo e restringi-los para os imigrantes recentes e os refugiados. O líder do Democratas Suecos disse simplesmente aos eleitores: "A eleição é uma escolha entre a imigração em massa e o bem-estar social. Escolham." Mesmo partidos que, de modo geral, são simpáticos ao livre mercado, como os partidos da Liberdade na Áustria e na Holanda, defendem intensamente generosos benefícios de bem-estar social para o grupo nacional e olham com crescente desconfiança para o impacto mais amplo da globalização.[26]

Indubitavelmente, há grandes variações nas políticas da direita radical em relação às normas culturais. Alguns, como Jair Bolsonaro no Brasil, o Fidesz de Viktor Orbán, que governa a Hungria, ou o Lei e Justiça na Polônia, são socialmente de direita, argumentando que os liberais estão obcecados com a ideia de expandir os direitos dos grupos minoritários e promover o multiculturalismo, colocando em risco os valores religiosos e a vida familiar tradicional da nação. Por exemplo, essas questões culturais figuraram muito proeminentemente na campanha do Lei e Justiça durante as eleições de 2019 (suportadas por políticas de bem-estar social que visam grupos como pais e aposentados e que trouxeram benefícios reais). Dado que Orbán também atacou grupos-chave como o poder judiciário e a imprensa livre como parte de sua tentativa de criar uma "democracia não liberal", não surpreende que muitos comentadores temam que sua forma de política possa pressagiar o colapso das liberdades e dos direitos democráticos liberais, especialmente após a legitimidade que ele obteve com a renovação do seu mandato em 2018.[27]

Em contraste, embora os nacional-populistas da Europa Ocidental possam partilhar franca hostilidade pelo Islã e pelas comunidades muçulmanas em rápido crescimento, eles cada vez mais ancoram essa hostilidade na defesa dos direitos das mulheres e das comunidades LGBT, uma visão que é partilhada por alguns de seus eleitores. Na França, Marine Le Pen se apresentou ativamente como mãe solteira e duas vezes divorciada que obteve sucesso como advogada. Mas também argumentou que a insidiosa influência do "fundamentalismo islâmico" está "fazendo retroceder os direitos das mulheres" e expressou seu temor de que a crise dos refugiados que varre a Europa desde 2015 possa gerar "regressão social" e assinalar "o início do fim dos direitos das mulheres", argumentos que foram inspirados por Pim Fortuyn, na Holanda. Todavia, há grandes exceções a essa tendência. O Vox, por exemplo, defende um papel tradicional para as mulheres e se opõe ao aborto e ao casamento homossexual, refletindo seu legado católico. Seu líder andaluz, Francisco Serrano, escreveu sobre a "ditadura de gênero" do feminismo moderno e se opõe ferozmente às medidas igualitárias, incluindo leis recentes que buscam reduzir a violência doméstica. Ou considere Bolsonaro, que, antes de se tornar presidente, declarou que não violentaria uma deputada porque ela "não merecia", disse que preferiria que o filho morresse em um acidente a saber que ele era gay e, ao tomar posse, nomeou uma pastora evangélica conservadora, Damares Alves, para ser ministra da Mulher, da Família e dos Direitos Humanos.

As ideias nacional-populistas também estão frequentemente ligadas aos valores retratados como "europeus", que existem desde a democracia grega clássica e são baseados na tradição judaico-cristã. Enquanto a Bíblia nos ensina a "dar a César o que é de César e a Deus o que é de Deus", o Islã é retratado como não possuindo uma versão secular de si mesmo que distinga entre a esfera pública autônoma e a esfera privada religiosa.

Todavia, essa linha de argumentação não representa uma tentativa, por parte da maioria dos nacional-populistas, de promover as crenças religiosas: seu objetivo é atacar o Islã como forma altamente repressiva do que pessoas como Geert Wilders chamam de "totalitarismo" ou "islamofascismo". Ao mesmo tempo, muitos líderes europeus ocidentais da direita radical cortejam eleitores judeus. Wilders na Holanda e Heinz-Christian Strache na Áustria apoiaram a decisão de Trump de mover a embaixada americana em Israel para Jerusalém. Embora isso seja parcialmente estratégico, não há dúvida de que as visões desses partidos são hoje muito diferentes das opiniões abertamente racistas e antissemitas que tipicamente caracterizaram os partidos da direita extremista.

Esses pontos são centrais para o debate sobre nacional-populismo e racismo, um termo que sofreu "expansão" em anos recentes, devido à crescente influência dos grupos antirracistas. Expressões clamorosas de racismo e preconceitos antiquados envolvendo caracterização hierárquica e antagônica praticamente desapareceram da vida cotidiana em grande parte do Ocidente. Elas foram cada vez mais rejeitadas desde o final da Segunda Guerra Mundial, o desmantelamento do Império, a aprovação das leis de direitos civis nos EUA, a expansão do acesso à educação e a disseminação dos valores liberais.

Em seu lugar, as décadas recentes viram a emergência do que foi chamado de "novo racismo", que foca nas "ameaças culturais" à identidade nacional: a ideia de que a imigração e a mudança étnica criam um risco iminente para o caráter distintivo do grupo nacional, para seus valores, identidades e modos de vida.[28] O Islã se tornou o principal alvo dessa ampla mudança para os argumentos culturais, e não raciais, em grande parte porque é visto por muitos na direita como culturalmente incompatível com o Ocidente, devido a suas crenças religiosas e atitudes em relação a aspectos-chave da vida ocidental (medos que foram reforçados pelo terrorismo islamista e por assassinos domésticos em países como Grã-Bretanha, França e EUA).

Muitos acadêmicos também identificam outras formas de novo racismo que não envolvem rotulação consciente. O racismo institucional se refere à falha das organizações em oferecer tratamento justo para as minorias étnicas, como nas atividades policiais. Os psicólogos também falam de "viés implícito", ou seja, a maneira pela qual mesmo as pessoas que genuinamente se acreditam não racistas podem ter preconceitos que elas mesmas desconhecem.

Todavia, aplicadas sem cuidado, essas abordagens podem considerar "racistas" muitas pessoas brancas e instituições sociais, uma acusação que claramente aliena e mesmo enfurece. O entendimento do racismo como algo generalizado, em vez de um problema mais limitado, é frequentemente considerado um desafio aos papéis positivos desempenhados pelo sentimento nacional, que podem incluir reforçar tanto a solidariedade horizontal quanto a exclusão e estar ligados a valores importantes, como liberdade e tolerância (pense nas expressões clássicas das identidades americana e britânica). Elas também podem interromper importantes debates sobre a imigração e o Islã. Por exemplo, a imigração econômica deveria estar estreitamente ligada às necessidades econômicas do país de destino? Os imigrantes deveriam ter acesso imediato aos benefícios sociais, nos mesmos termos dos nativos? Falando do Islã, as coisas que muitos veem como símbolos da opressão das mulheres, como o *niqab*, deveriam ser banidas em público? As escolas muçulmanas deveriam ensinar valores ocidentais de maneira aberta e justa?

Usamos o termo "racismo" para nos referir à errônea e perigosa crença de que o mundo está dividido em raças hierarquicamente ordenadas; ao antissemitismo associado a teorias da conspiração; e à violência e às atitudes agressivas em relação aos outros com base em sua etnia. Quando o menosprezo e o medo de grupos culturais diferentes não estão ligados a esse pensamento sistemático, preferimos o termo "xenofobia", que denota desconfiança e rejeição daquilo que é percebido como estrangeiro e ameaçador. Não achamos que o termo "racismo" deva ser aplicado somente porque as pessoas buscam manter os parâmetros mais amplos da base étnica e da identidade de um país, mesmo que isso possa envolver discriminação contra grupos externos (ver também o capítulo 4).

A esse respeito, concordamos em termos gerais com o filósofo de Oxford David Miller, que defende o direito dos Estados de controlarem suas fronteiras e excluírem imigrantes com base nos objetivos e preferências da comunidade. Os críticos afirmam que os controles de imigração reforçam as desigualdades globais e que políticas como cercas e fronteiras militarizadas levam à exclusão desumana e à morte daqueles que tentam evadi-las. Certamente é impossível que pessoas razoáveis não fiquem profundamente entristecidas com eventos como os afogamentos no Mediterrâneo, quando barcos inadequados naufragaram durante a viagem para a Europa. Todavia, Miller argumenta que a responsabilidade básica do governo é maximizar o bem-estar de seus cidadãos e ouvir seus desejos. Ele acrescenta que os Estados têm a obrigação de fazer sua parte para proteger os refugiados, mas argumenta que razões válidas para rejeitar a imigração incluem o custo de integrar grupos hiperdiversos e a ameaça às culturas nacionais se essa integração não for alcançada. Ele acrescenta que os imigrantes que são admitidos têm a responsabilidade de se integrar a seus países adotivos.[29]

Usando essa abordagem, a maioria dos líderes e partidos nacional-populistas não é propriamente "racista", embora sem dúvida haja exceções. Roberto Calderoli, da Liga italiana, foi classicamente racista quando, em 2013, afirmou que o primeiro ministro governamental negro do país tinha as feições de um orangotango. Muitos também chamam Trump de racista, incluindo o jornalista Ta-Nehisi Coates, que o descreveu como "primeiro presidente branco", referindo-se a opiniões de Trump que ele considera claramente ligadas à supremacia branca, incluindo os ataques "de nascimento", que afirmavam que Barack Obama não nascera nos EUA e, portanto, não podia ser presidente, em contraste com o racismo mais sutil das elites republicanas de outrora.[30] Contudo, mesmo concordando que Trump defende políticas discriminatórias de imigração e é profundamente xenofóbico, como evidenciado por suas muitas declarações provocadoras sobre os "estupradores" mexicanos, os "terroristas" muçulmanos e os países "de merda", ele não se adéqua sistematicamente ao molde racista, embora sua linguagem dificilmente seja de elevada atitude moral da presidência em um país que ainda enfrenta divisões raciais. Apesar de ter tuitado, no primeiro aniversário do violento protesto nacionalista branco de 2017 em Charlottesville, que "condeno todos os atos de racismo e violência", os críticos responderam que, anteriormente, ele culpara tanto os manifestantes racistas quanto os antirracistas pela violência, em vez de somente os primeiros. Em 2019, Trump causou ainda mais ultraje, e não apenas entre os liberais, quando sugeriu em um tuíte que quatro críticas congressistas negras voltassem para seus conturbados países — sendo que três delas nasceram nos Estados Unidos e a quarta havia chegado ainda criança. No mesmo ano, uma extensa pesquisa do Pew descobriu que 56% dos entrevistados achavam que Trump piorara as relações raciais, ao passo que somente 15% achavam que ele tinha feito progresso e 13% que ele tentara, mas não conseguira.

Em parte para evitar a bagagem que cerca o termo "racista", alguns acadêmicos preferem chamar os nacional-populistas de "nativistas", um termo que se refere à crença de que um país deve ser habitado exclusivamente pelos membros do grupo nativo e que os outros são ameaçadores.[31] Porém, poucos são nativistas no sentido dos Know Nothings americanos do século XIX, que, como vimos, definiam o povo em uma base étnica estritamente protestante. De fato, existe o disseminado desejo de reduzir a imigração, sobretudo os grandes fluxos de refugiados e imigrantes econômicos, mas poucos defendem uma concepção totalmente fechada da nação, seja etnicamente ou em termos da nova imigração.

O Partido Lei e Justiça, da Polônia, certamente busca manter o excepcionalmente alto nível de homogeneidade étnica do país, no qual 97% da população é polonesa. Juntamente com a Hungria, a Polônia liderou a resistência à redistribuição de refugiados da UE após 2015. Viktor Orbán até mesmo ordenou a construção de uma cerca na fronteira com a Sérvia para impedir o fluxo de migrantes, embora muitos estivessem indo para a Alemanha. Forte oposição ao gerenciamento da crise dos refugiados pela UE também veio de Matteo Salvini e da Liga italiana, que em 2018 ameaçaram expulsar 500 mil imigrantes recentes que haviam chegado da África do Norte. Após se tornar vice-primeiro-ministro e ministro do Interior,

Salvini controversamente anunciou um censo do povo roma na Itália, com vistas a deportar aqueles que não estivessem legalmente no país, bem como grande redução dos direitos dos migrantes e proibição de atracamento de barcos resgatando migrantes no Mediterrâneo (alguns dos quais foram subsequentemente recebidos na Espanha).

Em contrapartida, o Partido do Povo suíço aceita que seu país tem grande necessidade de mão de obra imigrante, embora busque reduzir seu número e dificultar a obtenção de cidadania. Para o Partido do Povo holandês, a questão central é excluir os muçulmanos e os imigrantes que eles acreditam que não podem ser assimilados e que possuem, se é que possuem, poucas habilidades desejáveis. Geert Wilders tem visões xenofóbicas sobre a nova imigração muçulmana, porém seu partido jamais agiu contra as minorias chinesa ou vietnamita ou contra aqueles que vieram das antigas colônias do Suriname e da Indonésia. O Partido da Liberdade austríaco tem visões similares sobre a nova imigração, mas seu programa declara que as minorias étnicas históricas do país "tanto enriqueceram quanto são parte integral da nação". E, ainda que Nigel Farage e o UKIP se oponham firmemente à chegada de trabalhadores não qualificados vindos da Europa Central e do Leste, Farage subiu ao palco cercado por apoiadores de minorias étnicas para proclamar que seu partido "não era racista" e elogiar as contribuições dos imigrantes das nações da Commonwealth britânica.

Um tópico claro que percorre todo este livro é o fato de que precisamos entender melhor os eleitores nacional-populistas, e não simplesmente denunciá-los. Mas, embora uma minoria dos apoiadores nacional-populistas use com orgulho o crachá de "racista", a vasta maioria fica ofendida e mesmo furiosa com essa acusação. Quando olhamos cuidadosamente para o que os nacional-populistas propõem, fica muito mais fácil ver por que tantos deles não se veem como racistas.

Dados os problemas com termos alternativos, os dois rótulos mais apropriados para líderes e partidos como Donald Trump, Marine Le Pen e Matteo Salvini são "nacional-populistas" ou "populistas nacionalistas", que combinam os "ismos" que mais acuradamente descrevem as promessas que eles estão fazendo.

Muitas vezes o populismo é considerado meramente um estilo; nós, porém, argumentamos que ele é uma ideologia tênue [*thin ideology*] em si mesmo, baseado em três valores centrais: 1) a tentativa de fazer com que a vontade popular seja ouvida e obedecida; 2) o chamado para defender os interesses das pessoas simples e comuns; e 3) o desejo de substituir as elites corruptas e distantes. Como esses valores podem ser encontrados em diferentes formas de populismo, como, por exemplo, a campanha de esquerda de Bernie Sanders para a presidência americana em 2016, precisamos acrescentar o termo "nacionalismo" para esclarecer que tipo de populistas pessoas como Trump ou Le Pen realmente são.

Ao dizer "nacionalismo", estamos nos referindo a uma maneira de pensar que é mais que o amor patriótico pelo país ou o estabelecimento nativista de fronteiras. O nacionalismo se refere à crença de que você faz parte de um grupo de pessoas que partilham de um senso comum de história e identidade e estão ligadas por um senso de missão ou projeto. Muitas pessoas no Ocidente expressam prontamente crenças nacionalistas, como discutiremos no capítulo 4.[32] Essas crenças não são necessariamente baseadas na etnicidade, como mostram nações multiétnicas como os EUA. Mas estão ligadas ao território, que diferencia uma nação de grupos étnicos ou religiosos, como muçulmanos ou pessoas brancas, que frequentemente se espalham por diversas nações. O nacionalismo, mesmo sendo consistente com identidades diversas, como aquelas de classe, região ou orientação sexual, envolve o forte desejo de preservar a identidade nacional da mudança radical e de promover os interesses nacionais.

"Nacionalismo populista" coloca a ênfase no nacionalismo, que inquestionavelmente é uma perspectiva importante desses partidos. Mas, em geral, eles não são insulares e aceitam várias formas de elos e obrigações internacionais, incluindo, em muitos casos, a filiação à UE, mesmo que se oponham à maior integração. Como disse Trump em 2018 durante o Fórum Econômico Mundial em Davos, "Estados Unidos primeiro não significa

Estados Unidos sozinhos". O objetivo de Trump, em termos de comércio, não é criar uma fortaleza americana, mas sim promover o que ele vê como "comércio justo", combatendo políticas através das quais negócios americanos podem ser prejudicados por subsídios de governos estrangeiros ou práticas trabalhistas como mão de obra infantil e falta de precauções adequadas de segurança. Ele acredita que importantes aspectos da economia neoliberal não atendem aos interesses americanos e questionou a crença de que o livre comércio é sempre positivo para os trabalhadores domésticos. Embora uma guerra comercial indubitavelmente vá prejudicar os EUA, ele enfatizou, com razão, questões que a maioria dos políticos e economistas ignora (ver capítulo 5).

Além disso, o nacionalismo pode incluir uma variedade *muito* ampla de políticas. O "nacionalismo populista" poderia, em teoria, incluir movimentos como o Partido Nacional Escocês, cujas políticas em geral estão à esquerda do centro e que, em 2014, lutou sem sucesso para obter independência do que argumenta ser uma distante e exploradora Grã-Bretanha dominada pela Inglaterra, através de um referendo. Os nacionalistas escoceses se encontrariam no mesmo campo que o movimento húngaro Jobbik, que é fortemente hostil às minorias e, durante algum tempo, teve até mesmo uma ala de estilo paramilitar que finalmente foi banida (embora tenha recentemente moderado suas políticas a fim de atacar o partido nacional-populista Fidesz, que está no poder, por corrupção e outros crimes contra o povo). Assim, o "nacionalismo populista" poderia se estender da esquerda à direita, incluindo tanto democratas liberais quanto apoiadores do governo autoritário.

"Nacional-populismo" é a melhor forma resumida de referência. Não devemos ignorar a possibilidade de líderes e partidos esconderem suas verdadeiras crenças dos eleitores, mas precisaremos de mais evidências sobre o que os populistas farão no poder para avaliar essa possibilidade. Por enquanto, não há dúvida de que sua agenda é claramente populista e que mesmo sua forte ênfase na imigração e na mudança étnica precisa ser entendida sob essa luz.

Como veremos, as intensas ansiedades que os eleitores nacional-populistas expressam sobre as mudanças em suas nações são tanto reais quanto legítimas. Elas não são simplesmente subprodutos de outras forças. Mas também incluem uma variedade de temores sobre as elites cosmopolitas e indiferentes que permitiram que imigrantes e outras minorias entrassem no país, assim como sentimentos mais amplos de perda social e cultural, também parcialmente ligados à mudança étnica. Ao enfatizar o populismo, destacamos a maneira pela qual as pessoas querem ser ouvidas, ao invés de ignoradas ou tratadas com desdém.

CAPÍTULO 3
Desconfiança

A democracia liberal só existe, em sua forma totalmente desenvolvida, há cerca de cem anos; a civilização humana, como a conhecemos, há aproximadamente 6 mil anos. Às vezes, esquecemos quão jovens são as nossas democracias.

A democracia liberal é um sistema no qual todos participam votando em um representante que usualmente vem de um partido político e no qual o escopo do governo é limitado pelas liberdades liberais e pelo estado de direito. Foi somente nas décadas finais do século XX que uma grande onda de otimismo liberal-democrata se espalhou pelo Ocidente. Esse otimismo coincidiu com a "terceira onda" de democratização, que viu dezenas de países em todo o globo, como Brasil, Portugal e Espanha, livrarem-se das correntes autoritárias, mais dramaticamente a União Soviética no início da década de 1990. A muito citada alegação de Francis Fukuyama de que o mundo estava se aproximando do "fim da história" capturou o *Zeitgeist*.[1]

Fukuyama, que na época era analista do Departamento de Estado americano, argumentou que a democracia liberal e o sistema econômico capitalista associado a ela se tornariam dominantes em função de dois fatores. O primeiro era "a luta por reconhecimento": os seres humanos queriam viver em um sistema que lhes permitisse escolher livremente sua crença e seu modo de vida. O segundo dizia respeito ao dinamismo e à eficiência do capitalismo, que haviam dado ao Ocidente uma vantagem competitiva durante a Guerra Fria, em termos tanto de padrão de vida quanto de armamentos de alta tecnologia. Por causa desses dois fatores, Fukuyama famosamente previu "o ponto final da evolução ideológica da humanidade e a universalização da democracia liberal ocidental como forma final de governo humano". A ideia de que a democracia liberal era a única escolha possível percorreu todo o Ocidente.

Mas a história não lera o roteiro. O poder continuado do nacionalismo étnico foi refletido na guerra e no genocídio nos Bálcãs, onde pensadores influentes como Fareed Zakaria logo indicaram o crescimento de "democracias não liberais". Elas incluíam muitas formas de Estados comunistas nos quais o poder estava concentrado nas mãos de homens fortes que alegavam falar por toda a nação, nomeavam seus camaradas para os gabinetes e governavam sem supervisão. No século XXI, mesmo em democracias desenvolvidas, acadêmicos como Colin Crouch argumentaram que havia chegado a era da "pós-democracia", na qual o poder passara para as mãos de pequenas elites que operavam por trás da fachada democrática.[2]

Hoje, a democracia liberal ainda é desafiada. De acordo com a Freedom House, uma observadora independente, 2019 foi o décimo terceiro ano consecutivo no qual o número de democracias sofrendo reveses superou o número das que progrediram ao ampliar as liberdades e fortalecer o estado de direito. O relatório observou que muitas novas democracias sofrem com "corrupção desenfreada, movimentos populistas antiliberais e colapsos do estado de direito". Particularmente preocupante é o fato de que "mesmo democracias antigas são sacudidas por forças políticas populistas que rejeitam princípios básicos como a separação dos poderes e concedem tratamento discriminatório às minorias".[3]

Para compreender integralmente esse desafio, precisamos dar um passo atrás e explorar como o pensamento político e a prática democrática ocidentais evoluíram no longo prazo. Olhar para as democracias de hoje de uma perspectiva mais ampla nos permite analisar vários argumentos que lançam luz sobre as fundações do nacional-populismo.

Desde a era da "democracia direta" na Grécia antiga, muitos pensadores ocidentais se mostraram cautelosos em relação ao poder popular, uma visão que continuou presente após o século XVII, quando reemergiram importantes debates sobre a democracia e se manifestou o claro desejo de marginalizar as massas. Essa longa tradição de uma concepção mais "elitista" de democracia criou, já há muitas décadas, espaço para populistas que prometiam falar em nome das pessoas que haviam sido negligenciadas e mesmo desprezadas por elites políticas e econômicas cada vez mais distantes e tecnocráticas.

Em anos recentes, essa tensão foi aprofundada pela crescente desconexão entre governantes e governados. Em todo o Ocidente, as democracias liberais são cada vez mais dominadas por elites altamente instruídas e liberais cujos backgrounds e visões diferem fundamentalmente do cidadão comum, um desenvolvimento que foi exacerbado pela ascensão de uma nova "elite de governança" conectada através de redes formais e informais que cruzam os governos nacionais eleitos. Houve também uma ampliação das agendas "politicamente corretas", impulsionadas por liberais com diploma universitário e por jovens especialmente focados nas questões de identidade. Esses pontos levam a nosso argumento mais abrangente de que o nacional-populismo reflete em parte uma profundamente enraizada *desconfiança* das elites, que está presente há décadas e agora é refletida em uma onda crescente de descontentamento público com o atual arranjo político.

Não é verdade que as pessoas estão desistindo da democracia. Embora haja importantes variações nacionais, grandes maiorias permanecem favoráveis a ela como sistema de governo de suas sociedades. Mas muitos possuem fortes preocupações com a maneira como suas democracias estão funcionando e são receptivos a um conceito diferente, "direto", de democracia. Muitos já não acreditam que "pessoas como eles" têm voz e rejeitam a ideia de que os representantes eleitos partilham suas preocupações sobre as novas questões que surgiram na agenda. Essa desconfiança se acelerou em anos recentes e permanecerá evidente durante muitos anos. A disseminada tendência, entre os comentadores, de ver os populistas como ameaça à democracia significa que eles falham em ver a maneira como os populistas obtêm legitimidade entre seus apoiadores ao celebrarem o governo pelo povo — frequentemente um crucial primeiro passo na conversão de eleitores que sequer sonhariam em votar em extremistas, especialmente em democracias firmemente estabelecidas.

Democracia direta e liberal

Os críticos do nacional-populismo argumentam que ele ameaça a celebração da diversidade da democracia liberal e sua habilidade de gerar compromissos entre diferentes grupos. Populistas combativos como Trump supostamente estão atraindo pessoas que buscam um homem forte no estilo fascista, e não uma nova forma de democracia. No entanto, atacar os populistas como causa do desafio enfrentado pela democracia liberal é colocar o carro na frente dos bois: muitas pessoas estavam politicamente desiludidas muito antes de os populistas surgirem.

Para começar a entender como chegamos até aqui, lembremos de como a democracia teve início e se desenvolveu. Embora alguns vejam práticas democráticas em muitas civilizações anteriores, o termo "democracia" deriva das palavras gregas *demos* e *kratos*, significando governo pelo povo, e foi na Grécia antiga que surgiram as primeiras ideias sobre o poder do povo.

DEMOCRACIA DIRETA
A democracia ateniense clássica era muito mais "direta" que as democracias que temos hoje. Ela era baseada em três princípios essenciais. O

primeiro era o direito de todos os "cidadãos" nascidos livres, adultos e do sexo masculino de participarem da Assembleia. Mulheres, escravos e estrangeiros eram excluídos. A participação deveria desenvolver a educação política dos cidadãos e encorajar seu apoio às frequentemente difíceis decisões sobre a vida pública. Segundo, esse envolvimento deveria promover a igualdade política. Para conseguir isso e evitar o surgimento de uma elite permanente, muitas posições oficiais na política eram ocupadas por sorteio e em sistema regular de rotação. Terceiro, o sistema exigia uma "politeia", uma cidade-estado, relativamente pequena para permitir um nível suficiente de participação direta. Ainda que na prática o sistema frequentemente fosse desigual, pois os mais instruídos e mais ricos tendiam a ser mais eloquentes e ter mais tempo para discutir política, ele encorajava um senso de respeito e valor entre todos — o que, como veremos, certamente não é o caso hoje.

E, no entanto, muitos pensadores gregos desconfiaram desse modelo de democracia "direta" que dava significativo poder ao povo. O filósofo Platão acreditava que "uma boa decisão é baseada no conhecimento, e não nos números". Ele temia que a maioria tomasse decisões ruins e pudesse ser facilmente influenciada pelos demagogos. Em *A república* (360 a.C.), ele argumentou que a tirania "surge naturalmente da democracia" e a contrastou com o governo de uma elite ascética de "reis filósofos" treinados para promover o bem comum. Essa foi uma forma de pensamento que, mais tarde, o filósofo Karl Popper controversamente identificou como origem do elitismo autoritário comunista e fascista e sua ameaça à "sociedade aberta", na qual as liberdades políticas, os direitos humanos e a pluralidade de ideias podem florescer.[4]

Aristóteles, que foi aluno de Platão, acreditava que havia problemas em todas as formas de governo. A *monarquia*, o governo por uma única pessoa, tendia a significar autocracia; a *aristocracia*, o governo pelos melhores, transformava-se em oligarquia dos mais ricos; e a *democracia*, o governo pelo povo, significava que os mais pobres podiam decidir se vingar dos mais ricos. Em vez delas, Aristóteles defendia um sistema misto que combinaria liderança com participação das massas e evitaria os perigos de uma maioria irracional e vingativa. Para conseguir isso, ele também acreditava que um grau relativamente alto de igualdade econômica seria necessário para construir consenso e estabilidade, um ponto ao qual retornaremos quando explorarmos as imensas desigualdades de hoje no capítulo 5.

DEMOCRACIA LIBERAL

Como o pensamento sobre a democracia evoluiu desde a Grécia antiga? Alguns pensam discernir aspectos de democracia em locais como as cidades-estados italianas durante a Idade Média, mas o pensamento sério sobre novas formas de governo democrático permaneceu dormente até o século XVII. Celebrada como precursora da democracia moderna, a *Carta Magna* inglesa de 1215 foi, na verdade, uma tentativa de solucionar uma disputa entre o rei John e seus barões. Similarmente, o surgimento do Parlamento se deveu mais às circunstâncias que a algum projeto grandioso, embora mais tarde a introdução de representantes locais tenha sido fundamental para adaptar a democracia a Estados grandes.

Muito mais importante foi a guerra civil inglesa (1642—1651), um desafio direto à doutrina do direito divino dos reis. Ainda que as propostas mais radicais, como o sufrágio universal para os homens adultos, tenham sido rejeitadas, na época da Declaração de Direitos de 1689 a Inglaterra se tornara uma monarquia constitucional com poder judiciário independente, liberdade de expressão e eleições livres e regulares para o Parlamento, embora somente aqueles que possuíam propriedades pudessem participar.

Em *Dois tratados sobre o governo* (1689), John Locke, amplamente visto como pai fundador do liberalismo, defendeu extensas liberdades com base nos "direitos naturais". Locke, como outros pensadores do

Iluminismo, que varria a Europa na época, desenvolveu uma concepção da natureza humana muito diferente do "homem político" que caracterizara o pensamento na Grécia antiga. Ele argumentou que as pessoas eram autointeressadas e se realizavam quando perseguiam livremente seus interesses e gozavam do direito à propriedade. Isso exigia uma esfera privada que estava fora do alcance do governo, um argumento ecoado um século depois pelo grande profeta da economia de livre mercado, Adam Smith. Uma crença similar no governo limitado e representativo foi central para as reflexões dos pais fundadores americanos sobre a nova "república".

A Declaração da Independência de 1776 afirmava que "todos os homens são criados iguais" e que os governos derivam seus "justos poderes do consentimento dos governados". Mas Thomas Jefferson, seu principal autor, defendia a existência de uma "aristocracia natural" de homens cujas mentes estavam voltadas para os assuntos públicos e que seriam escolhidos para os cargos governamentais por um eleitorado composto principalmente de homens brancos e com posses. A Constituição que se seguiu em 1789 previu a criação de uma Câmara dos Representantes escolhidos pelos distritos, um Senado representando os estados e um presidente que, como o Senado, seria escolhido por colégios eleitorais, e não pelo voto direto, o que inicialmente aumentava o poder dos "notáveis". Além disso, o fato de que o presidente não tinha assento no Congresso era parte de um elaborado sistema de freios e contrapesos que buscava limitar o poder dos líderes e do povo. O federalismo, que alocava as principais responsabilidades para níveis inferiores de governo, limitou ainda mais o poder central. Subjacente a essa nova república estava o estado de direito, incluindo a Declaração de Direitos (1791), e uma Suprema Corte que podia indeferir leis aprovadas pelo presidente e pelo Congresso.

Os pais fundadores não chamaram os Estados Unidos de "democracia", no entanto a palavra se espalhou rapidamente pelo Ocidente durante o século XIX. Isso reflete parcialmente a influência de *A democracia na América* (1835), de Alexis de Tocqueville. O pioneiro cientista social francês argumentou que a Constituição americana solucionara o problema da "tirania da maioria", que havia assombrado o pensamento ocidental desde que Platão expressara seus temores em relação ao governo majoritário. Além disso, Tocqueville acreditava que aquilo que via como sociedade igualitária americana, englobando diferentes igrejas e outros organismos independentes, servia tanto como fórum para a participação igualitária quanto como freio adicional ao governo. Ele negligenciou em grande medida o racismo sofrido pelos não brancos (pois permaneceu principalmente no norte) e o status inferior das mulheres, embora visse as americanas como influentes, quando comparadas às europeias.

Mesmo diferindo em pontos importantes, os sistemas britânico e americano formaram a base de um modelo que se tornou conhecido como "democracia liberal". Ela envolve quatro características interligadas. A primeira é a aceitação da soberania popular, do fato de que somente o povo pode autorizar legitimamente os governos. A segunda é a provisão para que cidadãos iguais elejam livre e regularmente seus representantes, em geral membros de um partido político. A terceira é a ideia de governo limitado, contido por freios e contrapesos e apoiado pelo estado de direito para proteger liberdades liberais como a religiosa e a de expressão: a democracia liberal rejeita especificamente a ideia de que a maioria está necessariamente certa. A quarta é a necessidade de uma vibrante sociedade "pluralista", composta de grupos independentes que ajudam os diferentes pontos de vista a florescer. No mercado de ideias, o núcleo da democracia liberal, pessoas com demandas rivais expressam suas visões, aceitam compromissos e chegam ao consenso. A democracia liberal, portanto, intermedeia a resolução pacífica de diferenças de opinião entre a população.

Foi essa forma de governo que Fukuyama celebrou durante a última década do século XX. Todavia, esse otimismo disseminado não levou em consideração três premissas do funcionamento da democracia liberal. A primeira é que ela requer que grande número de pessoas acredite que o sistema é justo e concede a mesma voz a todos. A segunda é que ela presume uma sociedade relativamente igualitária ou, ao menos, uma na qual a maioria das pessoas aceite consideráveis desigualdades políticas e econômicas. A terceira é que ela assume que as grandes demandas políticas são "barganháveis" e que o compromisso sempre é possível. Mas, como veremos, em décadas recentes essas premissas foram cada vez mais desafiadas, e continuarão a sê-lo no futuro.

Medo das massas

A democracia direta não morreu na Grécia antiga. Mais tarde, ela se tornou central para os levantes políticos e sociais do século XVIII na França.

Jean-Jacques Rousseau, o grande profeta iluminista da democracia direta, nasceu em uma Federação Suíça que praticava uma forma limitada de poder popular desde a Idade Média. Em obras como *O contrato social* (1762), Rousseau descreveu o Estado ideal como igualitário e pequeno, o que permitiria o surgimento de uma espécie de "vontade geral", envolvendo alto nível de concordância entre as pessoas (ao contrário do liberalismo, que celebrava a diferença). Rousseau notoriamente afirmou que "o homem nasce livre", mas "todo mundo está acorrentado", indicando influências sociais corrompedoras como a religião. Sem surpresa, Karl Popper listou Rousseau, assim como Platão, entre os inimigos da "sociedade aberta", argumentado que seus pontos de vista haviam sido centrais para a alegação comunista e fascista de que o homem precisava ser "forçado a ser livre".

Embora muitos liberais estivessem ativos durante os estágios iniciais da Revolução Francesa, os discípulos de Rousseau tiveram papel proeminente. O mais infame foi Maximilien Robespierre, que buscou destruir o poder da aristocracia e da igreja, afirmando que "o governo da revolução é o despotismo da liberdade contra a tirania". Robespierre presidiu o "reinado do Terror", durante o qual os "inimigos do povo", incluindo o rei e a rainha, foram mortos na guilhotina. Em um evento menos conhecido, nos "casamentos revolucionários" um padre e uma freira eram despidos e amarrados juntos antes de serem afogados, uma forma comum de assassinato grupal para milhares de católicos.

Mais tarde, Robespierre foi enviado à guilhotina e, após um interregno, um jovem e garboso general, Napoleão Bonaparte, ascendeu ao poder. Os eventos turbulentos da revolução e a elevação de Napoleão a imperador pelo voto popular direto, durante um referendo, exerceram grande influência. Para além de seu impacto no curso da história europeia, tais desenvolvimentos foram importantes porque reavivaram temores mais amplos sobre o fascínio que demagogos carismáticos podem exercer sobre as massas.

Esses medos se intensificaram ainda mais após a Primeira Guerra Mundial, durante a qual muitas pessoas seguiram o fascista Benito Mussolini e Adolf Hitler. Mas também emergiram em outros lugares, incluindo os EUA, onde, como vimos, a tradição de populismo era visível há muito tempo, tendo continuidade através de figuras como o padre Coughlin, o padre católico que se tornou celebridade nacional na década de 1930 e cujo programa semanal no rádio atingia entre 30 e 40 milhões de ouvintes. Ele afirmava falar pelas pessoas comuns, denunciando os habitantes instruídos do leste e o "luxo de Park Avenue", defendendo políticas fascistas de bem-estar social e desferindo ataques maldisfarçados contra os judeus ricos e ataques abertos contra os comunistas.

Por volta da mesma época, outra figura populista emergiu nos EUA: Huey Long, um defensor dos pobres contra as grandes corporações que foi eleito primeiro governador e então senador por Louisiana, onde atraiu muitos seguidores leais. Em 1934, Long fundou a campanha "Partilhar nossa prosperidade", prometendo grande redistribuição de renda e riqueza. Ecoando os ataques do populista Partido do Povo contra a plutocracia, Long perguntou aos americanos comuns se era certo que mais riqueza da nação pertencesse a 12 pessoas que a 120 milhões de outras e prometeu uma renda familiar mínima de 5 mil dólares (cerca de 90 mil dólares hoje). Ele estava construindo um grande movimento, que se estendia para além de sua corrupta máquina política na Louisiana, quando foi assassinado a tiros.

A ascensão do fascismo na Europa e o simultâneo renascimento da tradição populista americana aprofundaram as suspeitas sobre o poder do povo. Isso foi refletido em uma escola de acadêmicos liberal--democratas elitistas como Joseph Schumpeter, baseado em Harvard, que argumentou que a essência da democracia estável era não a participação das massas, mas o governo de elites partidárias esclarecidas e concorrentes. Os políticos deveriam evitar campanhas para satisfazer as paixões e os preconceitos populares e começar a ver a apatia como ativo positivo, pois ela provavelmente removeria do mercado de ideias os eleitores menos instruídos e mais extremistas. Ao mesmo tempo, estudiosos da presidência americana celebraram homens fortes como Franklin Delano Roosevelt e Harry Truman por conduzirem, em vez de seguirem, a opinião pública.[5]

Tal elitismo foi reforçado pelos primeiros estudos sobre os eleitores americanos. Durante a década de 1950, os acadêmicos Philip Converse e Paul Lazarsfeld descobriram que a maioria das crenças políticas dos eleitores não possuía nem coerência nem estabilidade e que havia poucos "bons cidadãos" informados.[6] Mas, como disse o intelectual democrata Adlai Stevenson, que concorreu sem sucesso à presidência americana na década de 1950, ao responder à alegação de um apoiador de que "toda pessoa pensante" certamente votaria nele: "Isso não é suficiente. Eu preciso da maioria."

Nessa época, os liberais americanos tinham uma nova razão para se preocupar. Entrara em cena um poderoso "inimigo interno", na forma de histéricas campanhas anticomunistas lideradas pelo senador republicano Joe McCarthy. O senador democrata J. William Fulbright resumiu essas preocupações ao argumentar que McCarthy "estimulou tanto os medos, ódios e preconceitos do povo americano que iniciou um incêndio que nem ele nem ninguém mais poderá controlar". As viciosas e frequentemente infundadas caças às bruxas contra suspeitos comunistas foram um pano de fundo importante para a influente afirmação de Richard Hofstadter de que o populismo era um "estilo paranoide", uma expressão que, para ele, capturava "a sensação de acalorado exagero, suspeita e fantasia conspiratória" que percorria as campanhas de McCarthy, mas podia ser traçada a uma longa linhagem de movimentos históricos americanos, incluindo os anticatólicos Know Nothings do século XIX e o Partido do Povo. Hofstadter argumentou que, ao contrário dos líderes dos movimentos iniciais, que se consideravam vitais para a nação e acreditavam estar evitando ameaças a seu estilo de vida, o populista moderno "se sente despossuído: os Estados Unidos foram tomados deles e de sua gente, embora eles estejam determinados a tomá-los de volta e evitar o ato final de destrutiva subversão".[7]

McCarthy e figuras subsequentes, como o conservador Barry Goldwater, que concorreu à presidência americana em 1964, também influenciaram o pensamento de sociólogos como Daniel Bell e Seymour Lipset, que localizaram as raízes do populismo em pessoas de baixa qualificação, que viviam longe das grandes cidades e experimentavam "tensões de status" como resultado de uma sociedade em rápida modernização. O estilo intimidador e desonesto de McCarthy foi finalmente denunciado por bravos liberais, no entanto suas altas taxas de aprovação aumentaram ainda mais os temores em relação às massas em ambos os lados do Atlântico.

Na Europa do pós-guerra, entrementes, as preocupações com o apoio das massas ao renascimento fascista permaneciam grandes. Isso era especialmente verdadeiro na Europa Ocidental, que, ao contrário da Europa Oriental, não estava sob controle comunista (apesar de que Portugal e Espanha permaneceram sob líderes autoritários de direita até a década de 1970). Tais temores foram aprofundados pela descoberta, em 1949, de que quase 60% dos alemães ocidentais acreditavam que o nazismo fora uma boa ideia, embora pobremente implementada.

A aguda ansiedade sobre a capacidade de sobrevivência das democracias também foi refletida na pesquisa feita na década de 1950 pelos sociólogos americanos Gabriel Almond e Sidney Verba, que descobriram que, na Itália e na Alemanha Ocidental, as raízes da democracia liberal eram rasas.[8] Na Alemanha Ocidental, o crescente apoio à democracia era visto amplamente como resultado do rápido crescimento econômico, e na Itália, a despeito de condições similares, poucos confiavam em seus compatriotas e no sistema político, que incluía um corrupto Partido Democrata Cristão, um grande Partido Comunista e o neofascista Movimento Social Italiano, que permaneceu ativo até meados da década de 1990 (para os insiders, o acrônimo do partido, MSI, significava "Mussolini sempre imortal"). Outra causa de preocupação na década de 1950 foi a súbita ascensão e queda dos pujadistas na França, reavivando preocupações com a habilidade dos líderes carismáticos de atraírem grupos alienados.

O poder das elites internacionais de "governança"

Após a Segunda Guerra Mundial, esses temores contribuíram para o crescimento do que se tornaria conhecido pelos acadêmicos como estruturas internacionais de "governança". A era do pós-guerra viu a gradual passagem do poder dos governos nacionais democraticamente eleitos para as organizações transnacionais, de políticos nacionais que haviam sido eleitos pelos cidadãos para legisladores "especialistas" não eleitos e lobistas que operavam na esfera internacional, para além do reino dos políticos democraticamente responsabilizáveis.

Essa mudança foi implementada com o estabelecimento do FMI em 1944, das Nações Unidas em 1945 e do Acordo Geral de Tarifas e Comércio em 1948, o qual, na década de 1990, transformou-se na Organização Mundial de Comércio. Esses organismos foram projetados para promover a ordem internacional, encorajar maior estabilidade econômica e gerar crescimento em todo o Ocidente ao diminuir ou remover as barreiras ao comércio entre os países. Os apoiadores da governança argumentavam que a transferência do poder para organismos transnacionais mais remotos era necessária porque algumas questões — como gerenciar a globalização econômica ou lidar com grandes fluxos de refugiados — requeriam decisões acima do nível do Estado-nação.

Todavia, os críticos de direita viram essas estruturas distantes e amorfas como fomentadoras de agendas liberais cosmopolitas que não haviam sido sancionadas pelos governos nacionais ou pelas populações e que empoderavam grupos como a Organização das Nações Unidas (ONU) à custa do poder americano. A eles se uniram críticos de esquerda, que as viram como veículos de expansão do poder econômico americano e de disseminação do capitalismo, o que abordaremos no capítulo 5.

Um exemplo importante desse movimento na direção da governança internacional multinível ocorreu na Europa em 1958, quando seis nações — Bélgica, França, Itália, Luxemburgo, Holanda e Alemanha Ocidental — se uniram para formar a Comunidade Econômica Europeia. Esse processo merece ser explorado, pois se tornou central para a turbulência política do fim do século XX, incluindo não somente o Brexit, mas também a ascensão do nacional-populismo.

No âmago desse processo está aquilo que, em 1957, o Tratado de Roma chamou de "união cada vez maior", a ideia de que, gradualmente, as nações da Europa se tornariam mais integradas, não apenas economicamente, mas também, em anos posteriores, política e socialmente — para muitos, a resposta óbvia às duas grandes guerras que haviam destroçado o continente.

Crucialmente, durante os primeiros anos, a pressão pela integração europeia evitou informar as pessoas sobre o que estava acontecendo ou mobilizar o apoio das massas, com exceção de declarações genéricas sobre a necessidade de unir a Europa para evitar futuras guerras fratricidas. Em vez disso, a integração foi impulsionada por um consenso das elites, com a instauração de uma complexa legislação projetada em nome dos interesses do povo, mas não *pelo* povo.

O problema era que, conforme as decisões sobre questões-chave eram elevados para o nível europeu, cadeias cada vez mais longas e menos transparentes de delegação reduziam a responsabilidade daqueles que tomavam as decisões. Isso também tornou difícil, se não impossível, que os políticos eleitos no nível nacional prestassem contas a seus cidadãos, além de terem de lidar com o crescente número de tratados, demandas, partes interessadas e processos que passaram a cercá-los.[9]

Foi um problema menor nos primeiros anos. Ao menos até a década de 1990, houve o que os acadêmicos chamam de "consenso permissivo", e as pessoas pareciam felizes em deixar os complexos debates sobre a integração a cargo de políticos e burocratas. Porém, quando se anunciou que a Grã-Bretanha realizaria em 1975 um referendo nacional sobre sua permanência no clube, muitas elites de mentalidade liberal se sentiram desconfortáveis, usando argumentos contra essa concessão de poder ao povo que eram similares àqueles empregados pelos conservadores do século XIX para se opor ao sufrágio popular. O exemplo mais claro foram as observações sobre a votação britânica feitas por Jean Rey, ex-presidente da Comissão Europeia, em 1974: "Um referendo sobre essa questão consiste em consultar pessoas que não conhecem os problemas em vez de consultar aquelas que os conhecem. Eu deploraria uma situação na qual a política deste grandioso país fosse deixada a cargo de donas de casa. Ela deveria ser decidida por pessoas treinadas e informadas." Muitos líderes europeus pareciam cada vez mais elitistas, repreendendo os outros cidadãos simplesmente por exercerem o direito de expressar suas opiniões — algo que ressurgiria após a votação do Brexit em 2016.[10]

A realidade é que, na Grã-Bretanha, jamais houve apoio das massas à integração europeia. Embora, no referendo de 1975, as pessoas tivessem votado pela permanência por uma clara margem de dois para um, o resultado ocultou uma notável falta de entusiasmo. Como dois acadêmicos comentaram na época, os britânicos haviam votado pela permanência esperando que ela impulsionasse a estagnada economia britânica, mas não houvera "preparativos febris para a grande aventura europeia".[11] O apoio foi amplo, porém jamais profundo.

Com o passar dos anos, a integração europeia se acelerou. Outro grande passo foi o Tratado de Maastricht, em 1992. Ele introduziu o termo simbólico "União Europeia", aprofundou a integração política e não apenas econômica, criou a ideia de "cidadania" europeia e estabeleceu as fundações para uma euromoeda. A essa altura, estava claro que as pessoas queriam ter mais voz nas decisões e que muitas delas não estavam felizes com a direção tomada. Mas somente três países organizaram referendos sobre o Tratado de Maastricht. Na Irlanda ele foi facilmente aprovado, mas os franceses só o aprovaram pela estreita margem de 51% e, na Dinamarca, foram necessárias duas votações para se chegar à decisão "certa", primeiro rejeitando e depois aprovando o tratado por uma margem apertada e dando origem aos mais sérios tumultos da história do país. Na Grã-Bretanha, a despeito de uma grande rebelião parlamentar, ele foi aprovado. Mas, dessa vez, as pessoas não foram consultadas.

Embora alguns eleitores usassem os referendos para expressar sua frustração com os políticos nacionais, na década de 1990 ficou claro que a indiferença e a oposição ao projeto europeu estavam aumentando. Entre 1979 e 2014, a taxa média de comparecimento às eleições que decidiam quem representaria o país no Parlamento Europeu caiu vinte pontos percentuais, chegando a somente 43%. Em muitos países, somente uma em cada três pessoas se dava ao trabalho de votar e, em outros, foi menos de uma em cada duas. Ainda que o comparecimento geral tenha chegado a mais de 50% em 2019, na maioria dos países o voto reflete preocupações com questões nacionais, e não europeias.

Essa distinta falta de entusiasmo por um Parlamento Europeu que não podia iniciar legislações, combinada ao medo em relação a uma agenda impulsionada pelas elites, estava longe de ser irracional. Como o presidente da Comissão Europeia, Jean-Claude Juncker, explicou certa vez durante uma entrevista no fim do século XX: "Nós decretamos algo e então esperamos algum tempo para ver o que acontece. Se não houver clamor e nenhuma grande confusão se seguir, porque a maioria das pessoas não compreendeu o que foi decidido, nós continuamos — passo a passo, até chegarmos ao ponto de não retorno."[12]

Um desses passos ocorreu em 1999, quando o euro foi lançado. Novamente, as pessoas não foram consultadas. Quando o foram, na Dinamarca em 2000 e na Suécia em 2003, a maioria o rejeitou. Mesmo na Alemanha, onde o marco alemão era símbolo do milagre econômico do pós-guerra, houve significativa oposição. As pesquisas sugeriam que somente uma minoria via a moeda única com bons olhos — uma visão que, de 2013 em diante, seria explorada pelo nacional-populista Alternativa para a Alemanha.[13]

Também havia evidências de que uma séria divisão estava surgindo. Quando a moeda única foi lançada, os pesquisadores descobriram que, embora mais de sete em cada dez políticos europeus se sentissem orgulhosos de sua identidade "europeia", entre o público o número era de somente um em cada dois. Isso levou os autores a comentar: "Podemos nos perguntar se os governos e os políticos responsáveis pelo Tratado de Maastricht estão vivendo no mesmo mundo europeu que as pessoas que supostamente representam."[14]

Crucialmente, nos primeiros anos do século XXI, a ansiedade pública em relação à integração europeia se somou a preocupações cada vez maiores com a imigração e a identidade nacional, questões que se misturaram na mente de muitos.

Um dos principais pilares da UE é a livre movimentação do trabalho, que permite que pessoas de países-membros da UE trabalhem e se estabeleçam em outros países-membros. O resultado foram grandes fluxos de trabalhadores cruzando fronteiras, conforme pessoas de economias europeias com baixos salários iam trabalhar em economias mais fortes, que ofereciam salários mais altos e melhores condições. Muitas pessoas apoiaram essa movimentação, mas números significativos a viram como ameaça à soberania, à cultura e ao modo de vida de seu país.

A Grã-Bretanha, em particular, viu centenas de milhares de trabalhadores pouco qualificados chegarem de países mais pobres como Polônia, Bulgária e Romênia. Logo antes do Brexit, cerca de um em cada dois britânicos sentia que a filiação à UE estava minando a identidade cultural da nação. Muitos achavam que a UE estava se transformando em algo muito diferente da área econômica de comércio inicialmente prometida. Essas preocupações seriam primordiais durante a votação do Brexit.

Novas evidências de que o "consenso permissivo" chegara ao fim surgiram em 2005, quando a Constituição europeia, que estenderia o alcance da UE a áreas como justiça e imigração, foi rejeitada por 54% dos franceses e 61% dos holandeses. No mesmo ano, um levantamento anual descobriu que somente cerca de metade das pessoas na UE via a filiação como "coisa boa". A oposição era notadamente mais acentuada entre aqueles sem diploma universitário e entre trabalhadores que achavam difícil se identificar com instituições distantes, desconfiavam intensamente de seus representantes políticos e acreditavam que a integração ameaçava seu grupo nacional.[15]

Mesmo assim, a UE seguiu em frente. Em 2008, muitas das mudanças propostas no Tratado Constitucional se infiltraram no Tratado de Lisboa, embora, mais uma vez, as pessoas não tivessem sido consultadas. Somente a Irlanda realizou um referendo e, quando a população disse "não", o governo realizou um novo referendo após obter limitadas concessões. Da segunda vez, o tratado foi aprovado, mas, em todos os outros países, mesmo naqueles que haviam realizado referendos no passado, a ratificação do Tratado de Lisboa foi deixada nas mãos "seguras" das elites parlamentares, longe das pessoas comuns.

A desconexão foi ainda maior quando a crise financeira global, a Grande Recessão e a crise da dívida pública atingiram a Europa (ver capítulo 5). Quando a escala gigantesca do problema se tornou evidente, o presidente da Comissão Europeia, José Manuel Barroso, falou sobre a necessidade de "medidas excepcionais para tempos excepcionais". Em troca do auxílio às economias em colapso, a "troica" formada pela

Comissão Europeia, Banco Central Europeu e FMI exigiu que vários países europeus implementassem duras medidas de austeridade que incluíam cortes maciços nos gastos públicos e aumento de impostos. Os mercados financeiros internacionais colocaram ainda mais pressão sobre os governos, para que aceitassem os termos do resgate e implementassem a austeridade.

Isso teve grandes implicações políticas. Na Itália em 2011, a pressão, combinada ao temor de que a terceira maior economia europeia estivesse prestes a desabar e levasse consigo o euro, levou à nomeação de um governo tecnocrático e apartidário sob liderança de um ex-comissário da UE chamado Mario Monti. Somente o partido nacional-populista Liga votou contra a nomeação. Monti implementou medidas abrangentes de austeridade, aumentou os impostos, elevou a idade para a aposentadoria e facilitou a demissão de funcionários. Uma das ministras começou a chorar quando anunciou cortes nas aposentadorias. A oposição a Monti aumentou rapidamente e os eventos levaram a consideráveis mudanças. Embora a centro-esquerda tivesse vencido a eleição seguinte, em 2013, um novo partido populista chamado Movimento Cinco Estrelas obteve muitos votos ao apelar para o desgosto das pessoas com os políticos estabelecidos e com a corrupção endêmica. Ele era liderado pelo ex-comediante Beppe Grillo, que alguns anos antes lançara o "Dia do Vaffanculo" contra os políticos corruptos (traduzido como "Dia do Vá se Foder").

A Grande Recessão também atingiu duramente a Espanha, reforçada pela decisão do Banco Central Europeu de elevar as taxas de juros, o que piorou o deprimido mercado imobiliário e levou a disseminadas medidas de austeridade. O desemprego, especialmente entre os jovens, cresceu significativamente. Um novo partido populista de esquerda, o Podemos, foi auxiliado por esses eventos e ficou em terceiro lugar nas eleições de 2015, com 21% dos votos. Contudo, as divisões na extrema direita e a lembrança da ditadura franquista (reforçada pelo crescente criticismo ao "pacto de esquecimento" dos crimes passados) significaram que não houve imediato sucesso nacional-populista. Embora não tenha havido guerra civil em Portugal e o regime Salazar tenha sido muito menos brutal, lembranças do passado autoritário também militaram contra a ascensão do nacional-populismo em um Portugal atingido pela recessão.

A situação foi ainda pior na Grécia, onde, mesmo antes da crise, as pessoas estavam frustradas com a corrupção endêmica e o mau funcionamento das instituições. Enquanto negociava o resgate econômico, o ministro das Finanças alemão, Wolfgang Schäuble, chegou a sugerir que, dada a hesitação grega em relação às medidas de austeridade, o país adiasse as eleições nacionais e nomeasse um governo tecnocrático similar ao italiano. Em 2015, um novo governo populista de esquerda, contrário às medidas, convocou um referendo repentino sobre a imposição de ainda mais austeridade, que o povo grego rejeitou por uma margem de 61%. Mesmo assim, sob imensa pressão externa, o governo aceitou um pacote de resgate que incluía cortes nas aposentadorias e aumentos de impostos ainda maiores que aqueles que as pessoas haviam acabado de rejeitar. Sem surpresa, foi por volta dessa época que 79% dos italianos e 86% dos gregos chegaram à mesma conclusão: suas opiniões já não importavam para a UE.

É tentador atribuir essa reação apenas aos países que foram atingidos duramente pela crise, mas isso é enganoso. A divisão era muito mais ampla e se devia ao fato de as pessoas e as elites estabelecidas pensarem de maneira profundamente diferente. O *think tank* internacional Chatham House perguntou a uma grande amostra das elites políticas, civis e empresariais da Europa assim como ao público em geral se eles sentiam que "pessoas como você" se beneficiavam da filiação à UE e se os políticos se importavam com o que "pessoas como você pensam". Enquanto 71% das elites europeias sentiam ter se beneficiado, o número caiu para 34% entre o público; e enquanto 50% das elites sentiam que os políticos não se importavam com o que as pessoas pensavam, o número disparou para quase 75% entre o público.

Até mesmo alguns líderes da UE reconheceram que surgira uma evidente desconexão. Logo antes de a Grã-Bretanha se tornar o primeiro país a decidir sair voluntariamente da UE em 2016, o presidente do Conselho Europeu, Donald Tusk, admitiu que: "Obcecados com a ideia de integração instantânea e total, não notamos que as pessoas comuns, os cidadãos da Europa, não partilham de nosso entusiasmo." Mas isso não impediria Tusk de urgir os eleitores do Brexit a mudarem de ideia, Jean-Claude Juncker de descrevê-los como "desertores" ou seu chefe de gabinete de considerar o resultado "estúpido".

Tampouco muitos políticos na Grã-Bretanha esconderam seu desejo por um segundo referendo, pedindo que as pessoas pensassem novamente. Sem surpresa, não é preciso procurar muito para encontrar frustração entre as pessoas comuns com o fato de aqueles no poder ainda não levarem sua opinião a sério: "O que eles realmente querem fazer", disse um eleitor em uma cidade industrial do norte, "é assassinar a democracia. Eles não gostaram da resposta que obtiveram e continuarão a perguntar até que as pessoas concordem. Como se fôssemos todos imbecis insensatos."[16] O fato de o novo Partido Brexit de Farage ter ficado em primeiro lugar nas eleições europeias de 2019 reflete essa raiva contra o fracasso dos conservadores em implementar o Brexit. Mais da metade daqueles que votaram no Partido Brexit havia previamente votado em Theresa May e no Partido Conservador nas eleições gerais de 2017 — embora a vasta maioria tenha retornado ao Partido Conservador nas eleições gerais de 2019 (influenciados pela decisão de Farage de não apresentar candidatos nos locais em que o parlamentar em exercício era conservador).

Ordinariamente, poderíamos esperar que a UE entrasse em um período de autorreflexão, pensasse seriamente sobre a causa desse crescente descontentamento e chegasse a uma resposta. Em vez disso, um ano após a votação do Brexit, Jean-Claude Juncker proclamou que "o vento voltou às velas europeias" e delineou os passos a serem tomados para *mais* integração, expandindo os poderes orçamentários da UE e a área do euro como moeda única e erodindo ainda mais o direito dos Estados-nação de vetarem políticas europeias. Nesse momento, a reação do público foi muito mais evidente.

Em uma série de eleições durante 2017 e 2018, o anti-UE Geert Wilders terminou em segundo lugar na Holanda; quase metade dos franceses apoiou os candidatos eurocéticos no primeiro turno da eleição presidencial; o Alternativa para a Alemanha, contrário ao euro, obteve sucesso pela primeira vez; e, logo depois, a Itália guinou radicalmente para a direita: os abertamente populistas Movimento Cinco Estrelas e Liga — que haviam criticado a austeridade imposta pela UE e o euro como moeda única — foram convidados a formar uma coalizão governamental. Nas eleições europeias de 2019, após uma série de comentários críticos de Salvini sobre a imigração e a política econômica da UE, a Liga foi recompensada com o primeiro lugar, dobrando seus resultados nas eleições gerais de 2018.

A elite insular

A desconfiança em todo o Ocidente foi agravada pela maneira como os políticos passaram a parecer cada vez mais iguais entre si e menos representativos das muitas pessoas que os elegeram.

Certamente houve melhora em algumas áreas-chave. As legislaturas nas principais democracias, como Estados Unidos, Grã-Bretanha e França, hoje são muito mais representativas de grupos historicamente marginalizados. Nesses três países, a proporção de legisladores do sexo feminino e pertencentes a minorias étnicas chegou a números recordes. O 115º Congresso americano, de 2017—2019, foi o mais etnicamente diverso da história do país. Em janeiro de 2019, o número de mulheres, incluindo as primeiras duas muçulmanas, que fizeram parte do 116º Congresso bateu recorde, parcialmente como reflexo do movimento anti-Trump que começou com a Marcha das Mulheres após sua posse e que muitos afirmam ter sido o maior dia de protesto na história americana. Essas mudanças devem ser aplaudidas. Mas, quando se trata dos grupos que fornecem o principal apoio ao nacional-populismo — a classe trabalhadora e os menos instruídos — a história é outra.

Hoje, quando esses grupos olham para seus representantes, eles frequentemente veem pessoas que tiveram uma formação totalmente diferente, levam vidas fundamentalmente diferentes e possuem valores muito diferentes. O grau de instrução está no âmago dessa divisão. Embora a tendência geral no Ocidente seja de aumento do número de cidadãos com ensino superior, em muitas democracias as pessoas que não continuaram a estudar após o ensino médio ainda compõem grandes parcelas da população. De acordo com a Organização para a Cooperação e o Desenvolvimento Econômico (OCDE), no ano do Brexit e de Trump, aqueles entre 25 e 64 anos sem nível superior representavam em média 66% da população na UE (incluindo mais de 80% na Itália) e 55% nos EUA.[17]

Isso era especialmente verdadeiro nos estados do cinturão da ferrugem, que impulsionaram Trump até a Casa Branca. Nem todo eleitor de Trump estudara somente até o ensino médio, mas é válido refletir sobre o fato de que os brancos sem diploma universitário superavam facilmente suas contrapartes com diploma em uma proporção de 62% *versus* 31% no Iowa, 54% *versus* 28% em Michigan, 55% *versus* 29% em Ohio, 51% *versus* 31% na Pensilvânia e 58% *versus* 32% no Wisconsin. Esses números, e a extensão em que os eleitores apoiaram Trump, levaram alguns a argumentar que os democratas "têm uma tarefa difícil: encontrar uma maneira de chegar ao coração e à mente dos eleitores brancos sem ensino superior".[18]

Um caminho possível é tornar nosso sistema político mais representativo de grupos que, a despeito de seu grande tamanho, estão amplamente ausentes das legislaturas e dos corredores do poder. Isso se aplica também aos eleitores da classe trabalhadora. Na Grã-Bretanha, por exemplo, em 2017 a porcentagem de membros do Parlamento que haviam sido operários foi a mais baixa de todos os tempos, somente 3%, metade do número daqueles que haviam sido advogados.[19] O retrato é muito diferente do passado, quando operários e não diplomados não somente representavam uma proporção mais ampla da população, como também eram muito mais proeminentes em seu sistema político. Se metade do gabinete do famoso e pioneiro governo trabalhista de 1945 fizera trabalho manual, somente um dos ministros de Gabinete de Tony Blair no fim da década de 1990 fizera o mesmo. Apesar de as legislaturas jamais terem sido socialmente representativas, no passado os partidos, em particular os de esquerda, como o Partido Trabalhista na Grã-Bretanha e os Partidos Comunistas na França e na Itália, tinham uma "face" muito mais operária.

Isso se tornou um problema maior porque os cargos públicos são cada vez mais dominados por aqueles que possuem nível mais elevado de instrução, um número crescente deles tendo passado toda a vida adulta na política. Nos EUA, por exemplo, revelou-se em 2014 que, embora o seguro-desemprego tivesse expirado para mais de 1 milhão de americanos, pela primeira vez na história mais da metade dos eleitos para o Congresso era composta de milionários, com igual número de democratas e republicanos. Todos eles estavam no 1% superior da distribuição de renda, um grupo que também se afastou cada vez mais do cidadão comum, como veremos no capítulo 5. Em 2018, o patrimônio líquido médio de um senador era de 3,2 milhões e de um congressista, 900 mil dólares.[20]

Em anos recentes, as elites altamente instruídas também se tornaram muito mais dominantes. Na era do presidente John F. Kennedy, 71% dos membros da Câmara e 76% dos senadores tinham bacharelado. No segundo mandato de Barack Obama, esses números haviam subido para 93% e 99% respectivamente — comparados a uma média nacional de somente 32%.

A situação é similar na Europa Ocidental. Dos quinze ministros do terceiro gabinete de Angela Merkel, quatorze tinham mestrado, nove tinham doutorado, sete haviam trabalhado em universidades e dois haviam sido professores. Na França, muitos dos políticos e da elite midiática ainda provêm das *Grandes Écoles* (faculdades de prestígio), incluindo o presidente Emmanuel Macron. Como os acadêmicos Mark Bovens e Anchrit Wille demonstraram, desde a década de 1980 o número de ministros de gabinete com ensino superior na Europa Ocidental cresceu dramaticamente, com muitos tendo mestrado e doutorado. Outros apontam a mesma divisão, concluindo que as pessoas eleitas para representar os cidadãos "quase sempre são mais abastadas, mais instruídas e com mais probabilidade de ter ocupado empregos administrativos que aqueles que as elegeram".[21]

Não se trata somente de política. Muitos agora escrutinam os corredores do poder e veem menos pessoas que se parecem com eles. Não é difícil compreender por que a maior parte da mídia britânica falhou em diagnosticar a raiva da classe trabalhadora, que fervilhava pela Inglaterra não londrina, uma vez que cerca de metade dos principais colunistas do país estudara em colégios particulares, mais de um em cada dois tinha diploma de Oxford ou Cambridge e somente um em cada dez pertencia à classe trabalhadora.[22]

É por isso que acadêmicos como Bovens e Wille argumentam, com razão, que o sonho de Platão com uma politeia meritocrática governada por "reis filósofos" praticamente se concretizou. Todavia, a classe governante idealizada por ele era uma fraternidade ascética que trabalhava para o bem comum em pequenas cidades-estados, e as elites de hoje são cosmopolitas, distantes e, às vezes, autointeressadas.

De fato, acusações de corrupção frequentemente auxiliam a causa populista. Em 2016, Donald Trump usou o refrão "drenar o pântano" para atacar políticos e outros, especialmente Hillary Clinton, vistos como a serviço de interesses ocultos (uma acusação mais tarde voltada contra ele mesmo, quando povoou sua administração de funcionários abastados). Na Espanha, acusações de desfalque, fraude fiscal e outros crimes ajudaram a derrubar o governo do Partido Popular em 2018, embora provavelmente mais importante para a posterior ascensão do Vox na Andaluzia tenha sido a corrupção no Partido Socialista, que governou a área por mais de uma geração. No Brasil, a raiva contra a corrupção foi extremamente importante para levar Bolsonaro ao poder.

E. E. Schattschneider, um eminente cientista político americano, certa vez observou que um dos principais riscos nas democracias é que elas sejam dominadas por grupos de pressão, lobistas e corporações que representam grupos privilegiados e ignoram os menos abastados: "A falha do paraíso pluralista é que o coro celestial canta com um forte sotaque da classe alta."[23] Aqueles que criticam os nacional-populistas por serem antipluralistas fariam bem em refletir sobre isso.

A falta de representação importaria menos se governantes e governados possuíssem visões similares sobre as principais questões, especialmente aquelas que surgiram na agenda, como imigração, integração europeia, refugiados e Islã. Mas não possuem. Nos EUA e na Europa, os pesquisadores demonstraram que a crescente divisão entre os políticos e o povo inclinou o processo de criação de políticas na direção dos que "têm", e não na dos que "não têm". Isso é conhecido como "viés de exclusão" e se refere à maneira como certos grupos são efetivamente silenciados e não priorizados quando se trata de políticas públicas.

Uma pessoa que tem sido particularmente influente nesse sentido é o cientista político Larry Bartels, que demonstrou que, apesar de o princípio básico da democracia ser o de que a opinião de todos tem o mesmo peso, nos EUA os políticos se tornaram muito mais responsivos aos ricos e às corporações, embora outros estudos sugiram que isso tem sido especialmente verdadeiro em relação aos políticos republicanos. Por outro lado, em várias questões fundamentais — como o aumento do salário mínimo —, as opiniões dos eleitores de baixa renda, os que ficaram para trás, "foram absolutamente irrelevantes", e outros analistas ilustraram como os lobistas são com frequência mais ouvidos que o público em geral.

Essa desigualdade política também foi mapeada pelo acadêmico Nicholas Carnes, que, em seu livro *White-Collar Government* [Governo de colarinho-

-branco], concluiu: "Os efeitos sobre o bem-estar dos americanos da classe trabalhadora são assombrosos. As regulamentações comerciais são mais relaxadas, as políticas fiscais são mais generosas com os ricos, os programas da rede de segurança social são mais mesquinhos e as proteções aos trabalhadores são mais precárias do que seriam se nossos decisores políticos viessem da mesma mistura de classes que as pessoas que representam."[24] Não surpreende que tantos tenham se voltado para Trump, que prometeu empurrar o pêndulo de volta em sua direção.

Essa divisão entre as elites e os eleitores provavelmente aumentará enquanto questões polêmicas como a imigração continuarem na vanguarda de nossos debates políticos. É nessas questões de identidade que encontramos algumas das maiores diferenças entre elites e eleitores. Em um levantamento da Chatham House, por exemplo, enquanto 57% dos membros das elites achavam que a imigração era boa para seu país, somente 25% do público sentiam o mesmo; e, ao passo que 58% dos membros das elites afirmavam que a imigração melhorou a vida cultural de sua nação, somente 32% do público partilhavam dessa visão.

As diferenças tampouco param aí. As elites tinham acima de duas vezes mais probabilidade que o público de rejeitar as ideias de que a imigração piora a criminalidade e pressiona o Estado de bem-estar social. Em contraste, o público tinha muito mais probabilidade de querer que os poderes retornassem da UE para seu Estado-nação, de pensar que outros países deixarão a UE no futuro, de desejar proibir que o Estado majoritariamente muçulmano da Turquia faça parte da UE, de sentir que seu país não deveria ter aceitado refugiados e de querer interromper qualquer imigração futura de países muçulmanos — um desejo partilhado por mais da metade dos entrevistados. Modelados por sua educação e por seus valores diferentes, aqueles no poder frequentemente são muito mais liberais que as pessoas que os colocaram lá.

Contra esse pano de fundo, alguns viram desenvolvimentos positivos, incluindo a chegada de uma nova "política participativa", potencialmente capaz de conter a ascensão das elites internacionais de governança e o crescente papel dos interesses pessoais e do "dinheiro sombrio" na política partidária.[25] Benjamin Barber e James Fishkin escreveram entusiasticamente sobre a emergência de uma democracia "forte" e "deliberativa" no Ocidente, um possível renascimento do compromisso ateniense clássico com as discussões informadas e racionais entre cidadãos iguais.[26] Esse entusiasmo geralmente está ligado a visões otimistas sobre a internet e as mídias sociais, vistas como arenas de discussão e organização de reuniões, petições e levantamentos de fundos. Esses recursos estão disponíveis mesmo aos mais pobres e são capazes de atingir grandes audiências.

Mas a "divisão digital" inicialmente significou que grupos como os pobres eram excluídos da internet e, hoje, os problemas de igualdade de acesso (sem falar na utilização política) permanecem: nos EUA: por exemplo, até recentemente um quarto dos domicílios não possuía acesso à banda larga, sobretudo nas áreas rurais, onde as pessoas frequentemente são as mais alienadas das elites urbanas e instruídas.[27] Além disso, o acadêmico e advogado Cass Sunstein demonstrou como as mídias sociais desempenham papel na polarização dos eleitores ao destinar mensagens a pessoas de mentalidades semelhantes. As evidências empíricas apontam para o fato de que muitas pessoas em ambos os lados da divisão política são altamente seletivas no que leem e tendem a considerar as visões opostas como enganosas, mesmo quando a informação vem de fontes especializadas.[28]

Essas questões estão estreitamente ligadas à correção política, atacada pelos nacional-populistas, que argumentam que o encerramento do debate sobre questões difíceis como a imigração foi encorajado por elites acadêmicas, urbanas e políticas distantes e culturalmente mais liberais. "Acho que o grande problema deste país", disse Trump em 2015, "é ser politicamente correto." Seus oponentes na mídia responderam atacando sua petulância, sua xenofobia e seu sexismo, dando origem a suas recorrentes queixas sobre "*fake news*". Mas os nacional-populistas têm certa razão.

Mesmo acadêmicos que tendem para a esquerda, como Mark Lilla, ligam a polarização cada vez maior nos Estados Unidos à ascensão do "liberalismo identitário", uma crescente fixação ou quase obsessão, entre os democratas e a esquerda liberal, com raça, gênero e "diversidade", em vez das preocupações tradicionais da esquerda, como melhorar as condições de *todos* os trabalhadores e lidar com a desigualdade.[29] A escala dessa polarização é refletida na tendência cada vez maior de ver essas questões da perspectiva sectarista. Em 2017, por exemplo, o Pew Research Center descobriu que 95% dos democratas afro-americanos e 73% dos democratas brancos concordavam que "as pessoas brancas se beneficiam de vantagens sociais que as pessoas negras não possuem", mas somente 23% dos republicanos concordavam.[30]

Embora essas visões sejam parcialmente uma reação ao racismo e à discriminação, Lilla argumenta, com razão, que vimos o surgimento de uma nova geração de liberais que estão "narcisisticamente inconscientes das condições externas a seus grupos autodefinidos e são indiferentes à tarefa de alcançar os americanos de todos os estilos de vida". Hillary Clinton falou muito sobre afro-americanos, latinos, comunidades LGBT e mulheres, mas muito menos sobre brancos sem diploma universitário da classe trabalhadora. Quando muitos deles se voltaram para Trump, foram apresentados como "brancos furiosos", uma caricatura enganosa que, aos olhos de Lilla, absolve os liberais de reconhecerem que sua obsessão com a diversidade encorajou esses eleitores a pensarem em si mesmos como grupo prejudicado, que estava sendo ignorado e cuja identidade estava sendo ameaçada. Eles reagiram à crescente retórica da diversidade ou ao que viam como "correção política".

Esse tampouco foi um debate secundário entre acadêmicos. Uma pesquisa realizada em 2016 pelo Gallup descobriu que 73% dos americanos sentiam que a correção política se tornara um sério problema em seu país. Claramente, ela cimentou o apoio ao nacional-populismo entre pessoas que sentiam que haviam sido empurradas para fora do diálogo e que, quando tentavam expressar suas preocupações, eram estigmatizadas como racistas.

O ressentimento piorou quando os liberais adotaram uma abordagem de "democracia militante" do tipo introduzido na Alemanha Ocidental após a derrota do nazismo. Isso permitiu o banimento de propagandas e movimentos vistos como seriamente ameaçadores para a democracia liberal. A primeira emenda americana consagra o compromisso com a livre expressão, mas houve a crescente tendência de banir os palestrantes controversos dos *campi* universitários, que deveriam ser um refúgio da livre expressão legal. Embora as pesquisas mostrem que muitos estudantes *millennials* estão dispostos a se expor à livre expressão, em anos recentes as proibições se estenderam a pensadores conservadores como Charles Murray.

Na década de 1980, Murray argumentou que os programas de bem-estar social levavam a uma "cultura de dependência" da qual era difícil se livrar. Os críticos viram esse argumento como ataque especialmente aos afro-americanos, o que foi reforçado pelos altamente controversos textos de Murray sobre diferenças raciais em termos de inteligência, que praticamente todos os acadêmicos rejeitaram. Mais recentemente, ele indicou problemas entre uma "nova e mais baixa" classe branca, que, segundo ele, é caracterizada não somente pela falta de ética de trabalho, mas também por fracos laços familiares, comunais e religiosos.[31] Isso também gerou críticas, embora Murray estivesse certo ao indicar problemas causados pelo colapso de valores comunitários e tradicionais como a ética de trabalho "produtivista".

Mesmo assim, tais banimentos e a publicidade que eles atraem ajudaram a incitar não somente a polarização, mas também uma suspeita mais generalizada em relação ao ensino universitário. Novamente, há fortes diferenças sectárias. Enquanto 83% dos eleitores de Trump achavam que "muitas pessoas hoje em dia se ofendem facilmente com a linguagem", somente 39% dos eleitores de Hillary Clinton sentiam o mesmo. Mas, se 59% dos eleitores de Clinton achavam que "as pessoas precisam ser mais cuidadosas com a linguagem para evitar ofender os outros", esse número caiu para apenas 16% entre os eleitores de Trump.

Desde a campanha presidencial de 2016, também emergiram diferenças sectárias mais agudas em relação à atitude sobre o ensino universitário, que, segundo os nacional-populistas, é cúmplice no cultivo da correção política. Nos EUA, eles indicam o fato de que, entre os professores com estabilidade, os democratas registrados superam os republicanos em uma proporção de ao menos 12 para 1 e, em algumas instituições, esse número chega a 60 para 1.[32] Esse desequilíbrio levou alguns acadêmicos a pedirem mais diversidade ideológica nos *campi*, mas ele sem dúvida influenciou o aumento do pessimismo republicano sobre os efeitos do ensino universitário. Em 2017, somente 36% sentiam que esses efeitos eram positivos, comparados a 71% dos democratas.[33]

Isso realmente importa porque a agenda politicamente correta está *aumentando* o apoio ao nacional-populismo. As normas culturais, como a tendência de confundir preocupações legítimas sobre a imigração com racismo, podem sair pela culatra. Durante a eleição presidencial americana de 2016, uma equipe de psicólogos examinou os efeitos de expor americanos moderados ao que eles chamaram de "normas restritivas de comunicação". Eles descobriram que fazer com que as pessoas pensassem sobre a correção política — sobre o fato de que havia normas sociais que as desencorajavam de dizer algo que pudesse ofender grupos particulares — as levava a apoiar Trump *ainda mais*.[34] Expressões de racismo obviamente são inaceitáveis, mas há a clara sensação, entre grande número de eleitores, de que as tentativas de policiar os debates sobre as "agendas da diversidade" foram longe demais e, ao contrário de ajudar, estão piorando as coisas.

Democratas desconfiados

Essas tendências mais amplas ajudaram a criar espaço para os nacional-populistas, que afirmam que a política liberal-democrata já não representa as pessoas comuns e que os políticos, assim como outras elites, não são confiáveis. Essa mensagem ressoa entre grande número de cidadãos do Ocidente.

As pessoas não estão desistindo da democracia. Após Trump e o Brexit, muitos escritores excitáveis argumentaram que os ocidentais, mais especificamente os jovens, estão perdendo a fé na democracia e deslizando na direção do governo autoritário. Isso é profundamente errôneo. Muitas pessoas se sentem frustradas com o funcionamento das democracias, mas a maioria permanece firmemente comprometida com o sistema democrático, incluindo os jovens. Em 2017, o Pew Research Center descobriu que, nos EUA e na Europa, uma média de somente uma em cada dez pessoas rejeitava a democracia representativa, de 7% na Suécia a 22% na Espanha, embora esse número chegasse a 33% no Brasil. Quando consideramos que muitos desses países têm somente uma curta história de governo democrático e estão batalhando contra a prolongada Grande Recessão, uma importante e continuada crise dos refugiados e a ascensão de movimentos populistas, esses números na verdade são notavelmente baixos. Considere ainda o World Values Survey. Maiorias esmagadoras — tipicamente, ao menos oito em cada dez pessoas — não somente fazem avaliações positivas da democracia, como também pensam ser importante viver em um país governado democraticamente.

Nos EUA, a despeito das reações alarmistas à presidência de Trump, em 2017 o Voter Study Group descobriu que a maioria esmagadora dos americanos (86%) tinha sentimentos positivos sobre a democracia e mais de oito em cada dez achavam importante viver em uma democracia. Aproximadamente a mesma proporção via a democracia como preferível a qualquer outro tipo de governo. Tampouco foi descoberta qualquer evidência de que o apoio à democracia está em declínio ou é especialmente baixo entre os jovens. Na verdade, os jovens tinham *menos* probabilidade que suas contrapartes mais velhas de expressar apoio a alternativas não democráticas. Além disso, entre os poucos americanos que *expressaram* visões negativas sobre a democracia, a maioria se opunha ao governo por um "líder forte" ou "militar", destacando como a insatisfação com a democracia não se traduz automaticamente em apoio ao governo autoritário.[35]

Algumas evidências sugerem que um número significativo de pessoas parece receptivo à ideia de ser governado por um "líder forte": de acordo com o Pew Research Center, 29% na Itália, 26% na Grã-Bretanha, 24% na Hungria e 22% nos EUA. Mas, ainda que esses números sejam bastante baixos, o que exatamente essa pergunta está revelando? Tony Blair não foi um líder forte? Ronald Reagan? Margaret Thatcher? O ponto principal é que os fundamentos estão claros: maiorias esmagadoras concordam que a democracia é uma boa maneira de governar suas sociedades (ver Figura 3.1).[36] Entre as principais democracias, a Espanha tem a mais alta porcentagem de discordância, ao passo que no Brasil 38% apoiariam um governo militar.

E grande parte disso permanece verdadeiro quando olhamos para os eleitores nacional-populistas. Eles geralmente não são antidemocratas que querem destruir as instituições políticas. Desde a década de 1980, os nacional-populistas em geral (ao contrário dos neofascistas) renegaram o racismo, o antissemitismo e os apelos antidemocráticos. Opor-se à democracia já não é uma aposta vitoriosa. E os eleitores tampouco querem derrubar o sistema democrático. A Figura 3.2 compara níveis de apoio à democracia representativa entre pessoas que são favoráveis ao nacional-populismo e entre pessoas que não são. Em várias dessas democracias, os eleitores nacional-populistas na verdade apoiam *mais* a democracia representativa que a população em geral. Na Grã-Bretanha, Polônia, Itália, Holanda, Hungria e Alemanha, oito ou quase nove em cada dez desses eleitores sentem que a democracia representativa é uma boa maneira de governar seus países. As diferenças entre esses eleitores, o público em geral e aqueles que se opõem ao nacional-populismo são pequenas ou inexistentes.

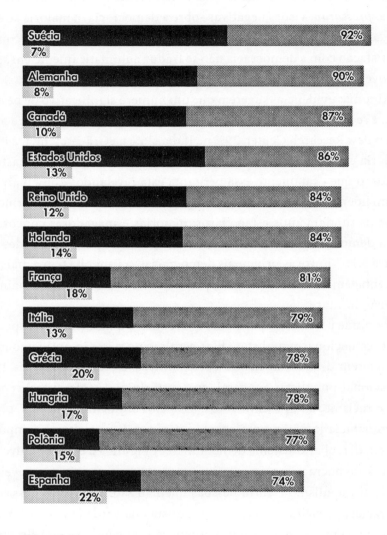

Figura 3.1
Porcentagem da população
que acredita que a democracia representativa é:

- Muito boa
- Boa
- Ruim

DESCONFIANÇA

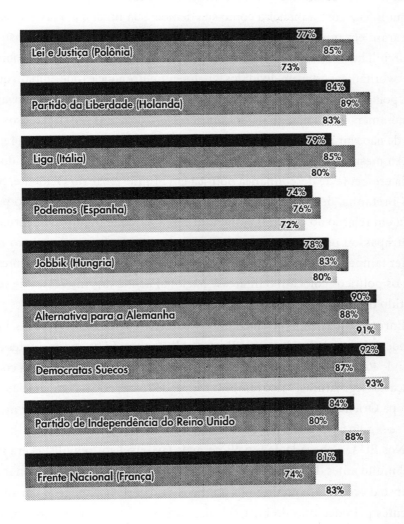

Figura 3.2
Porcentagem da população que acredita que a democracia representativa é uma boa maneira de governar o país:

■ População em geral
■ Entre aqueles com uma visão favorável de _____
▫ Entre aqueles com uma visão desfavorável de _____

Também é válido indicar que um número significativo de pessoas *sempre* se sentiu infeliz com a maneira como sua democracia funciona, mas elas não entraram em uma espiral de revoltas. Mesmo em 1944, quando Winston Churchill liderava a Grã-Bretanha na direção da vitória, o Gallup descobriu que os britânicos estavam divididos igualmente entre aqueles que sentiam que seus políticos estavam lá para ajudar o país e aqueles que achavam que estavam lá meramente para ajudar a si mesmos. Assim, devemos ser cuidadosos, a fim de não cair na armadilha de pensar que o mundo está indo para o brejo.

Ao mesmo tempo, porém, há desafios, com o mais premente sendo a onda crescente de desconfiança política em grande parte do Ocidente. Na Grã-Bretanha, desde a era Churchill, o nível médio de desaprovação pública em relação ao governo aumentou cerca de vinte pontos percentuais e ultrapassou os 60%. A insatisfação geral com o primeiro-ministro no poder também disparou.[37] Entrementes, o número de pessoas que sentem que os políticos colocam o interesse nacional acima dos interesses de seu partido despencou.

Em outros lugares, as pessoas também se tornaram mais desconfiadas. Em democracias estabelecidas como França, Alemanha e EUA, mesmo antes da Grande Recessão, menos de quatro em cada dez pessoas expressavam confiança nas legislaturas.[38] Isso também é verdadeiro nas novas democracias da Europa Oriental, onde, em países como Bulgária e Hungria, a "lua de mel" que se seguiu à transição para a democracia acabou rapidamente.

Nos EUA, a chegada de um clima mais favorável aos populistas era visível muito antes de Trump. Na década de 1960, houve um impressionante colapso da confiança pública nos políticos e no governo, aguçado em anos recentes pelo declínio do bipartidarismo democrata-republicano e pelos impasses no Congresso, causados parcialmente pela ampliação das diferenças ideológicas, o que significa que ambos os lados estão menos dispostos a recuar. Embora tenha havido exceções, como o crescimento econômico na era Reagan no início da década de 1980 e após as atrocidades terroristas de 11 de setembro de 2001, no último meio século os americanos passaram a confiar muito menos em Washington (ver Figura 3.3).

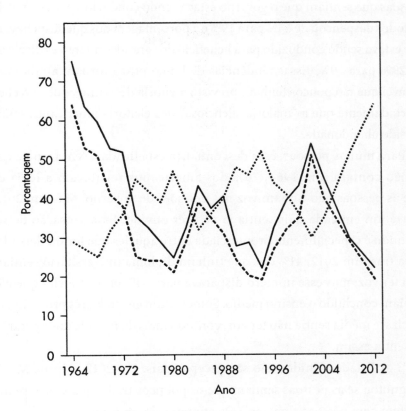

Figura 3.3
Porcentagem da população americana que acredita que:

—— O governo é confiável
---- O governo é conduzido para benefício de todos
······ Os oficiais governamentais são corruptos

Veja como os números mudaram desde a década de 1960. Em 1964, 76% dos americanos confiavam no governo "na maioria das vezes" ou "quase sempre". Na época da reeleição de Barack Obama em 2012, esse número despencara para somente 22%. Pelo caminho, os americanos também ficaram muito mais convencidos de que as instituições já não funcionam para todos. Entre Lyndon Johnson em 1964 e Barack Obama em 2012, a porcentagem de pessoas que sentiam que o governo estava sendo conduzido para benefício de todos despencou de 64% para 19% e a porcentagem dos que suspeitavam que estava sendo conduzido para benefício dos grandes interesses disparou de 29% para 79%. Essas tendências de longo prazo tornam ainda mais notável que tão poucos tenham previsto a vitória de Trump, que percebeu acertadamente que a "maioria silenciosa" dos eleitores americanos sentia ter sido abandonada.

Para muitas pessoas, essa desconfiança está ligada à sensação de que já não contam. Em 1964, 70% dos americanos rejeitavam a ideia de que as pessoas não tinham voz nas decisões do governo. Mas, em 2012, quase um em cada dois sentia já não ser ouvido. Essa sensação de ser excluído é especialmente pronunciada entre aqueles que foram deixados para trás. Em 2012, 41% dos que tinham diploma universitário sentiam não ter voz, mas esse número disparava para 64% entre aqueles que não haviam concluído o ensino médio. Somente um em cada três profissionais de classe média sentia não ter voz, contudo mais da metade dos operários se sentia assim.

E os Estados Unidos não são excepcionais. Em 2017, o Ipsos-MORI perguntou se as pessoas sentiam que os políticos tradicionais "não se importam com pessoas como eu". Os números dos que concordaram foram impressionantes: 45% na Suécia, 52% na Alemanha, 58% na Grã-Bretanha, 67% nos EUA, 68% no Brasil, 71% na Polônia, 72% na Itália, 75% na Espanha e 78% na França.[39] A média global foi de 63%.

Na Grã-Bretanha, aqueles que tivessem observado as tendências de longo prazo teriam previsto o Brexit. Entre a era de Margaret Thatcher em 1986 e a era de David Cameron em 2012, a classe trabalhadora e aqueles sem qualificações educacionais tinham duas vezes mais probabilidade que os profissionais de classe média e os diplomados de concordar fortemente que pessoas como eles não tinham voz no governo; somente alguns anos antes do Brexit, a porcentagem da classe trabalhadora era de quase 40%. A porcentagem equivalente da classe média era de somente 16%.

Ou veja a União Europeia. Na última década, entre 37% e 50% das pessoas, em média, sentiam que sua opinião já não contava, embora em países como a Grécia e a Itália, os números fossem muito mais altos (ver Figura 3.4). Novamente, essa visão era mais arraigada entre os deixados para trás. Os sem voz não somente se tornaram audíveis como agora abarcam uma grande parcela da população em praticamente todos os Estados ocidentais, formando um grupo que se estende muito além dos deixados para trás.

Essa sensação de não ter voz explica por que muitas pessoas são instintivamente receptivas ao modelo de "democracia direta" que discutimos no início do capítulo, incluindo o uso mais intenso de referendos. O Pew Research Center recentemente perguntou às pessoas se votar "diretamente sobre grandes questões nacionais para decidir o que se tornará lei" era bom ou ruim. Os alemães responderam que era "bom" por uma maioria de 74% *versus* 23%, os franceses por 74% *versus* 25%, os americanos por 67% *versus* 31% e os britânicos por 56% *versus* 38%.[40] Os números foram ainda mais altos entre os apoiadores do nacional-populismo, enfatizando nosso argumento de que, embora muitos não queiram substituir a democracia, eles querem ter mais voz na maneira como a sociedade é governada.

Alguns ficam compreensivelmente nervosos com esse modelo. Os críticos dos referendos listam uma variedade de campos nos quais eles deveriam ser evitados, incluindo os emotivos, como a pena de morte; aqueles que tornam ilegal algo que alguns veem como parte dos direitos humanos, como a escolha do estilo sexual; ou aqueles nos quais existem argumentos complexos ou potenciais mudanças dramáticas nas políticas públicas, como o Brexit. Os críticos também mencionam a suposta "ignorância" dos eleitores e a habilidade de grupos de pressão poderosos e abastados, incluindo os proprietários de veículos de mídia tradicionais e mesmo países estrangeiros, de influenciar a opinião pública.

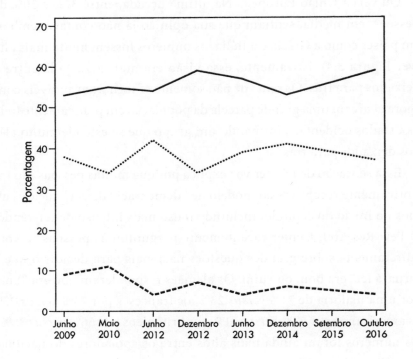

Figura 3.4
Respostas à declaração "Minha voz conta na UE":

——— Discordo
·········· Concordo
- - - - Não sei

Claramente, uma das razões pelas quais as pessoas estão se afastando do mainstream é o fato de acreditarem que o arranjo atual não lhes dá voz suficiente. Isso suscita a questão do que pode ser feito em resposta. Um passo pragmático poderia ser criar mais espaço para a expressão dos cidadãos através de referendos, mas restringi-los ao nível local ou regional. Outro poderia ser devolver mais poder aos cidadãos, como da UE para os Estados-nações ou dos níveis nacional e estadual para os organismos regionais e locais.

A votação do Brexit, por exemplo, poderia ter sido usada para gerar significativa discussão nacional sobre a reforma política: se referendos devem ser usados mais regularmente, como fazer com que mais pessoas da classe trabalhadora entrem nos corredores do poder, se instituições ultrapassadas e parcialmente não eleitas como a Câmara dos Lordes deveriam ser substituídas por uma segunda câmara mais responsabilizável e transparente, talvez composta de cidadãos, e quais instituições econômicas e políticas britânicas deveriam ser retiradas de Londres e movidas para áreas que foram abandonadas. Outro caminho seria escolher por sorteio representantes locais ou regionais ou selecionar aleatoriamente grande número de pessoas para participar de assembleias de "cidadãos", nas quais discutiriam e debateriam política. Argumentos similares foram apresentados sobre a reforma da democracia americana, inclusive pelo acadêmico John P. McCormick, cujas sugestões radicais incluem um limite máximo de riqueza para a elegibilidade para o Congresso.[41] Tais intervenções podem ajudar a responder à acusação populista de que as pessoas não têm voz.

Essas iniciativas podem não deter o nacional-populismo, como demonstrado por países como a Suíça, com sua longa tradição de democracia direta e um partido populista altamente bem-sucedido. Mas implementar um pacote de mudanças ajudaria a diminuir a sensação subjacente, partilhada por muitas pessoas no Ocidente, de que elas não estão sendo ouvidas por uma elite cada vez mais distante e insular.

Todavia, a ascensão do nacional-populismo está apenas parcialmente enraizada nessas preocupações, de modo que a seguir exploraremos o segundo "D", a saber, os medos das pessoas sobre a possível *destruição* de seu grupo nacional, de seus valores e de seus modos de vida.

CAPÍTULO 4
Destruição

Poucos debates sobre o nacional-populismo deixam de mencionar a imigração; por isso, é crucial explorar exatamente como essa questão e a transformação étnica do Ocidente estão criando espaço para revoltas como o Brexit, Trump e os populistas na Europa. Novamente, precisamos dar um passo atrás e observar o cenário mais amplo.

Embora muitas nações ocidentais, incluindo os EUA, tenham recebido imigração nos últimos séculos, os fluxos mais recentes frequentemente são de proporções inéditas, envolvendo diferentes tipos de migrantes e, de modo mais amplo, dando origem ao que chamamos de "supermudança étnica". Entre grande número de eleitores, isso está causando medos e ressentimentos que provavelmente se intensificarão.

No entanto, rejeitamos a alegação popular de que o nacional-populismo é simplesmente um refúgio para racistas e pessoas motivadas pelo medo irracional do "outro". Os racistas indubitavelmente são atraídos pelos nacional-populistas, mas nem todo mundo que vota neles é racista. O que ocorre é que os nacional-populistas frequentemente suscitam questões legítimas, como quantos imigrantes podem ser acomodados, que habilidades eles deveriam ter e se os recém-chegados deveriam ter acesso aos mesmos benefícios que os cidadãos de longa data.

Ansiedades sobre a escala e o ritmo da mudança étnica não têm origem simplesmente na economia e na disponibilidade de empregos. A despeito do que alegam muitos liberais de esquerda, e como quase vinte anos de pesquisas demonstraram, tão importantes quanto, ou talvez ainda mais, são os medos das pessoas sobre como a imigração e a mudança étnica parecem ameaçar sua identidade nacional. Nosso argumento geral é de que o nacional-populismo reflete parcialmente medos públicos profundamente enraizados sobre como uma nova era de imigração e supermudança étnica pode acelerar a *destruição* de seu grupo mais amplo e de seu modo de vida.

Não achamos que nossas sociedades estejam se tornando mais racistas. Analisando as evidências, vemos que, em muitos países, o racismo declarado na verdade está em declínio. Mas muitas pessoas ainda se sentem ansiosas com as mudanças, talvez irrevogáveis, em sua comunidade e nação. Os nacional-populistas estão atraindo intensamente pessoas que partilham de crenças distintas e legítimas sobre os riscos culturais e demográficos criados por essa rápida mudança. Mas, antes de explorarmos essas ideias, precisamos olhar para a transformação étnica do Ocidente e para o surgimento da supermudança étnica.

Supermudança étnica

Discordamos do historiador Noah Yuval Harari, que, em seu best-seller *Sapiens*, afirmou que o nacionalismo está perdendo terreno: "Mais e mais pessoas acreditam que toda a humanidade é fonte legítima de autoridade política [...] e que salvaguardar os direitos humanos e proteger os interesses de toda a espécie humana devem ser a luz orientadora da política."[1] Tais argumentos frequentemente focam na mudança geracional e exageram a escala e o ritmo em que os mais jovens e tolerantes estão substituindo os mais velhos e menos tolerantes.

Há boas razões para crer que a ligação das pessoas com seu Estado-nação permanecerá forte nos anos futuros. Uma delas é simplesmente a maneira como muitas nações estão mudando de modo rápido e profundo. Cidadãos e governos estão tentando lidar, muitas vezes sem sucesso, com essa nova era de alta imigração e mistura étnica; ela está perturbando normas, valores e modos de vida tradicionais e gerando uma reação nos cidadãos que a veem como risco demográfico e cultural Explorar esse processo mais amplo nos permite ver que, em toda a história humana, a imigração frequentemente gerou reação no país de destino. Também nos permite comparar a mudança étnica recente com a de eras anteriores, o que, por sua vez, nos ajudará a compreender melhor os eventos sísmicos de hoje.

A imigração histórica certamente fortaleceu as nações; hoje, muitos países importantes incluem pessoas cujos ancestrais imigraram há bem mais de um século. O que se tornou conhecido como Grã-Bretanha, por exemplo, floresceu após uma onda de imigração da Irlanda que ajudou a impulsionar a Revolução Industrial no século XVIII. Os Estados Unidos surgiram de colônias fundadas por protestantes que frequentemente estavam fugindo da perseguição, e as grandes ondas de imigração do século XIX incluíam católicos, eslavos, judeus, chineses e japoneses, cujo trabalho duro e habilidades ajudaram a transformar os EUA no país mais rico do mundo. Gravadas no pedestal da icônica Estátua da Liberdade estão as palavras: "Dai-me vossos pobres fatigados, as multidões encolhidas que anseiam por respirar livremente, o refugo desventurado de vossos portos lotados."

Mas é importante não subestimar as tensões geradas por essas imigrações, especialmente quando o número de migrantes chegando era alto e o ritmo de mudança era intenso. Mesmo nos EUA, a terra do "caldeirão de culturas", o epicentro da imigração multicultural, ondas sucessivas de imigrantes, mesmo de europeus cristãos, tiveram uma recepção hostil e até perigosa.

Alarmado com a imigração contínua e em larga escala vinda da Europa não protestante, no início do século XX o Congresso nomeou uma comissão para preparar um relatório sobre as raças "desejáveis". Seu autor foi um congressista cujo conselheiro eugenista, Madison Grant, lançara em 1916 o best-seller *The Passing of the Great Race* [A morte da grande raça], que separava o mundo em uma divisão tripartite caucasiana, mongoloide e negroide (Hitler chamou esse livro de sua Bíblia).[2] Influenciado por esse relatório, o Congresso aprovou em 1924 uma lei de imigração baseada em cotas nacionais ligadas à imigração passada, que priorizava os europeus do norte (brancos).

A ascensão da "segunda" Ku Klux Klan na década de 1920 mostra quão disseminada se tornara essa visão racial do mundo. A primeira KKK fora formada após a guerra civil, aterrorizando afro-americanos recém-libertados e brancos que celebravam o fim da escravidão. O renascimento da KKK foi impulsionado pelo filme *O nascimento de uma nação* (1915), que retratava seus membros como heroicos defensores dos oprimidos brancos sulistas (que, na prática, impuseram segregação aos escravos "libertados" e removeram seu direito ao voto). Em seu auge, a KKK tinha 5 milhões de membros, principalmente protestantes preocupados com a ascensão dos "negros arrogantes" e com a imigração. A KKK saiu de cena, mas o racismo branco permaneceu disseminado, especialmente no sul. Durante a década de 1930, a hostilidade em relação aos potenciais imigrantes se refletiu na maneira como os refugiados da Alemanha nazista foram recusados, ostensivamente porque poderiam se tornar "dependentes do Estado", embora 200 mil refugiados judeus fossem finalmente aceitos.

Foi somente após 1945 que imigrantes como irlandeses e italianos começaram a perder seu status de cidadãos de segunda classe. Mesmo assim, a hostilidade pública em relação aos migrantes e às minorias permaneceu disseminada. No fim da década de 1950, somente 38% dos americanos disseram ao Gallup estar dispostos a eleger para presidente uma pessoa bem qualificada que fosse negra. Em 1960, havia dúvidas sobre se John F. Kennedy, rico e herói de guerra, mas pertencente a uma família católica, poderia concorrer com sucesso à presidência.

Então a história de imigração para os Estados Unidos se transformou. A Lei de Imigração e Naturalização de 1965, que Lyndon Johnson assinou aos pés da Estátua da Liberdade, modificou profundamente o fluxo de pessoas chegando ao país. O velho sistema de cotas que favorecia os europeus foi substituído por um novo sistema que permitia a entrada de familiares de cidadãos americanos, trabalhadores qualificados e refugiados políticos. Nos cinquenta anos seguintes, os EUA experimentaram considerável mudança tanto no número quanto na origem dos imigrantes. Isso incluiu um número cada vez maior de imigrantes da Ásia, do Oriente Médio e da África. A porcentagem da população "nascida no exterior" chegara ao auge de quase 15% entre 1880 e 1920, mas então caíra para menos de 5% em 1970. Em 1990, no entanto, ela pulara para 8% e em 2015 era de mais de 13%, com o Pew Research Center estimando que chegará a 18% em 2065, se mantidas as tendências atuais.

Como antes da década de 1920, a maioria dos recém-chegados e imigrantes ilegais (que constituem cerca de um quarto, segundo o Pew) é composta de trabalhadores não qualificados.[3]

Essa mudança na história da imigração se reflete nos números. Em 1900, as duas maiores populações estrangeiras nos EUA eram a alemã (2,7 milhões de pessoas) e a irlandesa (1,6 milhão). Cinquenta anos depois, eram a italiana (1,5 milhão) e a russa (1,1 milhão). Mas, da década de 1980 em diante, o México emergiu como maior fonte de migração para o país. Em 2014, três anos antes da presidência de Trump, os mexicanos eram de longe o maior grupo (quase 12 milhões), seguidos pelos chineses (2,4 milhões) e pelos indianos (2 milhões). Se em 1960 cerca de 84% de todos os imigrantes haviam chegado da Europa ou do Canadá, em 2014 esse número caíra para menos de 14%.[4]

Além disso, muitos cidadãos naturalizados vindos de países da Ásia, da América Latina e de outros países não europeus usaram as novas regras para trazer suas famílias estendidas, que, por sua vez, trouxeram suas próprias famílias estendidas, iniciando o que Trump mais tarde chamaria de "migração em cadeia" (cerca de 65% dos vistos para imigrantes tiveram como base os laços familiares e somente 15% o emprego).[5] Na época da vitória de Trump em 2016, os Estados Unidos eram muito mais étnica e culturalmente diversos: de acordo com o US Census Bureau, os principais grupos eram 61% brancos (não hispânicos), 18% hispânicos e 13% afro-americanos, e o Pew estimava que entre os americanos somente um pouco mais de 1% era muçulmano (o Census Bureau não faz perguntas sobre religião).[6]

Essas mudanças se fizeram acompanhar de alterações no perfil religioso da população. Na década de 1970, 81% dos americanos se identificavam como brancos cristãos, mas, em 2017, esse número diminuíra quase pela metade, chegando a 43%. Hoje, esse declínio é acompanhado de uma aguda divisão geracional: quase metade dos aposentados democratas se identifica como branco cristão, mas esse número cai para somente 14% entre os democratas com idades entre 18 e 29 anos.

Alguns celebram essa secularidade cada vez maior como parte de um processo mais amplo de liberalização que se estende a questões como o aborto e os direitos das mulheres. Mas outros reagiram. Os brancos cristãos ainda votam em números relativamente altos, em parte na tentativa de manter valores tradicionais sobre a família patriarcal e o "direito à vida". E eles se alinham cada vez mais aos republicanos: os eleitores cristãos se dividem em 73% de republicanos e somente 29% de democratas. A despeito dos divórcios de Trump, de suas declarações depreciativas e ofensivas sobre as mulheres e de seu apoio passado ao aborto, mais cristãos evangélicos votaram nele em 2016 que em Mitt Romney em 2012, acreditando que ele implementaria políticas-chave como a indicação de juízes conservadores que poderiam reverter o liberalismo secular.

Os Estados Unidos não passaram sozinhos por esse processo. Partes da Europa Ocidental também experimentaram mudanças étnicas radicais e rápidas. Quando a Grã-Bretanha emergiu vitoriosa da Segunda Guerra Mundial, ela era quase inteiramente branca, mas o pleno emprego atraiu imigrantes das Índias Ocidentais, da Índia e do Paquistão, países da Commonwealth que não estavam sujeitos a controle até a nova legislação da década de 1960. Isso gerou inquietação entre os eleitores. O momento divisor de águas ocorreu em 1968, quando o político conservador Enoch Powell rompeu o silêncio consensual da elite e tratou diretamente das preocupações do povo, usando linguagem incendiária. O ex-professor universitário de Estudos Clássicos avisou infamemente que "como os romanos, pareço ver o rio Tibre espumando de sangue". O que se tornou conhecido como discurso dos "rios de sangue" defendia a repatriação dos imigrantes não brancos para impedir o que Powell via como espiral de violência. Powell foi colocado no ostracismo e sua carreira jamais se recuperou totalmente, mas pesquisas da época descobriram que sua visão tinha apoio disseminado, inclusive entre 74% da classe trabalhadora, que, de acordo com o Gallup, concordava com ele. Maiorias britânicas têm apoiado reduções da imigração desde então.

Similarmente, o boom econômico na França do pós-guerra atraiu uma grande onda de imigrantes, incluindo argelinos muçulmanos que fizeram parte da França metropolitana até 1962 (embora tivesse havido significativa imigração muçulmana após a Primeira Guerra Mundial, parcialmente para compensar o vasto número de franceses mortos e feridos). O declínio da relação entre a nação anfitriã e os imigrantes coloniais chegou ao ponto mais baixo em 1961, quando a polícia francesa massacrou argelinos que faziam uma manifestação em favor da independência.

Um problema-chave enfrentado pelos migrantes muçulmanos era a abordagem assimilacionista adotada pela França em relação à integração, que requeria que eles adotassem a cultura e a identidade francesas. Embora tivesse funcionado bem no passado para imigrantes como os belgas brancos e os italianos católicos, isso deixou os muçulmanos cada vez mais isolados nas áreas urbanas, em uma guetização reforçada pelos medos do racismo e por políticas habitacionais que encorajavam a segregação. A separação histórica entre Igreja e Estado causou mais problemas em relação a questões como meninas usando *hijab* para ir à escola, o que o nacional-populista em ascensão Jean-Marie Le Pen ficou feliz em explorar (ainda que não tivesse objeção ao uso de crucifixos ou a adotar, como símbolo de seu partido, a heroína nacionalista católica Joana d'Arc, que foi queimada na fogueira pelos ingleses).

Mudanças também ocorriam na Alemanha Ocidental, onde o boom econômico do pós-guerra também fora parcialmente impulsionado pelo grande número de refugiados que haviam fugido do comunismo. Imigrantes posteriores, vindos da antiga Iugoslávia e da Turquia, eram chamados de "trabalhadores convidados" (*Gastarbeiter*), pois se presumia que voltariam para casa depois que tivessem ganhado algum dinheiro. Embora poucos tenham voltado, exibições públicas de políticas anti-imigração permaneceram periféricas, suprimidas não somente pela forte economia, mas também pelo legado do nazismo, que tornou essa perspectiva inaceitável.

Entretanto, tudo mudou na década de 1990, com a chegada de uma nova onda de imigrantes de antigos países comunistas e do Oriente Médio, muitos dos quais foram atraídos pelo direito absoluto ao asilo que fora incluído na "Lei Básica" (Constituição) da Alemanha Ocidental como meio de expiação pelo nazismo. Em 1992, quase meio milhão de pessoas pediu asilo. Isso levou a um pico nos ataques aos imigrantes, em alguns casos homicidas, e à ascensão do neonazista Partido Nacional Democrático, que era notavelmente mais forte na Alemanha Oriental. O governo alemão respondeu aos problemas gêmeos de integrar os recém-chegados e conter a ascensão do extremismo tornando as regras de asilo mais parecidas com as normas internacionais, a fim de reduzir o número dos que chegavam, e adotando políticas locais para promover maior integração.

No fim do século XX, portanto, os EUA e parte significativa da Europa testemunharam grandes e frequentemente inéditas ondas de imigração, mais visíveis e culturalmente distintas que as anteriores e que se aceleraram durante as primeiras duas décadas do século XXI, quando a transformação étnica do Ocidente atingiu novos picos.

Isso foi especialmente aparente nos EUA, onde, em 2011, mais da metade de todas as cidades era majoritariamente não branca. Cidades como Austin, Tucson, Charlotte, Phoenix e Las Vegas haviam se transformado em "minoria majoritária": as pessoas advindas das minorias representavam uma parcela majoritária da população. Em 2016, os brancos também eram minoria nos estados de Nevada, Texas, Novo México, Califórnia e no distrito de Colúmbia e, pela primeira vez na história, as crianças brancas não hispânicas com menos de 10 anos se tornaram minoria em todo o país.

Na Europa Ocidental, entrementes, em 2015 alguns países tinham uma porcentagem ainda mais alta que a americana de pessoas nascidas no exterior. Ela ia de 11% a 17% na Áustria, Suécia, Grã-Bretanha, Alemanha, França e Holanda.[7] Na década anterior à votação do Brexit, a Grã-Bretanha também testemunhou mudanças étnicas históricas quando a migração líquida (mais pessoas chegando que partindo) disparou. Conforme trabalhadores pouco qualificados de outros países-membros da UE como Polônia, Bulgária e Romênia se mudavam para a Grã-Bretanha, a migração líquida subiu de 50 mil pessoas ao ano no fim da década de 1990 para o recorde de mais de 300 mil ao ano na época da votação do Brexit.

Em partes do Ocidente, essas mudanças dramáticas têm sido especialmente visíveis em cidades nas quais, como indicam os sociólogos, uma população englobando mais de 170 nacionalidades agora é regra, e não exceção.[8] Cidades da América do Norte como Nova York, Los Angeles e Toronto há muito não possuem um grupo majoritário dominante, e agora as cidades europeias passam por profundas mudanças. Bruxelas, Genebra, Frankfurt e Amsterdã já contêm minorias majoritárias. Pela primeira vez na história, em

2011 os britânicos brancos em Londres se tornaram minoria, assim como em Birmingham, Leicester, Luton e Slough. Entre em uma das lojas da popular cadeia de fast-food Pret a Manger em Londres e será servido por alguém pertencente a uma das 105 nacionalidades diferentes que lá trabalham.

Essa tendência de rápida mudança étnica parece prestes a se acelerar. Por exemplo, somente uma em cada três crianças em idade escolar em cidades como Amsterdã possui pais holandeses e, em países como a Grã-Bretanha, as crianças pertencentes a minorias étnicas representam mais de 70% do aumento do número de alunos em escolas primárias.

O retrato é muito diferente na Europa Central e Oriental, onde, em países como Hungria e Polônia, a população nascida no exterior permanece abaixo dos 5%. Mas isso não impediu os nacional-populistas de serem altamente bem-sucedidos, parcialmente porque a preocupação com a imigração não é modelada apenas pelo número de imigrantes ou refugiados entrando em um país ou pela proporção de minorias, possuindo também uma natureza subjetiva e podendo ser manipulada por políticos e outros para obter apoio. Uma pesquisa do Pew em 2019 descobriu que somente 5% dos húngaros e 21% dos poloneses consideram os imigrantes uma força, e não um fardo (comparados aos 59% nos Estados Unidos e 62% no Reino Unido, números que enfatizam que as preocupações aqui são muito mais sobre o número e o tipo de imigrantes que sobre pureza étnica).

A debilidade do nacional-populismo em Portugal deriva em parte do fato de os partidos e a mídia convencionais não terem politizado a imigração (embora Ventura, do Chega, tenha suscitado questões sobre o povo roma para ajudá-lo a obter um assento em 2019). Isso, por sua vez, está relacionado ao baixo número e à natureza dos imigrantes no país. Muitos vieram de antigas colônias e falam português, ao passo que o número de muçulmanos é relativamente baixo (entre 45 mil e 55 mil em um país com mais de 10 milhões de habitantes) e não existe terrorismo islamista doméstico. A posição geográfica do país também significa que ele não enfrentou fluxos significativos de refugiados.

Pessoas vivendo em países ultraconservadores que possuem nacional--populistas fortes, mas baixa imigração, frequentemente falam sobre o que está acontecendo no Ocidente com horror e alarme. De fato, a história marcadamente diferente da imigração em grande parte da Europa Oriental explica parcialmente por que a crise dos refugiados que explodiu na Europa causou tanta oposição entre eles. Países como Bulgária, Polônia e Romênia experimentaram *emigração* líquida depois que se uniram à UE, pois muitos jovens partiram para as economias com salários mais altos do Ocidente (o que significa que, em alguns países, a emigração pode ser um problema). Mas eles também possuem fortes correntes nacionalistas, o que significa que veem a chegada de refugiados cultural e etnicamente distintos, assim como minorias domésticas como os roma, como ameaça a sua identidade e comunidade. Muitos líderes e cidadãos da Europa Central e Oriental execram o que veem como Europa Ocidental cosmopolita e liberal.

Ainda que na Europa não haja um equivalente protestante aos poderosos evangélicos americanos, a questão das mudanças na demografia religiosa tampouco deve ser ignorada. A maioria dos eleitores nacional-populistas não é religiosa, mas há nuances. Embora os religiosamente ativos na Europa tenham *menos* probabilidade de apoiar o nacional-populismo (porque votam nos partidos cristãos, onde existem), os fiéis ortodoxos em países como Bélgica, Noruega e Suíça se sentiram mais ameaçados por essas mudanças étnicas e demonstraram ter *mais* probabilidade de apoiar os nacional-populistas.[9]

O catolicismo também tem sido uma poderosa influência no Fidesz, na Hungria, e no Lei e Justiça, na Polônia. Ambos buscam preservar as crenças religiosas e tradicionais no que veem como mundo cada vez mais liberal e secular. Eles também veem as igrejas católicas em outras partes da Europa, como a Alemanha e a Itália, perderem a influência que já tiveram na política, enquanto o número de muçulmanos está em ascensão. Em 1963, por exemplo, quatrocentos novos padres foram ordenados na Alemanha Ocidental, mas, em 2015, seu número em toda a Alemanha caíra para somente 58. Na década anterior a 2016, 525 igrejas católicas e 340 igrejas evangélicas fecharam as portas.[10] Os cristãos remanescentes na Alemanha falam na ascensão de uma "sociedade sem Deus", um medo que os populistas exploram.

Fora dos EUA e da Europa Oriental, a conexão entre nacional-populismo e religião é mais fraca. Nacional-populistas como Marine Le Pen e Matteo

Salvini falam em defender a "tradição judaico-cristã", mas não há tentativa evangélica de converter, reconectar-se com Deus ou lotar as igrejas. Em vez disso, eles miram no crescente número de muçulmanos na Europa, alegando que querem defender as tradições liberais, as raízes cristãs da Europa ou se conectar com os judeus, a fim de combater a acusação de que são "fascistas".

Esses argumentos se tornaram mais estridentes durante a crise dos refugiados que teve início no fim de 2014 e levou mais de 2 milhões de refugiados e migrantes a buscarem asilo na Europa. Com exceção do conflito anterior nos Bálcãs, isso representou uma mudança notável em relação aos fluxos de refugiados do passado, inclusive porque muitos refugiados de países como Síria, Afeganistão ou Somália eram muçulmanos.[11] A crise rapidamente reavivou os medos na Europa sobre a imigração muçulmana, que muitos nacional-populistas há muito apresentam como ameaça cultural e demográfica ao Ocidente. Em países como a França, onde se projeta que a proporção de muçulmanos aumentará de 9% para 17% em 2050, Marine Le Pen comparou os muçulmanos rezando nas ruas à ocupação nazista: "É uma ocupação de parcelas do território, de áreas nas quais as leis religiosas se aplicam [...] claro, não há tanques nem soldados, mas, mesmo assim, é uma ocupação, e ela pesa sobre as pessoas."[12]

Tais alegações estão estreitamente ligadas à ideia de "Eurábia", desenvolvida pelo escritor Bat Ye'or e cujos contornos gerais foram apoiados por jornalistas, incluindo Oriana Fallaci na Itália, Douglas Murray na Grã-Bretanha e Daniel Pipes nos EUA. Acadêmicos como Bernard Lewis também aderiram a aspectos dessa ideia, e Lewis falou sobre um "conflito de civilizações" muito antes de a expressão ser popularizada na década de 1990 por Samuel Huntington, em parte como resposta à tese de "fim da história" de Francis Fukuyama.[13] Bat Ye'or argumentou que o movimento na direção da Eurábia emergiu durante a aproximação, na década de 1970, entre a então Comunidade Econômica Europeia e as potências petrolíferas árabes, contra o pano de fundo da terceira guerra árabe-israelense. Ligado a isso, repensava-se como a Europa buscava construir a identidade europeia, que anteriormente enfatizara a cultura cristã compartilhada e a ameaça do Islã desde as Cruzadas.

A tese da Eurábia afirma que, no mesmo instante em que as defesas europeias contra os Estados muçulmanos começavam a baixar, a imigração muçulmana para a Europa estava em ascensão, trazendo uma população caracterizada por taxas de nascimento mais altas que a média. Alguns relatos conspiracionistas afirmam que esse foi um plano deliberado, citando declarações como a do presidente turco Recep Tayyip Erdoğan em 2017, que pediu que as famílias turcas na Europa tivessem uma média de cinco, e não três filhos, como vingança contra o que chamou de "injustiças" ocidentais. A tese da Eurábia circula amplamente entre os nacional-populistas.

O pesadelo de pensadores como Bruce Bawer é a introdução da xaria: "os ladrões teriam seus braços amputados [...] as mulheres adúlteras seriam apedrejadas até a morte, assim como os gays".[14] No curto prazo, os muçulmanos são acusados de criar "zonas proibidas", áreas dominadas por interpretações altamente conservadoras do Islã que excluem os não muçulmanos e sufocam a dissensão e o desvio, um argumento popular entre a direita alternativa nos EUA, que indica a crescente população muçulmana na Europa. A tese, contudo, envolve projeções populacionais que os analistas mais sérios veem como exageradas (ver a seguir). Além disso, não há sérias evidências de um complô islâmico para "colonizar" a Europa, mesmo que grupos como o ISIS achem útil ter refugiados muçulmanos no continente. Isso dito, a ideia também tira vantagem do sentimento antimuçulmano que se desenvolveu no Ocidente e provavelmente encontrará uma plateia receptiva por muitos anos ainda.

Claramente, nem todos se sentem alarmados com essas mudanças demográficas. Mas para muitos, como veremos, essas consideráveis imigrações e mudanças étnicas suscitam a real possibilidade de que seu grupo, outrora dominante, seja em breve minoritário, conforme suas nações se tornam muito mais diversificadas em termos étnicos e culturais. Comentadores liberais e de esquerda observam corretamente que tal desenvolvimento não necessariamente significaria que os brancos perderiam seu poder político e econômico, um medo enfatizado pelos supremacistas brancos e pela direita alternativa durante a campanha de Trump.[15] Mas essas tendências causam considerável ansiedade pública, a qual, por sua vez, continuará a alimentar o nacional-populismo.

Medos sobre a destruição

Temos uma visão muito diferente daqueles que argumentam que o Ocidente está entrando em uma era que será caracterizada pelo declínio do Estado-nação, pela disseminação das identidades transnacionais e por uma guinada na direção de uma ordem mundial liberal e cosmopolita na qual as fronteiras se tornarão cada vez mais redundantes.

A verdade é que muitas pessoas ainda estão intensamente comprometidas com o Estado-nação. De acordo com o respeitado World Values Survey, maiorias esmagadoras nos EUA e na Europa dizem se sentir fortemente ligadas a sua nação (uma média de 82%), veem-se como parte dela (93%) e estariam dispostas a lutar por ela (90%).[16] Embora alguns analistas falem sobre o enfraquecimento dos laços nacionais, a realidade é que eles permanecem fortes.

Ao mesmo tempo, grande número de pessoas adota uma posição instintivamente negativa sobre a maneira como as nações estão mudando, em termos não somente econômicos, mas também culturais e demográficos. Antes de explorar essas mudanças, é importante resistir à alegação de que estamos nos tornando mais racistas. Nos últimos cinquenta anos, muitas nações viram o constante declínio do apoio ao racismo declarado do tipo discutido no capítulo 2. Isso não significa que o racismo tenha desaparecido, porque claramente não o fez, mas sim que as atitudes gerais mudaram de modo importante na maioria dos países ocidentais.

Considere a seguinte pergunta: você se sentiria confortável se um de seus familiares se casasse com alguém de um grupo étnico diferente? Esse é um marcador clássico do racismo tradicional, mas, em grande parte do Ocidente, o número de pessoas que se sentiriam desconfortáveis despencou. Veja os EUA, onde cerca de um em cada seis recém-casados se uniu a alguém de um grupo diferente. Em 1958, mais de 90% dos americanos desaprovavam o casamento intergrupal. Hoje, 90% aprovam. Na Grã-Bretanha, mais de metade da população se opunha às relações intergrupais na década de 1980. Hoje, menos de uma em cada quatro pessoas o faz.[17]

Essas tendências ajudam a explicar por que movimentos declaradamente racistas tiveram muito menos sucesso que aqueles que substituíram os argumentos relacionados à raça por apelos que focam na cultura e nos valores.[18] Trump repete estereótipos xenofóbicos sobre os mexicanos e outros povos, mas ainda soa muito diferente do racista George Wallace, que proclamou em seu discurso de posse como governador do Alabama, em 1963: "Segregação hoje, segregação amanhã, segregação sempre."

Os medos culturais surgem de preocupações, partilhadas por muitos, sobre imigrantes que não falam a língua, minorias que não respeitam os direitos das mulheres, a prática da mutilação genital feminina e outras tradições culturais que parecem minar ou desafiar a comunidade estabelecida, ou grupos étnicos e religiosos que parecem não se integrar à sociedade mais ampla. Os medos demográficos fluem da crença de que a escala e o ritmo da imigração colocam em risco a sobrevivência de longo prazo do grupo nacional, resultando em intensa preocupação com sua possível *destruição*; eles não são necessariamente baseados na realidade objetiva, mas, mesmo assim, são potentes. Muitas pessoas sentem que as mudanças étnicas estão completamente fora de controle e que seu muito valorizado modo de vida estaria sob ameaça iminente.

A imigração certamente se tornou uma preocupação muito mais urgente. Ela se inseriu na agenda de grande parte do Ocidente. Além disso, também é uma questão que frequentemente se mistura a outras, como a segurança das fronteiras ou a sobrecarga dos serviços públicos. Nos EUA, por exemplo, em 2001 a imigração era vista como um dos principais problemas por apenas 2% da população, mas em 2006 esse número aumentou para 19%, em meio a disputas no Congresso e protestos em massa nas maiores cidades americanas. Embora a porcentagem tenha caído em seguida, em 2014 estava novamente em 17%, refletindo os novos debates sobre refugiados da América Central. No início de 2018, ainda estava em 15%, tornando a imigração a segunda preocupação mais importante (atrás da insatisfação com o governo).

O quadro tem sido similar na Europa: em 2005 somente 14% das pessoas viam a imigração como questão-chave, mas em 2016 esse número dobrou para 28%, tornando-a a segunda prioridade (atrás do desemprego). O crescimento da ansiedade pública com a imigração também foi enfatizado na primavera de 2018, quando pesquisas do YouGov descobriram que a imigração e o terrorismo eram as duas principais preocupações em uma ampla variedade de democracias europeias, refletindo inquietações mais gerais sobre o terrorismo islamista e a crise dos refugiados. Na Grã-Bretanha, entre 2000 e a votação do Brexit em 2016, a porcentagem dos que viam a imigração como problema importante disparou de 7% para 48%, tornando-a a principal preocupação do país. A inquietação pública com a imigração declinou após a votação pelo Brexit, no entanto, em 2019, 51% das pessoas ainda sentiam que a taxa geral de imigração na Grã-Bretanha deveria ser reduzida.

Muitos no Ocidente também se sentem instintivamente pessimistas sobre os efeitos dessa mudança. Em 2017, por exemplo, o Ipsos-MORI realizou uma pesquisa global e descobriu que grandes maiorias sentiam não somente que havia imigrantes demais em sua nação, como também que a imigração estava "fazendo com que meu país adote costumes dos quais não gosto" (ver Figura 4.1). A menor porcentagem foi a do Brasil, com 23%, embora as questões raciais estejam profundamente enraizadas na história nacional e no desenvolvimento econômico das terras indígenas, não sendo motivadas pela nova imigração (isso, no entanto, não impediu Bolsonaro de alegar, em 2015, que "a escória do mundo está vindo para o Brasil").

Essas tendências gerais escondem diferenças, é claro. Nem todo mundo se sente dessa maneira. Em países como os EUA, há considerável polarização. Em meados da década de 1990, não havia muita diferença entre democratas e republicanos na sensação de que "os imigrantes fortalecem os Estados Unidos por causa de seu trabalho duro e seus talentos": 32% dos democratas pensavam assim e 30% dos republicanos concordavam. Os dois grupos estavam separados por apenas dois pontos percentuais. Mas, em 2017, após anos de debates tóxicos, a presidência de Obama e a campanha divisora de Trump, a diferença passou para 42 pontos percentuais, uma vez que os democratas passaram a assumir uma posição pró-imigração e os republicanos se mostraram muito mais pessimistas.

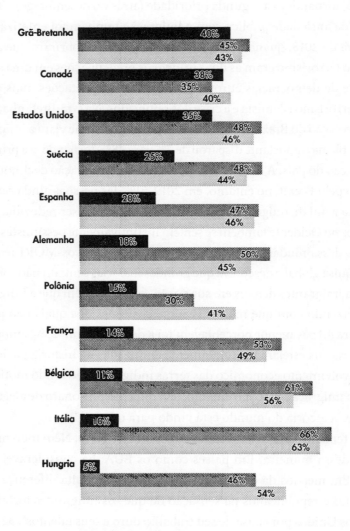

Figura 4.1
Porcentagem da população que concorda que:

▰ A imigração teve impacto positivo
▰ Há imigrantes demais em nosso país
▰ A imigração está fazendo com que meu país mude de maneiras das quais não gosto

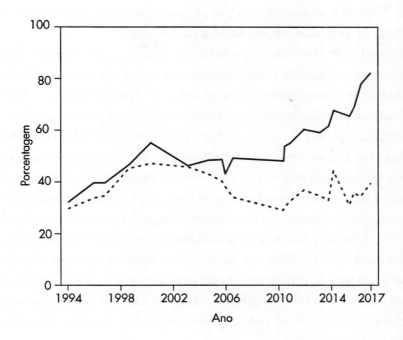

Figura 4.2
Porcentagem da população americana que diz que os imigrantes fortalecem o país por causa de seu trabalho duro e seus talentos.

—— Democratas / com tendências democratas
----- Republicanos / com tendências republicanas

A questão-chave é: por que algumas pessoas se sentem tão ansiosas? Pesquisas de ciências sociais sugerem que as preocupações com a mudança cultural são tão importantes quanto as econômicas, se não mais. Já em 2008, ao analisarem dezenove nações europeias, os acadêmicos descobriram que, para além da divisão educacional, o apoio à declaração "Será melhor para meu país se quase todos partilharem dos mesmos costumes e tradições" era o principal indicador de oposição à imigração. Essas ansiedades culturais são absolutamente cruciais. Uma revisão abrangente de cem estudos que analisavam o que pessoas em todo o Ocidente pensavam sobre a imigração concluiu que, embora os argumentos que focavam no autointeresse econômico "fossem pouco relevantes", as pessoas estavam muito temerosas do impacto da imigração em sua nação e sua cultura.[19]

Inquietações com a incompatibilidade cultural — por exemplo, se muçulmanos partilham do comprometimento ocidental com a igualdade de gêneros ou se os imigrantes respeitarão e preservarão as tradições culturais domésticas — influenciam o tipo de imigração que as pessoas apoiam. Os americanos aprovam mais os imigrantes que possuem nível superior, bom domínio da língua e experiência profissional, bem como aqueles que visitaram legalmente o país no passado. Mas são muito mais hostis em relação a imigrantes que não têm planos profissionais e vêm de países muçulmanos mais culturalmente distintos, como o Iraque, a Somália ou o Sudão. Na Grã-Bretanha, as pessoas se opõem mais a imigrantes da África e da Ásia Meridional.[20] Tais conflitos culturais são fundamentais porque desafiam a gasta crença de que, a fim de superar as ansiedades e o nacional-populismo, basta criar empregos e gerar crescimento. As tensões sobre diferenças percebidas na cultura e nos valores provavelmente permanecerão presentes.

Essa reação tem sido especialmente aguda em países da Europa Central e Oriental como Polônia e Hungria. Na última, o primeiro-ministro nacional-populista Viktor Orbán construiu uma cerca para fechar a chamada "rota dos Balcãs" e chamou os refugiados, majoritariamente muçulmanos, de "invasores". Juntamente com o partido nacional-populista no governo da Polônia, Lei e Justiça, e políticos do governo tcheco, a Hungria se recusou a participar do esquema de cotas criado pela UE, que alocava um número proporcional de refugiados a cada um dos países-membros. Orbán até mesmo realizou um referendo sobre a questão, que venceu com facilidade, embora tenha sido boicotado pelos oponentes do governo como parte de um protesto mais amplo contra suas iniciativas em relação ao que ele chamou abertamente de democracia não liberal.

Durante a campanha eleitoral de 2018, Orbán voltou ao ataque, alegando que os partidos da oposição, "pagos por estrangeiros", queriam chegar ao poder "para demolir a cerca e aceitar, das mãos de Bruxelas, a cota compulsória de assentamento [de imigrantes]". Os países da Europa Oriental execram a ideia de romper com a UE, uma vez que são os maiores beneficiários líquidos de seus fundos, mas essa crise destacou grandes diferenças de opinião sobre os poderes dos Estados-nação e sobre o desejo de limitar a imigração.

A crise dos refugiados também teve grande impacto na Alemanha. A primeira-ministra Angela Merkel tomou a decisão executiva de abrir a Alemanha aos refugiados por motivos humanitários, embora o envelhecimento da população possa ter sido levado em consideração. Chegou mais de 1 milhão, incluindo grande número de menores desacompanhados. O nacional-populista Alternativa para a Alemanha já estava em ascensão em função de suas críticas ao resgate, bancado pelos contribuintes, oferecido aos países da zona do euro que enfrentavam dificuldades, mas, com a crise dos refugiados, mudou seu foco para a segurança e as ameaças identitárias. Em 2017, o Partido entrou no Parlamento, conseguindo quase 13% dos votos e 94 assentos.

Crucialmente, as preocupações atuais com a imigração e os refugiados também se entrelaçaram a medos mais amplos sobre a segurança. Após os ataques de 11 de setembro nos EUA, a Europa testemunhou várias atrocidades terroristas, de Londres a Madri. A crise dos refugiados coincidiu com mais de sessenta atos de "terrorismo jihadista" na Europa e na América do Norte entre 2014 e 2017, deixando 424 mortos e 2 mil feridos. Não surpreende, portanto, que ela tenha começado a alimentar o temor de que nem todos aqueles que entravam na Europa fossem refugiados genuínos e que alguns fossem incompatíveis com a cultura ocidental. Esta última alegação incluiu cenas dos chamados "ataques sexuais em massa" na Alemanha durante as celebrações de Ano-Novo em 2016, assim como o fato de que alguns refugiados estiveram envolvidos nos ataques terroristas em Paris, Estocolmo e Berlim.

O terrorismo certamente também veio da extrema direita, como vimos no caso de Anders Breivik na Noruega. Os EUA também sofreram ataques, incluindo o tiroteio de 2015 em uma igreja afro-americana em Charleston, realizado por Dylann Roof, que matou nove pessoas e feriu uma em sua tentativa de iniciar uma "guerra racial" (uma tática que circulou amplamente entre os supremacistas brancos durante décadas, desde a publicação de *O diário de Turner*, em 1978, de autoria do influente neonazista americano William Pierce). Mas, entre o público, a crise dos refugiados despertou medo principalmente do terrorismo islamista.

Em especial na Europa, onde as populações muçulmanas são muito maiores que nos EUA, o potencial de terrorismo doméstico parece forte e um número pequeno, mas não insignificante, de islamistas europeus lutou com o ISIS no Oriente Médio. Os muçulmanos compõem mais de 60% da população prisional da França, um campo de recrutamento para o extremismo, e os oficiais de contraterrorismo estimam que 11.400 muçulmanos na França são extremistas radicalizados. Tais números são difíceis de verificar, apesar de que, na Grã-Bretanha, o escrutínio sobre a falha dos serviços de segurança em impedir as atrocidades terroristas em Londres e Manchester tenha forçado os oficiais a reconhecer que havia 23 mil extremistas jihadista no país, 3 mil dos quais estavam sob investigação ou monitoração ativa.

O que está claro é que muitas pessoas compraram a ideia de que os refugiados aumentarão o risco de terrorismo: de acordo com o Pew Research Center, mais de 70% dos poloneses e húngaros, 60% ou mais dos italianos, holandeses e alemães e mais da metade dos britânicos, gregos e suecos. Na média, quase 60% dos europeus acreditam nisso.[21]

Também há bastante apoio para uma resposta política muito mais restritiva. Embora Trump seja amplamente condenado por proibir a entrada de viajantes de países predominantemente muçulmanos em 2017, uma pesquisa da Chatham House revelou que 55% das pessoas em dez países europeus *concordavam* que a imigração adicional de países muçulmanos devia ser impedida, um número que foi significativamente mais alto na Áustria, na Hungria e na Polônia, onde as pessoas estão especialmente temerosas em relação aos refugiados (ver Figura 4.3). Em 2018, outra pesquisa revelou que 63% dos alemães queriam que seu país adotasse uma resposta mais dura à crise dos refugiados.[22]

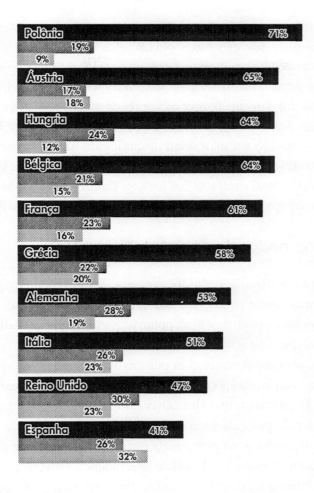

Figura 4.3
Toda migração adicional de países majoritariamente muçulmanos deve ser impedida:

■ Concordam
▨ Não concordam nem discordam
▨ Discordam

Essas mudanças étnicas e ameaças à segurança já causam importantes efeitos políticos e podem continuar a reduzir a confiança entre grupos étnicos, atrapalhar a reforma do sistema de bem-estar social e levar à polarização ao longo das linhas étnicas. Os acadêmicos de Harvard Steven Levitsky e Daniel Ziblatt argumentaram que não existe exemplo histórico de democracia multirracial bem-sucedida na qual o grupo outrora majoritário tenha se tornado minoritário.[23]

De modo geral, o mainstream falhou em responder de maneira efetiva a essa angústia, amplamente porque os valores de muitos políticos e membros da mídia significam que eles aceitam ou celebram essas mudanças étnicas. Mesmo havendo cada vez mais sinais de que alguns na direita convencional estão se voltando para políticas nacional-populistas leves a fim de conter essa onda, o fracasso geral em tratar dos temores das pessoas deu aos nacional-populistas o espaço político necessário para tornar suas promessas distintivas.

Os eleitores nacional-populistas são racistas?

O nacional-populismo aborda diretamente essas preocupações sobre a imigração, mas, como vimos, isso não significa que seus apoiadores sejam necessariamente racistas. Esse é um ponto importante, porque o diagnóstico errado de tais preocupações pode facilmente piorar as coisas.

Analisemos como os nacional-populistas pensam sobre sua comunidade nacional mais ampla. Na época do Brexit e de Trump, o Pew Research Center perguntou às pessoas o que elas achavam importante para que alguém fosse considerado parte da nação: se devia ou não falar a língua, partilhar costumes e tradições e, na ponta mais restritiva da escala, ter nascido no país. Grandes maiorias em todo o Ocidente, independentemente de crenças políticas, sentiam que falar a língua era *muito* ou *razoavelmente* importante. Ao menos 95% dos holandeses, britânicos, húngaros, alemães, franceses, gregos e poloneses pensavam assim, do mesmo modo que mais de 90% dos americanos, suecos, espanhóis e italianos, com os de direita tendo, em média, 20% mais probabilidade de partilhar dessa visão.

E quanto a partilhar costumes e tradições? O retrato começa a mudar. Ainda há apoio disseminado, mas ele é menos intenso. Mais de 90% dos húngaros, gregos e poloneses, mais de 80% dos americanos, britânicos, holandeses, italianos e franceses, mais de 70% dos alemães e espanhóis e mais de 60% dos suecos sentiam que partilhar o legado cultural da nação era importante para que alguém fosse considerado parte da comunidade nacional. Aqueles na direita, contudo, incluindo os nacional-populistas, estavam especialmente inclinados a pensar assim: 66% dos eleitores de Le Pen na França sentiam que isso era *muito* importante, mas somente 39% dos socialistas franceses pensavam da mesma forma; 81% dos apoiadores de Nigel Farage tinham essa visão, mas apenas 44% dos apoiadores do Partido Trabalhista concordavam. Assim, ainda que grande número de pessoas no Ocidente sinta que partilhar costumes e tradições é importante, os nacional-populistas estão especialmente inclinados a se sentir assim. Tais perspectivas são muito mais pronunciadas entre as gerações mais velhas e entre aqueles com menos instrução, indicando importantes divisões subjacentes: 54% dos americanos com somente o ensino médio veem a compatibilidade cultural como essencial, mas apenas 33% daqueles com ensino superior pensam o mesmo; e enquanto 28% dos entre 18 e 34 anos partilham desse ponto de vista, esse número sobe para 55% entre aqueles com mais de 50 anos.

E quanto a ter ou não nascido no país como marcador importante de pertencimento à nação? O apoio para essa ligação étnica é muito menor entre o público em geral: enquanto 73% das pessoas nos EUA e na Europa achavam que ser capaz de falar a língua era muito importante e 47% se sentiam da mesma maneira em relação à partilha de costumes, somente 31% viam o nascimento no país como muito importante. Mas isso mascara variações. Embora 52% dos húngaros, 50% dos gregos e 42% dos italianos e poloneses valorizem a ligação étnica, somente 32% dos americanos, 13% dos alemães e 8% dos suecos concordam.

Novamente, os nacional-populistas tiveram mais probabilidade de subscrever essa visão. Por exemplo, 57% dos apoiadores do UKIP de Farage e 41% dos apoiadores de Le Pen sentiam que ter nascido no país era um pré-requisito importante para ser parte da nação. Em vez de enfatizar os laços "cívicos", como respeitar as instituições ou o estado de direito, alguns eleitores nacional-populistas colocam a ênfase em laços "étnicos" como a ancestralidade, assim como no fato de os grupos serem ou não vistos como compatíveis com a cultura da nação. Mesmo assim, também é verdade que muitos daqueles que são atraídos para os movimentos nacional-populistas *não* veem o mundo dessa maneira e não estão obcecados com etnicidade ou ancestralidade. Isso é importante, pois sugere que desdenhar dos apoiadores nacional-populistas como se fossem todos ignorantes preconceituosos é um grande erro.[24]

Essa perspectiva mais ampla nos ajuda a entender por que os nacional-populistas têm mais probabilidade de ver imigrantes, refugiados, minorias e muçulmanos culturalmente distintos como ameaça a sua identidade nacional e a seu modo de vida. Ela também lança luz sobre o fato de que eles desconfiam de políticos e instituições transnacionais como a UE, que acreditam estarem falhando em evitar as ameaças a sua amada nação ou, ainda pior, estarem encorajando sua destruição.

Ser capaz de falar a língua nacional é importante

Partilhar dos costumes e tradições nacionais é importante

Ter nascido no país é importante

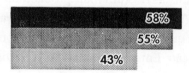

Figura 4.4
Porcentagem da população que acredita que a língua, os costumes e a ancestralidade são importantes.

■ Europa
▨ Estados Unidos
▧ Canadá

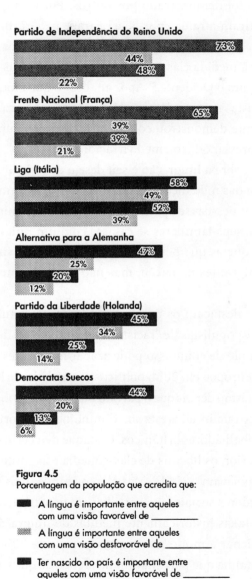

Figura 4.5
Porcentagem da população que acredita que:

- A língua é importante entre aqueles com uma visão favorável de _____
- A língua é importante entre aqueles com uma visão desfavorável de _____
- Ter nascido no país é importante entre aqueles com uma visão favorável de _____
- Ter nascido no país é importante entre aqueles com uma visão desfavorável de _____

Que o nacional-populismo não é simplesmente um refúgio para racistas ultraconservadores foi demonstrado por outros. Por exemplo, entre as pessoas que se sentiram atraídas por Nigel Farage na Grã-Bretanha, das quais uma em cada cinco achava que os negros eram menos inteligentes que os brancos (uma medida clássica de racismo), quase dois terços viam o Islã como perigo para o Ocidente.[25] Após analisar o que motivou o apoio aos nacional-populistas em seis democracias europeias, o acadêmico Jens Rydgren similarmente demonstrou como a principal preocupação desses eleitores não era expressar ódio ou medo irracional do "outro", mas sim dar voz a seu ceticismo sobre a imigração e seu desejo de reduzir os níveis de imigração e o ritmo das mudanças. As questões que apelavam ao racismo declarado, como se as pessoas se opunham ou não a ter um imigrante como chefe ou que um de seus familiares se casasse com um imigrante, foram *menos* reveladoras que as que perguntavam se as pessoas simplesmente queriam menos imigrantes na nação, mas não necessariamente porque eram racistas.[26]

Tais descobertas destacam os problemas e riscos de rotular todos os apoiadores nacional-populistas de "racistas", ou, ainda pior, de "fascistas". Considere um exemplo de como isso pode acabar mal. Antes das eleições para o Parlamento Europeu em 2014, políticos e jornalistas britânicos acusaram o UKIP de racismo depois que o partido publicou outdoors sugerindo que imigrantes pouco qualificados estavam diminuindo as oportunidades de emprego para os trabalhadores britânicos. O ataque deu certo entre os que tinham ensino superior, os liberais de classe média e as minorias étnicas, poucos dos quais apoiavam o UKIP. Mas alienou ainda mais os trabalhadores e os conservadores sociais, que partilhavam preocupações legítimas sobre os efeitos de taxas historicamente inéditas de imigração. Também gerou o risco de alienar a muito mais ampla parcela de 70% de *todas* as pessoas na Grã-Bretanha que partilhavam da crença de que trabalhadores pouco qualificados procurando por empregos de baixos salários não deveriam entrar no país. Usar a estratégia racista reforçou a sensação de que a elite estabelecida tinha pouco tempo para as pessoas que pensavam de modo diferente sobre essas questões. Quando todos os votos foram contados, o UKIP se tornou o primeiro partido que não os convencionais Conservador e Trabalhista a vencer uma eleição nacional desde 1906, embora com menos de 27% dos votos.

Querer uma política de imigração mais estrita ou menos imigrantes não é, em si, racista. Em vez de ser motivada pelo ódio racial, a maioria dos nacional-populistas vê a busca por menos imigração e mudança étnica mais lenta como tentativa de evitar a diminuição de seu grupo, defender seus interesses e (a seus olhos) evitar a destruição de sua cultura e identidade.

Enclaves brancos ameaçados?

Outro mito é que as preocupações públicas com a imigração estão divorciadas do mundo real, que o nacional-populismo só atrai pessoas sem experiência com imigrantes ou minorias ou floresce em enclaves brancos ameaçados. Isso está diretamente ligado à noção de que, no longo prazo, o inevitável contato entre diferentes grupos étnicos, raciais e religiosos diminuirá o preconceito, uma ideia que, nas ciências sociais, é chamada de "teoria do contato". Ela foi inspirada por trabalhos pioneiros durante a Segunda Guerra Mundial, que descobriram que quanto mais viagens os brancos da marinha mercante americana faziam com afro-americanos, menos preconceituosos eles se tornavam.[27]

Mas há boas razões para desafiar essa linha de raciocínio. Primeiro, ela não se adéqua facilmente às evidências de que as pessoas que votam nos nacional-populistas frequentemente vivem em estreita proximidade com vizinhanças etnicamente diversas ou em comunidades que estão passando por rápidas mudanças étnicas. Alguns acadêmicos, como Robert Putnam, argumentaram que, nas últimas, ao menos no curto prazo, os cidadãos confiarão menos nos outros, se mostrarão menos dispostos a cooperar, construirão menos elos com outras pessoas e evitarão o contato com o mundo mais amplo (a ideia de que a imigração pode produzir o declínio da consideração e da confiança mútuas também foi manifestada por pensadores como Paul Collier).[28]

Outros argumentam que o que realmente importa é a *qualidade* do contato entre diferentes grupos e que a maioria das pessoas só experimenta um contato breve ou "superficial" que pode reforçar estereótipos negativos e entrincheirar a hostilidade. Mas também podemos explorar exemplos do mundo real, como os EUA. A despeito de uma longa e rica tradição de imigração e de uma história nacional construída em torno do "caldeirão de culturas", em 2016 mais de 62 milhões de americanos decidiram eleger um presidente que prometeu reduzir várias formas de imigração.

Isso fora previsto, em grande parte, pelo acadêmico Samuel Huntington, o qual, mais de uma década antes de Trump, argumentara que as profundas mudanças então em curso provavelmente gerariam "a tentativa dos americanos brancos nativos de reviver conceitos raciais e étnicos, descartados e desacreditados, sobre a identidade americana e criar um país que excluirá, expulsará ou suprimirá pessoas de outros grupos raciais, étnicos e culturais". Ele indicou a experiência histórica para argumentar que essa muito provavelmente seria a reação de "um grupo étnico-racial outrora dominante que se sente ameaçado pela ascensão de outros grupos".[29] De fato, muito antes de Trump, os acadêmicos já demonstravam que brancos vivendo em comunidades que passavam por rápida mudança étnica tinham mais probabilidade de se sentir em risco e apoiar uma política mais restritiva de imigração. Por exemplo, o rápido aumento da proporção relativa de latinos ou hispânicos em condados americanos esteve positivamente associado à reação hostil a esses grupos entre os americanos brancos.[30]

Não há dúvida de que alguns americanos que viviam em condados que mais tarde mudaram o voto para Trump testemunharam notáveis mudanças étnicas. Muitas áreas nas quais a mensagem de Trump ressoou haviam sido historicamente brancas, mas, durante os primeiros anos do século XXI, testemunharam um rápido influxo de recém-chegados não brancos e majoritariamente latinos. Durante as primárias americanas, Trump venceu na grande maioria dos condados nos quais a taxa de mudança étnica ao menos dobrara entre 2000 e 2015, impulsionada em grande parte pela chegada de trabalhadores latinos — lugares como o condado de Carroll no Iowa ou o condado de Hendricks em Indiana, nos quais os latinos foram trabalhar nas fábricas de processamento de carne ou nos aeroportos.[31]

Um exemplo de área em rápida diversificação que apoiou Trump foi Arcadia e as comunidades circundantes no condado de Trempealeau, no Wisconsin, outrora uma cidade ferroviária construída principalmente por imigrantes europeus. Entre 2000 e 2014, ela deixou de ser quase totalmente branca e passou a ser mais de um terço latina, quando mexicanos, hondurenhos e salvadorenhos chegaram para trabalhar nas fazendas de laticínios, nas fábricas de móveis e nas granjas. A igreja local passou a realizar missas em espanhol, uma panificadora latina foi aberta na rua principal, uma escola deixou de ser totalmente branca e passou a ser 73% hispânica e os sinais de trânsito foram traduzidos para o espanhol. No condado, que havia votado nos democratas em todas as eleições presidenciais desde 1988, Trump derrotou Clinton por treze pontos percentuais em 2016.

Crucialmente, nessas áreas o desemprego muitas vezes permanece abaixo da média e, mesmo assim, a promessa de Trump de construir um muro na fronteira com o México e priorizar os trabalhadores americanos ressoou entre aqueles que se sentiam desconfortáveis com a velocidade com que suas comunidades e sua nação estavam mudando. Estudos sobre o eleitorado de Trump descobriram que viver em áreas nas quais a proporção de latinos aumentou acentuadamente na última década foi um indicador-chave de apoio, mesmo após serem levadas em conta as condições econômicas, como o número de empregos industriais. O apoio a Trump, portanto, foi parcialmente uma "reação adversa" entre americanos que se sentiam ameaçados pela rápida expansão das populações latinas em suas próprias comunidades,[32] embora a imigração ilegal significativa também ofenda o comprometimento de alguns americanos com o estado de direito, além de suscitar medos sobre o crime e as consequências econômicas para os trabalhadores brancos pouco qualificados.

A rápida mudança étnica também foi central para a vitória do Brexit, no qual aqueles que queriam sair da UE temiam o que essas súbitas transformações étnicas significariam para seu grupo nacional, seus valores e seus modos de vida. Uma ideia que ganhou peso foi a de que o Brexit foi impulsionado por pessoas brancas em áreas totalmente brancas onde não havia imigrantes. Ela foi popular entre escritores que argumentaram que, como os imigrantes não estavam presentes, "eles foram parcialmente responsabilizados pelas reais, mas muito mais complexas, dificuldades econômicas experimentadas pelos habitantes locais".[33] Mas essa ideia estava errada. Esse argumento poderia parecer verdadeiro se olhássemos somente para o *nível estático* de imigração. Por exemplo, das vinte áreas com a menor proporção de residentes não brancos, quinze votaram pelo Brexit, ao passo que, das vinte áreas com a maior proporção, dezoito votaram para permanecer na UE. Mas, se olharmos para a taxa de *mudança étnica*, a coisa muda de figura.

Mesmo depois que os pesquisadores consideraram a quantidade total de imigração e o perfil etário e educacional de cada área, o apoio ao Brexit foi mais forte em áreas que, durante a década anterior, haviam experimentado rápida imigração, como na cidade costeira de Boston, em Lincolnshire. Entre 2001 e 2011, a porcentagem de pessoas em Boston que haviam nascido fora da Grã-Bretanha aumentou cinco vezes, para mais de 15%. Em 2001, a comunidade nascida no exterior consistia em cerca de 250 alemães. Em 2011, havia quase 65 mil trabalhadores de países da UE como Polônia, Lituânia e Romênia. Em um curto período, algumas escolas locais relataram que 62% das crianças vinham de famílias imigrantes. Três quartos das pessoas em Boston votaram pelo Brexit.

Também podemos buscar evidências em outros lugares da Europa. Nas últimas duas décadas, numerosos estudos mostraram como os apoiadores do nacional-populismo frequentemente moram em áreas muito próximas de comunidades mais etnicamente mistas (o chamado "efeito donut") ou que experimentaram rápidas mudanças étnicas em um curto período.

Na França, quanto maior a proporção de imigrantes ou minorias étnicas em uma região, maior a possibilidade de as pessoas terem votado em Le Pen. Na Holanda, os nacional-populistas venceram em áreas com alto número de imigrantes e nas quais as pessoas se sentiam preocupadas em relação aos efeitos da imigração e da criminalidade, associando as mudanças étnicas à deterioração de seu bairro e a ameaças a seu modo de vida (esse apoio diminuía conforme as áreas se tornavam etnicamente mais densas). O sucesso do Vox na Andaluzia esteve estreitamente relacionado à presença local de imigrantes não europeus: nos dez municípios com a mais alta proporção, o Vox teve cerca de 20% dos votos, quase o dobro de sua média regional. Isso ocorreu após um ano no qual mais de 50 mil migrantes e refugiados chegaram à costa sul da Espanha. Todavia, a imigração não era uma grande preocupação nacional, o que contribuiu para limitar o sucesso do Vox nas eleições gerais de abril de 2019 e nas eleições europeias — ainda que, nas eleições de novembro, a imigração indubitavelmente tenha contribuído para os fortes resultados do partido, especialmente na Andaluzia e na Múrcia.

Em outras partes da Europa, como a Bélgica, o apoio ao nacional-populismo foi mais forte em áreas com grande número de muçulmanos, com a proporção de imigrantes não muçulmanos não fazendo diferença. Na Alemanha, foi maior em regiões que experimentaram súbito aumento de minorias em um curto período. Na Suíça, foi impulsionado pela sensação de que a imigração representava uma ameaça à comunidade, sendo mais forte em áreas que tinham um número maior que a média de imigrantes da ex-Iugoslávia e da Albânia. E, na Suécia, foi maior em áreas que não somente enfrentavam problemas econômicos, como também tinham grande número de imigrantes ou eram vizinhas de comunidades diversificadas.

É importante notar que essas descobertas foram validadas por estudos mais amplos. Embora os acadêmicos continuem a debater e discordar sobre exatamente como esses fluxos de imigração interagem com as condições econômicas prevalentes, quase todos eles descobriram que o apoio aos nacional-populistas é usualmente mais alto em áreas que experimentam mudanças étnicas ou são vizinhas de comunidades mais diversificadas.[34]

Nacionalismo irracional?

Alguns leitores inevitavelmente verão tais atitudes como reflexo de medos nacionalistas irracionais que promovem a xenofobia e o racismo. Mas a maneira como pensamos sobre essas questões é moldada por nossas próprias políticas. Como argumentou o pensador britânico David Goodhart: "Os liberais modernos tendem a acreditar que a preferência de alguém por seu próprio grupo étnico ou mesmo por sua própria nação é uma forma de racismo. Os conservadores veem isso como senso comum e se ressentem de serem rotulados de racistas."[35]

Em debates sobre a legitimidade filosófica do nacionalismo, críticos liberais e de esquerda afirmaram que os nacionalistas não conseguem identificar uma única característica-chave que mantenha as pessoas unidas. Embora as nações comumente possuam uma língua, a Suíça possui várias. Similarmente, ter uma religião estatal não é necessário: a Holanda foi dividida historicamente entre católicos e protestantes, e Geert Wilders é agnóstico. Refletindo sobre essa lacuna, o historiador marxista Eric Hobsbawm argumentou: "Nenhum historiador sério das nações e do nacionalismo pode ser um nacionalista político engajado [...]. O nacionalismo requer crença demais em algo que patentemente não existe."[36] Certamente, o nacionalismo holístico às vezes se provou uma força altamente perigosa, como demonstrado pelo nazismo.

Mas rejeitar categoricamente a legitimidade da nação torna impossível qualquer entendimento sério do nacional-populismo. De fato, precisamente quando os nacional-populistas começavam a obter apoio significativo na Europa Ocidental, começaram a surgir novos pensamentos sobre a nação como grupo cultural, ainda que não necessariamente étnico, caracterizado por uma identidade e por valores cívicos partilhados. Um bom exemplo vem de David Miller, que buscou demonstrar que o nacionalismo é uma forma de "metaideologia", relevante para uma grande variedade de políticas liberais e de esquerda e envolvendo muito mais que o amor por características específicas do cenário ou do modo de vida particular de um país, comumente associado ao "patriotismo", ou a preocupação dos nativistas com a criação de fronteiras.[37]

Seu argumento pode ser dividido em três partes. Primeiro, as pessoas podem legitimamente reivindicar uma identidade nacional baseada no senso partilhado de história e valores, incluindo o senso de missão nacional, mas isso não significa que não podem ter outras identidades, como classe social ou gênero. Em outras palavras, o desejo de pertencer a uma nação não deveria ser visto como algum tipo de perversão patológica e/ou prova automática de que a pessoa é intelectualmente deficiente.

Segundo, embora os nacionalistas defendam os interesses da nação, Miller afirma que eles formam "comunidades éticas", ou seja, seus membros possuem um senso mais intenso de dever e obrigação para com aqueles no interior de sua comunidade nacional que para com os outros. Eles também têm maior direito às recompensas: considere as pessoas que lutaram pela nação em guerras ou pagaram impostos por toda a vida, comparadas a alguém que acabou de chegar ao país como imigrante econômico. Miller vê esse lado ético como importante para uma série de políticas socialmente desejáveis, como a redistribuição de renda, que precisam de um Estado não somente eficiente, mas também capaz de inspirar confiança generalizada. A redistribuição significativa de recursos pela sociedade requer que nos identifiquemos intimamente com nossos compatriotas. Sem essa confiança e um senso mais amplo de pertencimento comum, tal sistema de redistribuição dos recursos da nação entraria em colapso.

Terceiro, as pessoas que formam uma comunidade nacional têm direito à autodeterminação. Em outras palavras, elas podem escolher sob que forma de governo e Estado querem viver.

Previsivelmente, tais visões provocaram respostas intensas. Por exemplo, o forte senso de nacionalismo nem sempre garante apoio às políticas de redistribuição: veja o caso dos EUA, onde, mesmo entre os brancos, tem havido oposição a programas extensivos de redistribuição e bem-estar social. A doutrina prevalente de autodeterminação também pode ser uma receita para a fragmentação, a qual, na prática, poderia tornar menos soberanos mesmo Estados ricos e pequenos. De fato, um argumento-chave para a UE é que ela agrupa soberanias para obter maior proteção contra organismos como companhias multinacionais, que buscam reduzir os custos de produção e pagar impostos onde as alíquotas são mais baixas. Todavia, teóricos como Miller não estão discutindo se a Grã-Bretanha, por exemplo, estaria melhor dentro ou fora da UE. A questão é que as pessoas têm o direito de escolher preservar o que veem como independência e identidade nacionais.

Um proeminente defensor de visões similares é David Goodhart, que argumentou, no contexto da Grã-Bretanha, que o pronunciado aumento da imigração ameaça o sistema de bem-estar social e que muitas pessoas acham que os recém-chegados não deveriam gozar imediatamente dos mesmos direitos sociais que contribuintes de longa data. A imigração em larga escala também pode ameaçar o contrato não escrito entre diferentes gerações, em função do qual as pessoas estão dispostas a pagar mais impostos para beneficiar aqueles que virão depois. Isso está ligado à maneira pela qual, como vimos, muitos ocidentais ainda se sentem fortemente ligados a suas comunidades estabelecidas, suas normas comuns e seu Estado-nação. A esquerda liberal é muito mais individualista em seu modo de pensar e geralmente falha em compreender essas ligações.

Argumentos relativamente similares foram defendidos pelo psicólogo social Jonathan Haidt, que se descreve como americano "centrista".

Haidt argumenta que o hino dos "globalistas" é a música de John Lennon: "Imagine que não existem países. Não é difícil. Nada em nome do que matar ou morrer." Haidt replica que o amor pela nação não necessariamente implica um perigoso senso de superioridade, assim como o amor por um parceiro não rebaixa as outras pessoas. Ter um senso partilhado de identidade, normas e história promove a confiança, e sociedades com alto nível de confiança "produzem muitos resultados benéficos para seus cidadãos: taxas de criminalidade mais baixas, custos menores para os negócios, níveis mais elevados de prosperidade e propensão à generosidade, entre outros". O que muitas vezes é visto como racismo pode estar profundamente ligado às preocupações morais das pessoas, especialmente ao tentarem proteger seu grupo ou sociedade do que veem como grande ameaça "normativa" a sua identidade e seus valores (Haidt, contudo, deixa claro que não usa o termo "moral" para endossar o racismo).[38]

Para Haidt, existe uma crucial diferença moral entre os liberais, que enfatizam a autonomia, e os conservadores, que enfatizam a comunidade e, em alguns casos, a divindade; entre aqueles que estão preocupados com a justiça e com a evitação de danos e aqueles que focam no cuidado, na reciprocidade e na defesa de uma comunidade que acreditam estar sendo destruída. Embora ele minimize as preocupações morais e comunais de alguns liberais, que estão longe de ser egotistas racionais, ele cita, com razão, a maneira pela qual os nacional-populistas veem seus próprios argumentos como morais.

Os críticos dos nacional-populistas cuja resposta automática é considerá-los nacionalistas irracionais, incultos e racistas fariam bem em ponderar sobre essas abordagens.

Perscrutando o futuro

As preocupações públicas com a imigração e a mudança étnica e os concomitantes debates intelectuais parecem prontos a se intensificar, e não desaparecer. Isso porque a supermudança étnica não somente continuará, como ocorrerá em ritmo ainda mais acelerado.

Uma razão para isso é o fato de que os países que tendem a enviar imigrantes estão crescendo rapidamente, assim como as minorias étnicas e as comunidades imigrantes estabelecidas, ao passo que grande parte da Europa e da América do Norte como um todo experimenta taxas de natalidade abaixo do chamado "nível de substituição", a saber, o nível em que a população substitui a si mesma entre uma geração e a seguinte. Eis algumas tendências. As mortes excedem os nascimentos na Alemanha desde 1972, na Itália desde 1993 e em grande parte da Europa Oriental desde meados da década de 1990. Isso significa que, sem imigração de larga escala, muitas nações ocidentais, particularmente na Europa, estão enfrentando um declínio populacional.

De acordo com dados da UE, projeta-se que mais de doze países experimentarão um declínio natural da população nas próximas décadas, incluindo Grécia, Itália, Hungria e Portugal, o que aumentará a pressão para aceitar mais imigrantes. Ironicamente, alguns dos países que se opõem mais ferozmente à imigração e aos refugiados simultaneamente são candidatos aos mais acelerados declínios populacionais. Estima-se que em 2050 as populações de países da Europa Central e Oriental como Bulgária, Hungria, Letônia, Lituânia, Polônia e Romênia terão encolhido em ao menos 15%, devido à baixa taxa de natalidade, à alta mortalidade e ao fato de os jovens estarem se movendo para economias com salários mais altos.

Compare esse número com um retrato da África, onde se originam muitos dos refugiados que entram na Europa. De acordo com a Agência da ONU para Refugiados, pouco mais de 116 mil pessoas cruzaram o Mediterrâneo em 2018, quase 90% menos que em 2015. Isso se deveu a uma variedade de fatores, incluindo menos violência em muitos países de origem, tentativas da UE de manter os migrantes na Turquia e na África do Norte e as muito divulgadas políticas do líder da Liga, Matteo Salvini, para impedir desembarques na Itália. No entanto, nas próximas décadas, a população da Nigéria, que mais que triplicou desde 1960, chegando a quase 190 milhões de pessoas, deve se expandir para mais de 300 milhões em 2050. Isso tornará a Nigéria, que tem ligeiramente mais muçulmanos que cristãos, o terceiro país mais populoso do mundo, prestes a superar a população de toda a União Europeia. Espera-se que a população mundial chegue a quase 10 bilhões de pessoas em 2050, e mais da metade desse crescimento deverá ocorrer na África, onde hoje 60% das pessoas têm menos de 25 anos.[39] De fato, alguns estimam que em 2100, quando a população da África chegar a 4,5 bilhões de pessoas, a população da UE terá caído para somente 465 milhões.[40]

Mesmo sem fome, colapso governamental ou guerra, é difícil acreditar que tais mudanças demográficas não afetarão o número de pessoas tentando, legal ou ilegalmente, entrar no rico Ocidente. Talvez os legisladores encontrem uma maneira de encorajar essas populações a permanecerem em seus locais de origem, mas, se não encontrarem — e parece improvável que encontrem —, as perguntas que estão sendo feitas pelos nacional-populistas a respeito da imigração e dos problemas associados a ela se tornarão ainda mais importantes.

Desse modo, as nações ocidentais parecem prestes a testemunhar considerável mudança étnica e grandes pressões demográficas. Cada vez mais, os cidadãos nascidos no país ficarão conscientes do tamanho cada vez menor de seu grupo em relação aos imigrantes e às comunidades minoritárias. Nos EUA, por exemplo, a porcentagem de população imigrante mais que dobrou entre 1960 e 2016, chegando a quase 14%; no mesmo período, a taxa de fertilidade da nação caiu pela metade. É parcialmente por isso que os brancos compunham 87% da população em 1950, mas se prevê que em 2050 esse número caia para 47%. Na Grã-Bretanha, na década de 2050 a porcentagem da população composta de minorias étnicas e brancos não nativos deve aumentar para 44%, momento em que esses grupos responderão por metade de todas as crianças de até 4 anos.[41] Na Europa Ocidental, em 2050 a população nascida no exterior deverá atingir entre 15% e 32% em vários países; na Suécia e na Holanda, até o fim do século, a maioria da população provavelmente terá nascido no exterior. O Pew Research Center prevê que, em 2050, e mesmo que não haja imigração posterior, a proporção da população muçulmana mais que dobrará na Grã-Bretanha, Dinamarca, Finlândia, França, Itália, Noruega, Portugal, Espanha e Suécia. Com a continuação da imigração, esse número pode chegar a 14% em toda a Europa, um aumento significativo que, embora distante das exageradas profecias de "tomada" feitas pelos alarmistas da Eurábia, pode gerar efeitos políticos.[42]

Alguns podem argumentar que o impacto dessas tendências será mínimo, uma vez que as religiões desaparecerão de vista e as minorias serão integradas ao mainstream liberal. Certamente é importante não ignorar o número crescente de muçulmanos modificando certos aspectos de seus valores. O Pew descobriu que nos EUA, em 2017, 52% dos muçulmanos aceitavam a homossexualidade, comparados a 27% em 2007 (e mais que os cristãos evangélicos, com 34%).[43] Mas também é verdade que os imigrantes mais jovens de fora da Europa tendem a ser mais religiosos que a comunidade anfitriã e frequentemente tão religiosos quanto as gerações mais velhas.[44] Em países como a Grã-Bretanha e a Holanda, esse fator é acentuado pela tendência de viver em comunidades relativamente fechadas que reforçam os estilos de vida. Embora o declínio religioso esteja ocorrendo principalmente em países europeus católicos, diferenças nas taxas de fertilidade, nos fluxos de migração e nas estruturas etárias significam que a Europa Ocidental poderá ser *mais* religiosa no fim do século XXI do que era no início. A Europa pode chegar a uma fase de "dessecularização", quando as taxas decrescentes de afiliação religiosa serão superadas pelo crescimento das populações religiosas (e mais jovens) de origem imigrante.[45]

Os muçulmanos e o Islã já são alvos dos nacional-populistas, que os apresentam como ameaça cultural e demográfica ao Ocidente, e muitos no mainstream enfatizam a ameaça de um pequeno número de islamistas violentos, incluindo os terroristas domésticos. Certamente há uma plateia pronta para essas campanhas. Em 2018, o Pew Research Center encontrou disseminado apoio público à ideia de que "o Islã é fundamentalmente incompatível com a cultura e os valores de nosso país", indo de 53% na Itália a mais de 40% na Dinamarca, Alemanha, Holanda e Suíça. Campanhas de exclusão contra o Islã podem encorajar os muçulmanos a buscarem refúgio na religião ou se engajarem em ação política para defendê-lo, aumentando a probabilidade de um ciclo de mobilização.[46]

Claramente, as mudanças culturais em curso e os temores que elas geram são poderosos motivadores da revolta nacional-populista. Mas isso não significa que devamos ignorar completamente as perspectivas econômicas, como veremos no próximo capítulo.

CAPÍTULO 5
Privação

O sistema econômico que caracteriza o Ocidente é conhecido como capitalismo, cujos modelos diferiram com o tempo desde seu rápido surgimento e crescimento há mais de quatrocentos anos. A mais significativa mudança em termos de impacto provavelmente ocorreu nos últimos cinquenta anos e representa outro fator na ascensão do nacional-populismo.

Após a devastação da Grande Depressão durante o entreguerras, os governos ocidentais começaram a assumir mais responsabilidade pelo bem-estar econômico de seus cidadãos. Isso envolveu o compromisso de obter altos níveis de emprego e expandir o sistema de bem-estar social, embora as medidas tenham variado consideravelmente, das mais tênues nos Estados Unidos até os extensivos sistemas "do berço à sepultura" da Europa, nos quais o Estado desempenhava importante papel.

Isso culminou, após a Segunda Guerra Mundial, na chamada "era dourada": uma nova era de crescimento, salários em elevação e crescente igualdade de renda e riqueza. Todavia, ela foi breve e, na década de 1970, chegou ao fim com o surgimento da "estagflação" (inflação acompanhada de baixo crescimento). Contra esse pano de fundo, o fundamentalismo de livre mercado retornou com força total. Durante a década de 1980, esse neoliberalismo, como ficou conhecido, tornou-se global.

No século XXI, no entanto, o neoliberalismo passou a ser atacado. As taxas de crescimento ocidentais têm sido desapontadoras e o colapso financeiro global que se iniciou em 2008 e gerou a Grande Recessão levou a uma onda de paralisantes políticas de austeridade fiscal em muitos países, incluindo cortes dramáticos nos gastos e serviços governamentais e miséria para milhões de cidadãos. Além disso, o neoliberalismo alterou significativamente a distribuição de renda e riqueza. O economista Thomas Piketty demonstrou que, em todo o Ocidente, a desigualdade retornou aos níveis de cem anos atrás[1], em contraste com o 1% da elite, que se tornou muito mais rica, com padrão de vida superior e sem a real consciência sobre as preocupações que unem os eleitores "deixados para trás".

Para compreender a maneira pela qual esses desenvolvimentos econômicos históricos ajudaram a animar o nacional-populismo, precisamos dar um passo atrás e considerar a ascensão do capitalismo durante um longo período. Isso nos permitirá expor vários argumentos fundamentais. O primeiro é que o capitalismo ocidental é uma ética que celebra a busca do autointeresse como meio de maximizar o crescimento econômico para benefício de todos (o capitalismo asiático tem um etos mais coletivista). Como o fictício, mas muito real, financista Gordon Gekko afirmou infamemente no filme *Wall Street* (1987), "a ganância, por falta de um termo melhor, é boa". A ausência de controles efetivos sobre a ganância do setor bancário ajudou a causar a Grande Recessão, mas nenhum executivo importante de Wall Street foi levado a julgamento.[2] Sem dúvida foi isso que levou Gordon Gekko, na sequência de 2010 de *Wall Street*, a dizer que a ganância não somente é boa, como "agora é legal".

Outra questão é que esse estado de coisas marca uma mudança radical em relação ao passado. Historicamente, o capitalismo foi legitimado por muito mais que sua habilidade de proporcionar benefícios materiais disseminados. Inicialmente, ele foi sustentado por valores religiosos que celebravam o trabalho partilhado e a comunidade. O etos do capitalismo também foi reforçado pelo nacionalismo, que se contrapunha aos clamores socialistas por maior igualdade. Além disso, especialmente na Europa do pós-guerra, as economias eram caracterizadas pela taxação redistributiva, pelo pleno emprego e por generosas redes de bem-estar social. Hoje, o impacto da religião nos valores sociais é muito menor, e o renascimento do nacionalismo desafia a ascensão do capitalismo globalizado.

Esses pontos levam a nosso argumento geral de que a atual revolta nacional-populista está ligada parcialmente à ascensão do neoliberalismo, em particular através de uma crescente sensação de *privação* relativa que une grande número de cidadãos. Isso não se refere meramente à privação objetiva, como a experiência de viver com baixa renda, perder o emprego ou suportar o lento crescimento econômico, incluindo o forte temor, por parte das pessoas, de que elas e seus grupos estejam perdendo em relação a outros na sociedade e de que o mundo de crescente prosperidade e ascensão social tenha chegado ao fim, assim como a esperança e o respeito.

Muitos acadêmicos argumentam que as preocupações culturais, especialmente a imigração, são essenciais para explicar a atratividade de políticos como Trump ou movimentos como o Brexit, notando a fraca correlação entre os votos que receberam e baixos salários. Todavia, o que importa mais no contexto econômico é o estado mental das pessoas, suas percepções *subjetivas* sobre como sua própria posição e a posição de seu grupo mais amplo estão mudando *em comparação a outros na sociedade*. Essa sensação de privação relativa afeta muito mais que somente os mais pobres da sociedade: ela se estende a trabalhadores em tempo integral, partes da classe média e jovens eleitores.

A legitimação do capitalismo inicial

Embora a propriedade privada tenha existido na maioria das sociedades desde tempos imemoriais, o capitalismo só se desenvolveu rapidamente a partir do século XVII, graças à confluência de vários fatores na Europa, incluindo o novo modo de pensar que acompanhou a Reforma e o Iluminismo.[3] Mas, para compreender como a evolução do capitalismo abriu espaço para o nacional-populismo, precisamos focar na maneira como ele foi inicialmente legitimado aos olhos do povo.

O termo "capitalismo" só passou a ser de uso comum no fim do século XIX, mas seu manifesto inicial foi *Uma investigação sobre a natureza e as causas da riqueza das nações* (1776), de Adam Smith, que argumentou que as pessoas estão mais bem ocupadas quando perseguem seus próprios interesses. Longe de ver isso como ameaça à ordem social, Smith proclamou as virtudes do trabalho duro e defendeu que uma "mão invisível" levaria à alocação eficiente dos recursos no interior de um mercado livre. Como resultado, defendeu aquela que se tornou conhecida como visão *laissez-faire* do governo, argumentando que seu papel deveria ser mínimo, a fim de não interferir nos direitos individuais e no dinamismo a ser criado pela nova ordem econômica.

Smith escreveu em uma época na qual a Revolução Industrial estava ganhando ritmo e modificando radicalmente as sociedades ocidentais. Ela criou o que Karl Marx chamou de nova "burguesia", uma elite econômica governante que controlava tanto "os meios de produção", especialmente as fábricas e os materiais brutos, quanto "os meios de coerção", como Exército, polícia e sistemas legais. A elite se erguia acima do "proletariado" — os trabalhadores que, anteriormente ligados à comunidade local e à terra através dos elos medievais do feudalismo, agora labutavam por baixos salários nas fábricas e cidades.

Marx argumentou que esse novo e desigual arranjo era insustentável, porque as divisões de classe alienavam as pessoas de sua humanidade comum, e que a incansável busca pelo lucro faria com que a elite capitalista substituísse os trabalhadores por máquinas. Isso levaria as massas empobrecidas a se revoltarem, dando início à era do comunismo — ao menos em teoria. Mas, no Ocidente, a violenta revolução liderada pelos trabalhadores que foi prevista em seu *Manifesto comunista* (1848) não ocorreu. A despeito de problemas periódicos, como a Longa Depressão da década de 1870, o sistema capitalista foi inicialmente legitimado por um crescimento sem precedentes, que beneficiou um número cada vez maior de pessoas. Embora esses ganhos fossem distribuídos muito desigualmente, nos países mais ricos emergiu uma "aristocracia do trabalho": trabalhadores em melhores condições que focavam menos em fomentar a revolução e mais em conseguir melhores salários e condições de trabalho através de sindicatos, como aqueles que fundaram o Congresso dos Sindicatos Britânicos em 1868.

Historicamente, o capitalismo também foi legitimado de duas outras importantes maneiras: através da religião e através do nacionalismo, que frequentemente se sobrepunham. Os primeiros países claramente capitalistas a emergir após o século XVI foram a Inglaterra e a Holanda, ambas nações navegantes nas quais o protestantismo proclamava não somente as virtudes do trabalho duro e da poupança, mas também a missão especial de cada nação de difundir o comércio e prosperar. Para muitos americanos do século XIX, isso assumiu a forma de um "destino manifesto", a crença de que o país era caracterizado por um povo e instituições únicos que haviam recebido de Deus o destino de se mover para o oeste (e que incluía a limpeza étnica dos ameríndios). Na virada para o século XX, a celebração cristã da caridade — reforçada pelos ataques populistas e progressistas contra a ganância das emergentes empresas plutocráticas e das elites financeiras — contribuiu para o estabelecimento de organismos que receberam grandes dotações e muita publicidade, como a Fundação Rockefeller, para promover boas causas como a educação e a saúde públicas (em 1913, John D. Rockefeller valia 400 bilhões de dólares em valores de hoje, comparado ao homem mais rico de 2018, o CEO da Amazon Jeff Bezos, que valia meros 150 bilhões antes de seu divórcio).

O século XIX também foi uma época de grande disseminação do nacionalismo. Na Europa, ele foi encorajado por elites políticas e econômicas que o viam como maneira de se contrapor à ascensão do socialismo, embora outra preocupação fosse a necessidade de criar disciplinados exércitos populares utilizados para instilar valores nacionais. Em grandes potências e democracias emergentes como a Grã-Bretanha e a Alemanha, isso assumiu a forma de "social-imperialismo", no qual o Estado fornecia benefícios básicos de bem-estar social, como assistência média e pensões para os idosos, além de promover o orgulho pelo Império e a crescente riqueza nacional. Nos EUA, o etos protestante do produtivismo celebrava a nação como lar de indivíduos que trabalhavam duro e queriam subir na vida. Essa cultura também foi adotada por sucessivas ondas de imigrantes, que, de 1840 em diante, chegaram com backgrounds católicos e de outras religiões, principalmente como migrantes econômicos buscando novas vidas na "terra das oportunidades".

Mas então a legitimidade do capitalismo sofreu um duro revés após o crash de Wall Street em 1929, que mergulhou grandes partes do Ocidente na mais séria depressão do século XX. Entre 1929 e 1932, a produção americana caiu 30%, 13 milhões de trabalhadores perderam o emprego, o desemprego disparou para 25% e houve 40% de redução na renda familiar anual. O termo "sonho americano" se popularizou nessa época para lembrar às pessoas que elas viviam em uma terra de grandes oportunidades, porém muitas permaneciam na pobreza e se desesperavam em relação ao futuro.

Entrementes, na Europa, quando Adolf Hitler chegou ao poder em 1933, a taxa de desemprego na Alemanha chegara a 30%. Ainda que a maioria dos eleitores desempregados apoiasse os comunistas, Hitler fez grande sucesso entre os "pobres empregados", pessoas que tinham emprego, frequentemente autônomo, mas sofriam para pagar as contas no fim do mês e temiam os comunistas.[4] A depressão também atingiu duramente a Itália fascista, embora o governo tenha respondido com sucesso, aumentando o papel do Estado. Os nazistas fizeram o mesmo, copiando os programas fascistas de bem-estar social, que incluíam férias subsidiadas. Em 1939, os nazistas construíram o maior hotel para trabalhadores do mundo, na ilha Rúgia (no novo milênio, a propriedade foi convertida em luxuosos apartamentos e um hotel).

Capitalismo de bem-estar social e a era dourada

A Grande Depressão ajudou a criar um corpo de opinião favorável ao aumento da intervenção governamental na economia. Em democracias como a Grã-Bretanha, foram os conservadores que ampliaram as provisões de bem-estar social. Na década de 1930 na Suécia, os social-democratas foram pioneiros na criação de um extensivo Estado de bem-estar social que atraiu muitos admiradores nos Estados Unidos.[5] A resposta americana à Grande Depressão é especialmente reveladora quanto à crescente crença de que o capitalismo desabrido precisava ser contido, entre outras coisas para diminuir a atração do fascismo e de um populismo ressuscitado na forma de Huey Long.

Em 1932, os EUA elegeram para presidente o democrata Franklin Delano Roosevelt, que prometeu um "novo acordo" (o New Deal). Embora o país tivesse níveis relativamente baixos de intervenção estatal na economia, com exceção dos controles "antitruste" para reprimir os monopólios e oligopólios tão detestados pelos populistas, o New Deal marcou uma importante mudança de direção. Ele incluía controle sobre o setor bancário, que fora uma das causas centrais do crash, maciços programas de infraestrutura para gerar empregos imediatos e crescimento de longo prazo, bem como novos benefícios para os aposentados, os desempregados e as mães dependentes. Reformas posteriores reconheceram o direito da maioria dos trabalhadores de se filiarem a sindicatos, que lhes deram maior poder de barganha para melhorar salários e condições de trabalho.

Ainda havia problemas. As pessoas empregadas contavam com as empresas para benefícios como assistência médica, e muitas não ofereciam tais benefícios, obrigando aqueles mais necessitados a recorrer a organizações de caridade e igrejas. Muitos negros foram efetivamente excluídos, pois a previdência social não cobria trabalhadores rurais nem empregados domésticos. Mesmo assim, as realizações do New Deal foram significativas, especialmente por terem sido implementadas contra grande oposição dos defensores do livre mercado, que não haviam sido silenciados pela Grande Depressão.

No fim da década de 1930, a crença de que o governo tinha um grande papel a desempenhar no gerenciamento da economia e na garantia do bem-estar social foi fortalecida pelo impacto do economista liberal britânico John Maynard Keynes.[6] Seu livro de 1936 *A teoria geral do emprego, do juro e da moeda* teve imediata influência global. Se o New Deal focara na microeconomia, Keynes estava mais preocupado com o macrogerenciamento de toda a economia. Ele argumentou que era possível suavizar o recorrente ciclo de altas e baixas do capitalismo através de políticas governamentais. Quando a economia entrasse em recessão, os gastos deveriam aumentar, e não diminuir para equilibrar o orçamento, como ditava a sabedoria prevalente. Fundamental nessa teoria era o "efeito multiplicador", a ideia de que os gastos do governo não somente ajudavam os diretamente afetados, como também tinham efeito cascata em toda a sociedade, criando um círculo virtuoso (os trabalhadores empregados nos novos projetos de infraestrutura gastavam seus salários nos negócios locais, que contratavam mais trabalhadores, que compravam mais e assim por diante).

Keynes liderou a delegação britânica na conferência de Bretton Woods de 1944, que estabeleceu as instituições e políticas econômicas fundamentais que guiariam o Ocidente na era do pós-guerra. Elas incluíam taxas de câmbio fixas e gerenciadas pelo FMI, a fim de evitar as desvalorizações competitivas que haviam se iniciado na década de 1930 em uma tentativa de tornar as mercadorias locais mais baratas no mercado de exportações. O Acordo Geral de Tarifas e Comércio buscou promover o livre comércio para se contrapor ao crescimento do protecionismo — nos EUA, por exemplo, a lei tarifária Smoot-Hawley, de 1930, impusera taxas alfandegárias a cerca de 20 mil produtos, levando à retaliação *"beggar my neighbour"* [manipular o câmbio para prejudicar as exportações do país vizinho] do Canadá e da França e ao prejudicial declínio do comércio. Além disso, a necessidade de reconstruir a Europa devastada pela guerra, juntamente com o medo da expansão do comunismo, resultou no Plano Marshall de 1948, através do qual os EUA enviaram cerca de 100 bilhões de dólares, em valores de hoje, para ajudar a restaurar a confiança da Europa no futuro.

Os interesses americanos, incluindo a crença de que o mercado livre beneficiaria suas principais corporações, impulsionaram grande parte dessas políticas. Todavia, os EUA aceitavam que existiriam grandes diferenças nos regimes econômicos e de bem-estar social do Ocidente. A Grã-Bretanha foi incluída no Plano Marshall, a despeito da maneira pela qual o governo do social-democrata Partido Trabalhista pós-1945 implementava reformas radicais que incluíam alta taxação marginal da renda (cerca de 90%), a nacionalização de indústrias-chave como carvão e aço e de serviços como eletricidade e gás e a introdução de um Serviço Nacional de Saúde que, a princípio, era completamente gratuito. Isso foi feito contra a amarga oposição de Winston Churchill e dos conservadores, embora, após retornarem ao poder na década de 1950, eles tenham aceitado a maioria das reformas e aumentado os gastos com saúde. O governo trabalhista também ajudou a lidar com o legado das dívidas de guerra e fez empréstimos para cumprir seu papel colonial e anticomunista global (a Grã-Bretanha só faria o pagamento final aos EUA em 2006).

Quando o Ocidente entrou na era do pós-guerra, a economia americana continuou a gozar da prosperidade que se iniciara no fim da década de 1930. Após dificuldades iniciais, o mesmo se deu em grande parte da Europa Ocidental, ainda que nenhum país tivesse um PIB que chegasse à metade do americano. Havia uma tendência esquerdista e intelectual de antiamericanismo em países como a França e a Itália, contudo muitos ocidentais passaram a acreditar no hedonista e otimista sonho americano, simbolizado pela posse crescente de bens de consumo como carros, geladeiras e televisões.

Foi uma época de rápido crescimento que parece ter sido a era dourada do capitalismo, um período entre o fim da década de 1940 e início da década de 1970 durante o qual houve grande prosperidade. Essa era testemunhou o "milagre econômico" da Alemanha Ocidental, quando o país ressurgiu das cinzas da derrota e passou a ter o maior PIB da Europa, e *les trente glorieuses* da França, trinta anos de forte desempenho econômico que transformaram o país na segunda maior economia da Europa Ocidental e fizeram com que o desemprego praticamente desaparecesse (um fator que atraiu imigrantes, assim como na Alemanha Ocidental).

Ocasionalmente, houve apoio público para outsiders políticos em função de várias queixas. Como já comentamos, na década de 1950, o movimento pujadista teve breve sucesso na França e, na década de 1960, o neonazista Partido Nacional Democrático da Alemanha conseguiu alguns assentos em vários parlamentos estaduais. Mas, em geral, a política parecia ter sido "pacificada" pelo crescimento, pela prosperidade e pelas ainda presentes memórias da guerra. Também foi uma época na qual os laços entre as pessoas e os partidos convencionais eram fortes, como veremos no capítulo 6.

Mas a era dourada não ocorreu simplesmente em função das políticas keynesianas e das novas instituições econômicas internacionais. Mesmo antes da Segunda Guerra Mundial, os gastos militares impulsionaram o crescimento e as novas tecnologias desenvolvidas para a guerra inspiraram o desenvolvimento de produtos inovadores como os aviões a jato civis. A Guerra Fria deu continuidade a essas tendências, com os Estados Unidos do livre mercado gastando muito dinheiro governamental na defesa e em projetos de prestígio como o programa espacial (do mesmo modo que grandes subsídios às ferrovias privadas haviam encorajado a rápida expansão para o oeste no século XIX). Isso permitiu o desenvolvimento de importantes setores e produtos tecnológicos como a internet, os computadores pessoais e os smartphones, incluindo a recém-nascida Apple, que foi beneficiária do programa do governo federal Small Business Investment Company [incentivo aos pequenos negócios].[7] Foi diferente na Grã-Bretanha, onde o Estado bombeou dinheiro em indústrias nacionalizadas ineficientes e em declínio em razão da falta de investimento, do mau gerenciamento e de disputas com sindicatos assertivos.

Mas o alto gasto americano com defesa rapidamente se tornou uma fonte de grandes problemas econômicos. Na década de 1960, a intensificação da Guerra do Vietnã coincidiu com os programas Grande Sociedade e Guerra à Pobreza do presidente Lyndon B. Johnson, implementados após os movimentos pelos direitos civis e focados nas dificuldades econômicas dos afro-americanos. Somados ao vasto custo da guerra, esses programas aumentaram ainda mais a dívida pública e a inflação, contribuindo para a perda de fé no mecanismo de câmbio fixo de Bretton Woods. Ao fim da Segunda Guerra Mundial, os EUA possuíam mais da metade das reservas de ouro do mundo, mas, na virada para a década de 1970, suas reservas eram insuficientes para cobrir a demanda potencial por "convertibilidade do dólar", como requerido por Bretton Woods, e, em 1971, a convertibilidade foi suspensa pelo país.

O mundo rapidamente se moveu para um sistema de taxas de câmbio flutuantes no qual o valor das moedas era determinado por oferta e demanda. O resultado foi que a moeda de alguns países se depreciou, tornando as importações mais caras sem que as exportações necessariamente aumentassem de modo significativo. Crescentes pressões inflacionárias foram intensificadas quando Estados produtores de petróleo no Oriente Médio responderam à guerra árabe-israelense de 1973 aumentando quatro vezes o preço do petróleo cru. Embora o PIB ocidental continuasse a crescer, as taxas desaceleraram e, em alguns países, surgiu o novo espectro da estagflação.

Entre os países mais ricos, a Grã-Bretanha foi particularmente afetada: em 1975, a inflação chegou a espantosos 26%. Em comparação com a relativamente estável década de 1950, em 1982 o desemprego crescera mais de seis vezes, chegando a 12% (com o número real sendo mais alto, em função de modos de mensuração politicamente motivados). Confrontada com a queda da libra, a Grã-Bretanha pediu um empréstimo recorde de 3,9 bilhões de dólares ao FMI (cerca de 18 bilhões de dólares em valores de 2018), o qual exigiu cortes drásticos nos gastos públicos e controle governamental da oferta de dinheiro. Essas mudanças deram início a uma onda de greves no setor público durante o congelante "inverno do descontentamento", em 1978-1979, gerando notícias chocantes nos jornais, como cadáveres que não foram enterrados pelos funcionários locais.

O cenário estava pronto para o surgimento de uma sabedoria econômica muito diferente em ambos os lados do Atlântico, que mudaria a face do Ocidente e ajudaria a pavimentar o caminho para os nacional-populistas.

A "nova direita" e o neoliberalismo

O termo "nova direita" se tornou comum quando Margaret Thatcher foi eleita primeira-ministra em 1979 e Ronald Reagan presidente em 1980.[8] Ambos partilhavam de forte oposição ao comunismo e, no âmbito doméstico, alardeavam a necessidade de grandes cortes tarifários, reduzindo o Estado "grande" e lutando contra a inflação. Outra característica de Thatcher era sua hostilidade à ideia de uma Europa federal altamente integrada, e ela avisou, em seu "discurso de Bruges", que a Grã-Bretanha não passara a maior parte da década de 1980 revertendo o socialismo de Estado para ver "um superestado europeu exercer novo domínio em Bruxelas". De certa maneira, a expressão "nova direita" é errônea, pois muitos de seus argumentos não são novos. Mas é uma abreviatura útil para destacar a confiança dos defensores do livre mercado e as soluções que propuseram, resumidas na resposta de Thatcher aos críticos de esquerda: não há outra opção.

A nova direita também atraiu amplos fundos das empresas e dos ricos, especialmente nos EUA, financiando influentes *think tanks* como a Fundação Heritage (1973), o Instituto Cato (1977) e o Centro de Estudos Políticos na Grã-Bretanha (1974).[9] Eles também bancaram campanhas voltadas ao público, incluindo a nova técnica de e-mails dirigidos a segmentos específicos, elites formadoras de opinião e decisores políticos, ao mesmo tempo apoiando financeiramente os políticos simpáticos a sua causa.

Não precisamos examinar detalhadamente o modo de pensar da nova direita, mas podemos identificar alguns de seus principais aspectos, uma vez que eles ajudam a explicar por que as ideias da nova direita foram tão poderosas após a década de 1970 e por que contribuíram para o surgimento do nacional-populismo. Embora algumas delas, como a importância do dinamismo empresarial, sejam partilhadas por muitos nacional-populistas, outras, como o livre comércio irrestrito, são anátemas.

Falando de modo geral, havia duas alas principais na nova direita: a radical e a tradicionalista. Na ala radical, os "libertários" extremistas defendiam a liberdade "negativa" como objetivo principal, com os mais radicais acreditando que o governo deveria oferecer pouco mais que defesa e manutenção do estado de direito, a fim de não interferir com a liberdade individual. No interior da ala tradicionalista, havia fundamentalistas cristãos que se opunham a políticas liberais como a legalização do aborto e os direitos das mulheres, assim como neoconservadores que estavam mais preocupados com as supostas consequências culturais do governo "grande", especialmente os sistemas de bem-estar social, que acreditavam estar tornando pessoas e grupos disfuncionais dependentes dos benefícios, uma acusação feita frequentemente às minorias étnicas nos EUA após a década de 1960.[10]

O principal guru econômico da nova direita foi o austríaco Friedrich von Hayek, que publicara seu solitário ataque à ascensão do Estado grande, *O caminho da servidão*, em 1944. Três anos depois, ele criou a Sociedade Mont Pelerin, que passou a atrair cada vez mais discípulos da academia, do mundo empresarial e do ambiente jornalístico. Hayek não aceitava a crença de Adam Smith em uma "mão invisível" levando a mercados "perfeitos", pois reconhecia que poderia haver "falhas de mercado", como a dominação por monopólios. Mas respondeu com uma defesa "epistemológica" dos mercados livres na qual argumentou que a intervenção estatal significava não somente perda de liberdade, mas também ineficiência burocrática, pois os planejadores não possuíam habilidade gerencial para agir efetivamente a partir das múltiplas informações sobre oferta e demanda fornecidas pelos mercados.

Em função da desaceleração econômica, na década de 1980 as ideias da nova direita haviam se transformado na nova ortodoxia, especialmente nos Estados Unidos e na Grã-Bretanha. Embora essas teorias econômicas muitas vezes estivessem completamente divorciadas da compreensão da cultura, da sociedade e dos valores de uma nação, elas se tornaram igualmente importantes em países em desenvolvimento, sendo impulsionadas pelo "consenso de Washington", liderado pelo Departamento do Tesouro e também pelo FMI e pelo Banco Mundial, ambos dominados pelos EUA.

Era um modelo muito diferente daqueles que haviam permitido a ascensão de novos e importantes atores econômicos na era pós-1945 e que corretamente levavam em consideração as práticas e os valores locais. A emergência do Japão como superpotência comercial envolveu extensa ligação entre o governo, os bancos, as empresas e os sindicatos, apoiada por barreiras — tarifárias ou não — para proteger as indústrias (como padrões que eram únicos ao Japão). Na década de 1970, novas e dinâmicas potências capitalistas surgiram na forma de "tigres asiáticos" como a Coreia do Sul, onde o Estado desempenhava importante papel na condução da economia e no cuidado com o povo.

Em agudo contraste, os principais dogmas do neoliberalismo ou da "globalização neoliberal" foram reduzir impostos e encolher o governo; privatizar ativos estatais e desregulamentar os negócios e as finanças; identificar a baixa inflação, e não o pleno emprego, como objetivo principal; e globalizar a economia ainda mais ao abrir os mercados domésticos ao capital e ao comércio internacionais, assim como a números muito maiores de trabalhadores imigrantes.[11] Defendia-se que o neoliberalismo era benéfico *tanto* para os países em desenvolvimento *quanto* para os países ricos. O crescente poder econômico de países como o Brasil parecia confirmar essa conclusão (embora a desaceleração econômica brasileira no longo prazo tenha destacado que não há fórmula mágica de crescimento e, apesar de muitas pessoas terem sido retiradas da extrema pobreza, a desigualdade permanece uma questão importante).

A poderosa atração, em países ricos, exercida por algumas dessas aparentes panaceias neoliberais é ilustrada pela maneira como mesmo muitos social-democratas de centro-esquerda foram influenciados por elas. Durante a década de 1990, Bill Clinton e Tony Blair alegaram estar trilhando um terceiro caminho entre o capitalismo e a social-democracia tradicional. Este último combinara socialismo e pluralismo, incluindo a aceitação da mistura entre Estado e mercados privados (exemplificada pelos governos trabalhistas reformistas na Grã-Bretanha entre 1945 e 1951). No fim da década de 1990, o "novo" governo trabalhista de Blair abandonou suas políticas características — a nacionalização de indústrias-chave como os serviços de utilidade pública e o transporte ferroviário, por exemplo, e alíquotas mais altas para os ricos —; no entanto, as clássicas políticas redistributivas direcionadas aos pobres permaneceram importantes, incluindo a introdução de um salário mínimo que desacelerou as crescentes desigualdades da era Thatcher.

Entrementes, quando Bill Clinton assinou o Tratado Norte-Americano de Livre Comércio [em inglês NAFTA, North American Free Trade Agreement] em 1993, ligando EUA, Canadá e México, ele argumentou que isso significava "empregos americanos bem-remunerados". A maioria dos economistas afirma que, de modo geral, o tratado foi benéfico, promovendo o crescimento mundial. Mas alguns acreditam, com razão, que ele encoraja um modelo econômico que aumentou a atratividade da promessa nacional-populista.

Vejamos um exemplo. O México ganhou fábricas americanas de automóveis, ao passo que as companhias americanas se beneficiaram com os custos mais baixos e com consumidores de carros mais baratos. Contudo, mover a produção significou que empregos industriais estáveis e bem-pagos nos EUA foram extintos. Além disso, o México começou a importar milho do agronegócio americano, o que afastou as pessoas da terra. A remoção pelo México do controle estatal dos preços de alguns alimentos como parte da liberalização do comércio encorajou ainda mais imigração para os EUA, tanto legal quanto ilegal. A maioria dos economistas defende que a automação e o comércio globalizado são os mais importantes fatores para a perda de empregos em países ricos, mas a imigração parece ter tornado mais difícil que trabalhadores pouco qualificados obtivessem aumentos de salário nos EUA.[12]

Reação pública

Esses problemas não se resumiram aos americanos comuns. Bem antes da crise financeira e da Grande Recessão, muitas pessoas já eram instintivamente céticas em relação ao livre comércio e receptivas ao argumento de que os Estados Unidos precisavam colocar os trabalhadores americanos em primeiro lugar.

O Gallup perguntou regularmente aos americanos se eles viam o comércio internacional como oportunidade de crescimento através das exportações ou como ameaça a sua economia por causa das importações. Já em 1994, ano em que o NAFTA teve início, 40% dos americanos o viam como ameaça. Desde então, existe considerável ansiedade pública. Entre 2000 e 2018, em média 38% a 40% dos republicanos, independentes e democratas viam o comércio internacional como ameaça à economia americana, ilustrando há quanto tempo existe uma plateia receptiva a políticos como Trump e Bernie Sanders, que criticaram publicamente o livre comércio.

Mas as preocupações com o livre comércio têm sido especialmente intensas entre os principais grupos de nacional-populistas, incluindo os que não possuem diploma e os conservadores sociais mais velhos. Nas duas últimas décadas, o Gallup encontrou uma diferença média de quase vinte pontos percentuais entre os que possuíam diploma universitário e viam o comércio internacional como oportunidade (66%) e os não diplomados

(48%) que se sentiam da mesma maneira (ver Figura 5.1).[13] Esse retrato também foi confirmado por outros.

Enquanto Trump celebrava seu primeiro ano na Casa Branca, o Pew Research Center descobriu que, embora um em cada três americanos sentisse que o NAFTA fora "ruim para os Estados Unidos", essa estatística escondia importantes variações. Os mais velhos, menos instruídos e que se descreviam como conservadores eram muito mais negativos sobre a maneira como o livre comércio afetara a nação: 70% dos jovens *millennials* sentiam que ele fora bom, mas somente 48% dos acima de 65 anos concordavam; 70% dos que tinham pós-graduação achavam que fora bom, mas somente metade dos americanos que haviam completado parte do ensino médio ou menos concordava; e três quartos dos liberais achavam que o livre comércio fortalecera o país, mas menos de um em cada três conservadores se sentia da mesma maneira.[14]

Trump mirou diretamente nessas preocupações ao atacar práticas que, segundo ele, eram injustas e prejudicavam os trabalhadores americanos. Como disse durante o Fórum Econômico Mundial de Davos em 2018, ele apoiava o comércio desde que fosse "justo e recíproco" — uma referência não somente ao equilíbrio comercial, mas também à maneira como os procedimentos em países em desenvolvimento frequentemente violam as normas ocidentais.[15]

Essa angústia também foi exibida claramente na Europa, onde nacional-populistas como Marine Le Pen atraem cidadãos que se preocupam com o que ela chama de "globalização selvagem". Mesmo em 2017, quando a crise financeira começava a ficar para trás, mais de uma em cada três pessoas no continente sentia que a globalização ameaçava os empregos e as empresas nacionais; em países como França e Grécia, a proporção era de mais de uma em cada duas pessoas. Novamente, essa preocupação era visivelmente mais aguda entre grupos específicos. Pessoas da classe média baixa e da classe trabalhadora tinham 20% mais probabilidade que pessoas da classe média alta de se sentir ameaçadas pela globalização.

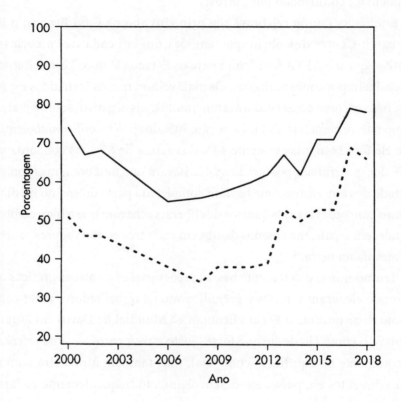

Figura 5.1
Porcentagem de adultos dizendo que o comércio internacional é uma oportunidade de crescimento econômico, entre:

—— Aqueles que possuem diploma de ensino superior

- - - Aqueles que não possuem diploma de ensino superior

Pergunta: "O que o comércio internacional significa para os Estados Unidos? Você o vê mais como oportunidade de crescimento econômico através do aumento das exportações ou como ameaça à economia em função das importações?"

E não estamos falando simplesmente de economia. A crença de que a globalização também aumentava a desigualdade *social* era ainda mais disseminada. Mais de seis em cada dez pessoas na UE e ao menos sete em cada dez na França, Grécia e Hungria sentiam que a globalização alimentava as desigualdades sociais, destacando como é incrivelmente errôneo associar as ansiedades relacionadas à globalização somente aos efeitos econômicos.[16]

Voltando-nos para a faceta de desregulamentação do neoliberalismo e seus problemas, um excelente estudo de caso é o colapso bancário que levou à Grande Recessão, cujo impacto político foi muito além dos efeitos econômicos diretos. Uma causa importante foram as mudanças regulatórias, incluindo a revogação por Bill Clinton, em 1999, da legislação do New Deal que separava os bancos comerciais dos bancos de investimento e, na Grã-Bretanha, a falha de três governos trabalhistas sucessivos em regulamentar cuidadosamente a indústria de serviços financeiros. Esses desenvolvimentos destacam como os social-democratas aceitaram aspectos das políticas neoliberais sem considerar completamente suas potenciais consequências, inclusive para os trabalhadores comuns.

A maior liberdade para os bancos foi reforçada pelo surgimento, entre os economistas profissionais, da "hipótese do mercado eficiente", que fez com que os legisladores pensassem que os bancos podiam avaliar corretamente os riscos em diferentes mercados. Muitos saudaram a "grande moderação", argumentando que a independência dos bancos, incluindo os bancos centrais, significava que as economias estavam se tornando muito menos voláteis que durante a problemática década de 1970.[17] Mas a hipótese estava errada. As baixas taxas de juros aumentaram a demanda por empréstimos, inclusive entre pessoas com baixas classificações de crédito, no pujante mercado imobiliário americano. Os ativos foram então agrupados e comercializados extensivamente quando agências de classificação de risco, perseguindo seus próprios interesses, consideraram essas pessoas seguras — como demonstrado pelo filme *A grande aposta* (2015), baseado no livro de Michael Lewis, no qual uma stripper explica como conseguiu vários empréstimos para comprar cinco propriedades diferentes. Tudo desabou quando a bolha imobiliária estourou.

Em países como os Estados Unidos e a Grã-Bretanha, os governos socorreram os bancos porque eles eram "grandes demais para quebrar", ameaçando destruir todo o sistema (um risco moral que pode ter encorajado a concessão de empréstimos de risco). Apesar de alguns dos principais banqueiros serem culpados de, no mínimo, ganância pessoal e corporativa, nenhum deles foi acusado nos EUA, embora, na Grã-Bretanha, Sir Fred "the Shred" Goodwin [Fred, o triturador], CEO do Banco Real da Escócia, que sofreu grandes perdas, tenha sido exposto pela mídia e perdido o título de cavaleiro. Os financistas americanos pagaram cerca de 150 bilhões de dólares em multas, mas somente alguns peixes pequenos foram condenados.

O resultado, sem surpresa, foi uma grande reação pública. Nos EUA, o Tea Party se tornou proeminente em 2009 e chegou ao auge no ano seguinte, quando conseguiu apoio de um em cada três americanos. Sua preocupação imediata era a proposta do presidente Obama de socorrer os cidadãos falidos que já não conseguiam pagar suas hipotecas, mas por trás dela havia um ataque ao governo grande e às elites de Washington, reforçado pela crescente hostilidade pessoal contra Obama e por questões como a imigração. A Lei Emergencial de Estabilização Econômica do presidente George W. Bush, promulgada em 2008, autorizara o Tesouro americano a gastar 700 bilhões de dólares para comprar ativos de alto risco e criar novos fundos, que foram fornecidos diretamente ao sistema financeiro como parte de uma política de "flexibilização quantitativa" para estimular a economia. Embora a lei tivesse obtido o apoio da maioria dos democratas no Congresso, juntamente com uma proporção menor de republicanos, quase oito em cada dez daqueles que migraram para o Tea Party se opuseram ao resgate, comparados a somente um em cada dez eleitores democratas. Para muitos membros do Tea Party, a objeção estava relacionada à moralidade e à interferência excessiva do governo grande — a crença de que as pessoas boas estavam sendo punidas, ao passo que as pessoas más não sofriam nenhuma consequência.[18]

Resgates ultragenerosos também geraram grande revolta contra Wall Street, expressa pelo movimento esquerdista Occupy. Tendo início no parque Zuccotti, no distrito financeiro de Nova York, ele logo se expandiu para protestos globais pelas ruas, com os participantes preocupados com questões como a ganância corporativa, a desigualdade social e o poder dominante das elites bancárias e empresariais. Os muito divulgados choques com a polícia diminuíram o apoio ao movimento, mas em 2011 uma pesquisa descobriu que quase 60% dos americanos concordavam com as preocupações dos manifestantes.[19]

Em meio à crise, houve também um colapso mais amplo da confiança. No fim da década de 1970, cerca de 60% dos americanos confiavam muito ou razoavelmente nos bancos. Nos trinta anos seguintes, esse número declinou de maneira constante e, em 2012, chegou a somente 21%. Como demonstrado na Figura 5.2, isso ocorreu paralelamente à perda generalizada de fé no Congresso, na presidência, nos grandes negócios e na Suprema Corte. A confiança nessas instituições-chave chegou ao ponto mais baixo em 2010.

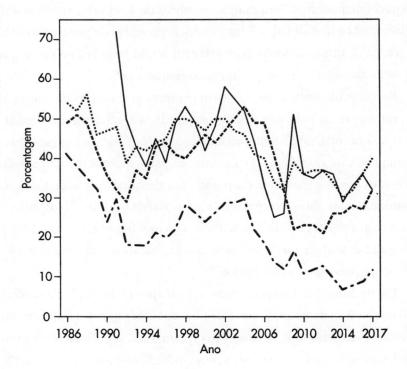

Figura 5.2
Confiança pública:

—— Na presidência
·········· Na Suprema Corte
------- Nos bancos
—·— No Congresso

Os números são baseados em catorze instituições que a Gallup pesquisou anualmente desde 1993 (jornais, escolas públicas, bancos, trabalho organizado, Suprema Corte, sistema de justiça criminal, Congresso, noticiário de televisão, grandes empresas, polícia, Igreja ou religião organizada, Exército, sistema médico, presidência).

A crença de que os representantes — indivíduos eleitos para defender as pessoas e seu bem-estar — foram cúmplices do colapso intensificou a raiva. Markus Wagner demonstrou que, na Grã-Bretanha, as pessoas que sentiam que a crise era culpa do governo ou da UE ficaram especialmente furiosas e apresentaram maior probabilidade de abandonar o mainstream. "São instituições que ajudamos a eleger", observou Wagner, "e que são responsáveis por nosso bem-estar, então talvez a raiva seja uma resposta compreensível."[20]

Essa raiva foi especialmente visível no sul da Europa, onde, após a crise, o apoio da UE e do FMI frequentemente esteve condicionado à implementação de cortes drásticos nas despesas públicas e de reformas estruturais como a liberalização dos mercados de trabalho, que, por sua vez, foram encorajados por mercados financeiros que aumentaram as taxas de juros sobre os empréstimos para países que consideravam ter dívidas públicas excessivamente altas. Isso provocou graves críticas dos economistas Paul Krugman e Joseph Stiglitz, vencedores do prêmio Nobel, influenciados por Keynes nos EUA, que argumentaram que seria mais importante estimular o crescimento e combater a desigualdade.[21]

Contudo, o Banco Central Europeu (em linha com a política alemã, que apresenta um medo da inflação datado da ascensão dos nazistas, juntamente com o desejo de demonstrar retidão burocrática) ignorou totalmente as políticas nacionais, impondo a austeridade nas democracias sulistas da Grécia, Itália e Espanha. Isso resultou em alto desemprego, especialmente entre os jovens, padrão de vida mais baixo ou estático para muitos e o declínio da fé na política convencional.

A Itália sofreu mudanças especialmente notáveis após a crise e a lenta recuperação da recessão. O maior partido das eleições de 2018, por ampla margem, foi o Movimento Cinco Estrelas, que, como vimos, fora fundado por um comediante somente nove anos antes. Seu programa é uma eclética mistura populista de hostilidade aos políticos convencionais, apoio à democracia direta e crítica à austeridade imposta pela UE. Outro movimento, a nacional--populista Liga, emergiu como maior partido de direita e, por muito pouco, não substituiu o Partido Democrático, de centro-esquerda, no segundo lugar ao adotar uma dura linha contrária à UE, aos imigrantes e aos refugiados.

Juntos, os dois movimentos populistas atraíram mais da metade de todos os eleitores italianos e se saíram bem entre os jovens. Depois que a Liga venceu com facilidade as eleições europeias de 2019, Salvini ameaçou desafiar a UE em relação à política econômica para impulsionar o crescimento, uma opção arriscada tanto para a estabilidade interna do governo quanto em termos da confiança internacional em uma economia altamente endividada.

Desigualdade crescente

Embora a Grande Recessão tenha sido o mais espetacular desenvolvimento a atingir o neoliberalismo no Ocidente, fatores econômicos mais amplos também desempenharam papel na revolta nacional-populista. Em particular, precisamos analisar mais cuidadosamente as corrosivas consequências da desigualdade crescente e das preocupações com a privação relativa, ligadas ao medo do futuro.

Os assim chamados "novos otimistas", como o neoliberal sueco Johan Norberg, argumentam que, de modo geral, os indivíduos vivem hoje em uma era de maior otimismo e progresso.[22] Certamente, os índices globais que mensuram a qualidade de vida estão subindo, com 2016 sendo o primeiro ano no qual menos de 10% da população do mundo viviam em "extrema pobreza", em comparação com 72% em 1950. Durante o mesmo período, a renda *per capita* média real em todo o globo aumentou quase 500%. Mas esses números não são reconhecidos pela maioria das pessoas, pois possuem pouca relação com sua vida cotidiana.

Em vez disso, muitas pessoas no Ocidente se preocupam profundamente com um acordo econômico que parece cada vez mais desigual e injusto. Como Thomas Piketty demonstrou em seu best-seller de 2015 *O capital no século XXI*, a tendência de maior igualdade de renda e riqueza no Ocidente, que começou por volta da Primeira Guerra Mundial e se acelerou após 1945, foi revertida.

Focaremos principalmente na renda, mas as questões relacionadas à crescente disparidade de riqueza não devem ser esquecidas, especialmente porque possuem implicações de longo prazo em termos de desigualdade que provavelmente aprofundarão o descontentamento político. Nos Estados Unidos, por exemplo, em 1973 a parte da renda nacional indo para o 1% do topo caíra de quase 20% em 1928 para menos de 8%, mas, em 2012, estava novamente em quase 19%. Embora as maiores mudanças tenham ocorrido em países anglo-saxões, a maioria dos outros países testemunha desigualdade crescente.

Uma grande razão para o retorno dessa desigualdade são os salários cada vez mais altos entre os que ganham mais. Nos EUA em 1965, os CEOs das principais empresas recebiam cerca de vinte vezes mais que o funcionário médio. Já em 2012, recebiam 350 vezes mais. Na Grã-Bretanha, a proporção entre o salário dos CEOs das principais empresas e o salário do funcionário médio subiu de 45 para 1 em meados da década de 1990 para 129 para 1 em 2016. Na Europa continental, o retrato não é tão claro, mas um relatório de 2017 da OCDE destacou tendências similares.[23] Na década de 1980, a renda média dos 10% no topo era cerca de oito vezes maior que a renda média dos 10% na base. Em 2016, essa proporção subira para nove vezes e meia, e continua subindo.

Também precisamos considerar as mudanças no imposto sobre a renda. Nos EUA, a alíquota pessoal mais alta caiu de mais de 70% na década de 1970 para 28% durante a era Reagan. Em 2017, Trump alegou que seus grandes cortes tributários beneficiariam os americanos comuns, mas os principais ganhos serão dos ricos e das empresas, aumentando ainda mais a desigualdade. Embora em países como a Dinamarca e a Suécia as alíquotas mais altas sejam superiores a 50%, elas também caíram desde a década de 1970.

Além disso, em muitos países ocidentais as pessoas apresentam a crescente tendência de se casar com alguém de status socioeconômico similar, incluindo educação, renda e riqueza.[24] Na ponta superior da escala social, isso está criando uma aristocracia de abastados cujos filhos provavelmente manterão seu status socioeconômico. Além de se beneficiar de níveis mais elevados de instrução e de redes familiares, a vasta maioria herdará ativos consideráveis, incluindo ativos residenciais, que hoje estão fora do alcance de muitos *millennials*.

Em contraste, existe o risco muito real de que jovens menos qualificados e instruídos fiquem permanentemente fora do mercado de trabalho, em uma situação muito diferente do pleno emprego da era dourada. Por exemplo, mesmo com a zona do euro tendo deixado a recessão para trás em 2017, números da OCDE mostram que, em 2018, a taxa média de desemprego entre os jovens na UE era de 15,2%. Em países nos quais os nacional-populistas obtiveram grande penetração, essa taxa era ainda mais alta, chegando a 32% na Itália e 21% na França. Claramente, não se trata apenas de desemprego objetivo. Na Espanha, o desemprego entre os jovens aumentou mais de 50% em 2013, mas não houve avanço nacional-populista na época, parcialmente porque o esquerdista Podemos cresceu rapidamente após a Grande Recessão. Em Portugal, onde o desemprego entre os jovens chegou a 35%, os grupos radicais de esquerda tenderam a adotar os protestos econômicos e os votos antielite. Em contrapartida, o desemprego tem sido consideravelmente mais baixo em países nos quais os nacional-populistas também se saem muito bem entre a juventude, como a Áustria. Mas tais números contribuem para uma sensação mais ampla de angústia entre algumas pessoas, incluindo as mais jovens, que sentem que estão sendo deixadas para trás em relação às outras.

Isso se reflete também nas tendências de desigualdade, que frequentemente são examinadas através do chamado "coeficiente de Gini" (em homenagem a Corrado Gini, um importante apoiador intelectual do fascismo italiano no entreguerras). Nessa mensuração, 0 equivale à completa igualdade e 1 equivale à completa desigualdade. Ela confirma que, em décadas recentes, a desigualdade aumentou em todo o Ocidente e é maior nos Estados Unidos e na Grã-Bretanha (ver Figura 5.3). Na Europa Ocidental, Portugal apresentou um número notavelmente alto (cerca de 0,34) nos últimos anos. A desigualdade, incluindo o número de pessoas em risco de pobreza ou exclusão social, também tem sido alta na Espanha. Ainda mais surpreendente, o coeficiente de Gini mostra que, na última geração, a desigualdade se acentuou na Suécia, uma social-democracia clássica, que foi mais influenciada pelo neoliberalismo que outros países escandinavos como a Dinamarca ou a Noruega e onde ocorreu a dramática ascensão do nacional-populista Democratas Suecos. Uma tendência similar pode ser vista na Alemanha, onde a influência do neoliberalismo é refletida na disseminação do "alemanglês", que contém palavras como *jobcenters* [centrais de emprego], e nas reformas Hartz do mercado de trabalho, iniciadas por um primeiro-ministro social-democrata em 2002, que restringiram os benefícios de bem-estar social e incluíram sanções para os desempregados que recusavam ofertas razoáveis de trabalho.

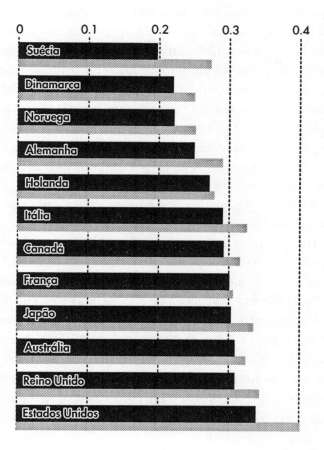

Figura 5.3
Coeficiente de Gini (0 = perfeita igualdade,
1 = perfeita desigualdade)[25]

■ 1985
▧ 2013 (ou depois)

Essas tendências estão intimamente conectadas ao aumento da insegurança econômica, que se reflete no número decrescente de empregos de tempo integral, seguros e bem pagos. Esses empregos fornecem aos trabalhadores uma sensação de respeito, dignidade e status social e, nos Estados Unidos, frequentemente estão ligados a benefícios como assistência médica fornecida pela empresa.[26] Mas, nos EUA, quase 60% da força de trabalho recebe por hora, e não salários anuais. Na França, os empregos na área automobilística, que já foi um importante setor manufatureiro, caíram quase pela metade entre 2000 e 2015. Na Suécia, a produção de carros caiu de um recorde de 366 mil em 2007 para 163 mil em 2012, perdendo a Saab pelo caminho. Mesmo quando os dados oficiais sobre o nível de emprego parecem bons, como na Grã-Bretanha e nos EUA, eles muitas vezes ocultam o surgimento de empregos temporários, em tempo parcial, autônomos ou não estáveis.

Alguns ligam a desigualdade e a insegurança cada vez maiores à presença declinante dos sindicatos, que, em décadas anteriores, ajudaram a dar aos trabalhadores maior poder de barganha para melhorar salários e condições de trabalho. A proporção de trabalhadores sindicalizados certamente caiu de modo significativo em grande parte do Ocidente. Entre 1990 e 2016, o número despencou de 38% para 23% na Grã-Bretanha (e para somente 8% entre aqueles de 16 a 24 anos) e caiu quase pela metade nos EUA entre 1983 e 2015, de 20% para 11%. Na indústria americana de varejo, hoje a maior empregadora do país, o declínio dos sindicatos indubitavelmente foi um fator importante para que os proprietários reduzissem os custos trabalhistas. Em países como a Alemanha, onde as leis trabalhistas e os sindicatos são mais fortes, os trabalhadores possuem melhores condições e salários.

Os trabalhadores têm boas razões para se sentirem zangados. Em 2017, sua parte do PIB nas economias desenvolvidas foi 4% *menor* que em 1970. Todavia, embora o declínio dos sindicatos tenha reforçado a sensação de que os trabalhadores já não têm voz, os números do FMI mostram que mais da metade dessa redução pode ser explicada pela automação, que reduziu a demanda por mão de obra.[27] Nos EUA, por exemplo, desde 1980, mas especialmente durante a década de 2000, uma combinação de automação, deslocalização e globalização extinguiu quase 7 milhões de empregos industriais, mais de um terço de todos os empregos nessa área. Tais questões serão exacerbadas no futuro, pois a automação extinguirá um número cada vez maior de empregos administrativos de baixa ou média qualificação. De fato, um estudo britânico de 2017 indica que, nesse setor, a automação terá substituído 30% dos empregos em 2030. Alguns economistas argumentam que ela criará empregos através da demanda por mecanismos como robôs e do aumento do consumo resultante de preços mais baixos, mas há consenso de que o processo tem sido um importante freio aos aumentos de salários para os menos qualificados.[28]

Essas correntes não devem perder impulso no curto prazo. Em 2017, até mesmo o FMI, outrora um bastião do neoliberalismo, argumentou que "níveis excessivos de desigualdade podem erodir a coesão social, levar à polarização política e diminuir o crescimento econômico". Ele propôs um "crescimento inclusivo", argumentando que devemos considerar seriamente impostos mais altos para os ricos, renda básica universal e o papel positivo dos investimentos públicos em educação e saúde.[29]

Logo após, em 2018, a CEO do Banco Mundial, Kristalina Georgieva, declarou que as crescentes diferenças de renda no interior da UE estavam criando "solo fértil para o populismo". A pesquisa do Banco Mundial indicou diferenças tanto entre os países quanto no interior de cada um deles. O PIB *per capita* da Polônia, por exemplo, subira de metade da média da UE em 2000 para 69% da média em 2015, mas as divisões internas haviam aumentado (embora a riqueza crescente tenha significado um coeficiente de Gini decrescente, caindo para cerca de 0,3 em anos recentes). De modo mais geral, os avanços tecnológicos haviam impulsionado um aumento de 15% nos empregos criativos e analíticos nos últimos quinze anos, mas os trabalhos manuais haviam decrescido na mesma proporção, com perdas particularmente altas em países como Áustria, Grécia, Hungria e Itália.

Em 2019, o relatório da OCDE afirmou que a seção da sociedade ganhando entre 75% e 200% da renda média sente que a prosperidade está desaparecendo (um grupo que compõe 60% dos domicílios do Reino Unido). E advertiu que o aumento da desigualdade de renda pode ameaçar "a confiança nos outros e nas instituições democráticas".

Esses fatos destacam a legitimidade da preocupação com a desigualdade crescente mesmo no interior dos círculos profissionais. Os nacional-populistas podem discordar no que prescrever, mas muitos não teriam problema em concordar com esse diagnóstico dos males de suas nações.

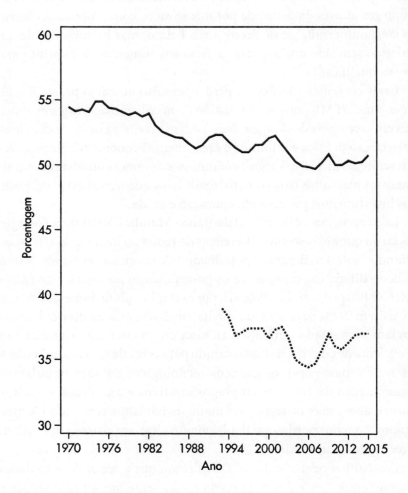

Figura 5.4
Parcela da renda nacional paga aos trabalhadores:

—— Em economias desenvolvidas
······ Em mercados emergentes e economias em desenvolvimento

Privação relativa

A ascensão do nacional-populismo claramente não está relacionada somente à escassez econômica objetiva: alguns desses movimentos surgiram nos países mais ricos e estáveis do planeta. Isso pode ser explicado pelo fato de que as preocupações econômicas não estão enraizadas somente na estrita inquietação com dinheiro, englobando a comunidade, o respeito próprio e a grande ansiedade das pessoas sobre a própria posição e de seu grupo em relação aos outros. Como indicaram os acadêmicos Noam Gidron e Peter Hall de Harvard, uma das razões para a transformação mais ampla do sistema capitalista ser importante para explicar o nacional-populismo — e uma das razões pelas quais os fatores econômicos não podem ser simplesmente ignorados — é o fato de ela ter causado grande impacto nos níveis percebidos de respeito, reconhecimento e status em relação aos outros membros da sociedade.

Em anos recentes, os trabalhadores brancos do sexo masculino que são menos qualificados e, portanto, não estão equipados para sobreviver às tempestades econômicas apresentaram especial probabilidade de sentir que seu status na sociedade declinou em relação aos outros e que eles já não são membros reconhecidos e valorizados da sociedade mais ampla.[30] Essas pessoas sentiram todo o impacto dos ventos econômicos: o declínio dos empregos seguros, permanentes e bem-pagos e uma economia do conhecimento que valoriza diplomas universitários que elas não possuem. Nos EUA, algumas sucumbiram ao vício em opioides, que certos comentadores descrevem como epidemia. Muitas outras se rebelaram contra o mainstream político, que frequentemente só promete mais do mesmo.

Essa sensação de privação relativa é criticamente importante. Ela pode estar relacionada não somente à autoestima das pessoas, mas também à maneira como elas pensam no sistema político e na sociedade como um todo. Ela pode resultar no sentimento de que o acordo econômico já não funciona para as pessoas comuns, que os políticos e os governos priorizam os ricos e os poderosos ou que os imigrantes e outros recém-chegados estão recebendo tratamento especial à custa do grupo nacional. Se os políticos parecem indiferentes às preocupações das pessoas comuns e não conseguem produzir resultados justos e equânimes, isso aumenta nelas a sensação de estarem sendo relativamente privadas, tornando cada vez mais provável que busquem soluções políticas radicais. Elas culpam os políticos estabelecidos por causarem essa desigualdade ou se mostrarem incapazes de solucioná-la.

De fato, os pesquisadores já demonstraram que essas tendências macroeconômicas têm efeitos políticos poderosos. Nos anos iniciais do século XXI, um estudo realizado em vinte democracias europeias descobriu que, naquelas com maior desigualdade, os cidadãos não somente apresentavam menor probabilidade de acreditar que o sistema político estava funcionando, como também confiavam menos nas principais instituições. Outros descobriram, similarmente, que a desigualdade pode diminuir o apoio à democracia liberal, especialmente entre os cidadãos deixados para trás, que não possuem as habilidades e qualificações necessárias para acompanhar as mudanças.[31]

Também há evidências que sugerem que a desigualdade está gerando outros desafios ao mainstream, incluindo oposição pública cada vez maior à integração das democracias europeias. Mesmo antes do Brexit, entre 1975 e 2009, pessoas de toda a Europa frequentemente responderam à desigualdade crescente culpando a UE pela distância cada vez maior entre ricos e pobres e, subsequentemente, deixando de apoiar a coesão entre as economias e as sociedades europeias. Novamente, isso foi ainda mais verdadeiro entre aqueles deixados para trás. O poder da desigualdade de gerar oposição à UE foi quase duas vezes maior entre aqueles com pouca ou nenhuma qualificação que entre aqueles com nível superior.[32]

Mas é crucial destacar que a sensação de privação relativa não está relacionada apenas a indicadores objetivos, como baixa renda, pobreza ou desemprego — os quais, como discutimos no capítulo 1, na verdade são indicadores fracos de apoio ao nacional-populismo. É válido repetir que as pessoas na base da pirâmide econômica tendem a se retirar totalmente da política, ao passo que os desempregados apoiam movimentos de esquerda ou partidos populistas que não associam economia com imigração, como o Movimento Cinco Estrelas na Itália, que se saiu bem entre os desempregados italianos. É quando o ambiente econômico mais amplo gera uma sensação generalizada de privação relativa que se espalha pelo sistema social e econômico e surge um político para dar voz a essas queixas que elas se traduzem em ação política.

O papel crítico da privação relativa fica evidente em pesquisas de ambos os lados do Atlântico. Como Justin Gest documentou vividamente em seu livro *The New Minority* [A nova minoria], baseado em centenas de entrevistas com trabalhadores nos Estados Unidos e na Grã-Bretanha, essa profunda sensação de injustiça não está enraizada somente em preocupações com recursos econômicos tangíveis como perda de empregos ou ausência de bem-estar social. Ela flui de uma sensação mais difusa de perda cultural, política e social.

Muitas das pessoas que foram atraídas por nacional-populistas como Donald Trump ou Nigel Farage estão acostumadas a condições financeiras difíceis e até se orgulham de sua capacidade de "se virar" em tais circunstâncias, apresentando a si mesmas como contraste a uma subclasse branca imoral, avessa ao trabalho e dependente do sistema de bem-estar social. O que as motivou foi a sensação de que elas e seu grupo saíram perdendo em relação a uma classe média mais abastada ou aos imigrantes. Elas não só foram removidas do centro da consciência da nação, como a ação afirmativa concedeu ainda mais vantagens às minorias, ao passo que campanhas antirracismo silenciaram qualquer crítica a essas mudanças sociais rápidas e profundamente desconcertantes.[33]

De maneira similar, o geógrafo social Christophe Guilluy escreveu sobre o crescimento de uma "França periférica", composta de pessoas que foram expulsas dos centros urbanos pela desindustrialização e pela gentrificação, vivem longe dos centros de decisão e se sentem profundamente excluídas do diálogo nacional. Ele argumenta que aproximadamente 40 bilhões de euros foram gastos entre 2004 e 2013 na extensiva renovação de bairros residenciais ocupados principalmente por minorias étnicas (*banlieus*), mas nada similar foi investido em áreas igualmente deprimidas ocupadas por franceses nativos, alimentando o ressentimento contra o que foi visto como favoritismo em relação aos imigrantes. Trata-se de pessoas que frequentemente declaram que a imigração é um grande problema, mas que também são influenciadas por preocupações mais amplas com a perda social e o medo do futuro; Guilluy vê muitas delas se voltando para Marine Le Pen e a Frente Nacional.

Na antiga Alemanha Oriental, o processo de mudança foi diferente, mas as preocupações são similares. Ainda que tenha havido significativo investimento governamental, na década após a reunificação mais de 10% da população se mudaram para a antiga Alemanha Ocidental (embora alguns *Wessis*, esperando fazer fortuna, tenham se movido na direção oposta, o que é outra fonte de ressentimento). Aqueles que permaneceram tendiam a ser menos instruídos e mais velhos e agora enfrentam taxas de desemprego cerca de 50% maiores que a média ocidental. As áreas rurais e as cidades pequenas foram as que mais sofreram, como nos EUA. Muitos dos que permaneceram se orgulham de sua localidade e suas tradições (*Heimat*), mas eles são amargos em relação a sua posição econômica e sentem não possuir a habilidade de reverter seu status econômico e social inferior. Não surpreende, portanto, que essa tenha sido a fonte dos maiores avanços do Alternativa para a Alemanha durante as eleições nacionais de 2017.

Essas potentes preocupações com a privação relativa não são periféricas. A sensação de que as economias ocidentais favorecem os ricos e poderosos e a crença de que os principais partidos já não se importam com as pessoas comuns são amplamente disseminadas. Hoje, muitas pessoas claramente estão ao menos pensando em alternativas mais radicais. Isso se reflete na descoberta, em 2017, de que ao menos dois terços das pessoas na Grã-Bretanha, França, Hungria, Itália, Espanha e Bélgica concordam que "um líder forte é necessário para retirar o país das mãos dos ricos e poderosos". Embora esses eleitores não estejam buscando uma ditadura no estilo fascista, parece haver claro apoio a um caminho novo e mais radical.

Há muito mais evidências de grande descontentamento com o atual arranjo econômico. Por exemplo, 55% dos americanos, 64% dos britânicos e 77% dos alemães concordam que "os pobres ficam mais pobres e os ricos ficam mais ricos nas economias capitalistas".[34] E, quando perguntados se "laços comunitários e vida familiar são tão importantes para o bem-estar quanto uma economia forte", 78% dos americanos, 79% dos britânicos e 83% dos brasileiros e alemães dizem que sim (incluindo 55% de brasileiros que "concordam fortemente", a mais alta porcentagem de todos os países estudados), sugerindo que grande número de pessoas não quer uma sociedade organizada somente em torno da busca por lucro e crescimento. Isso pode explicar por que tantos eleitores britânicos rejeitaram os apelos de permanência na UE, que eram baseados exclusiva e estritamente em previsões econômicas e apelos ao interesse próprio.

Tais pesquisas e levantamentos mostram que muitas pessoas acreditam que sua sociedade está falida e em declínio e parecem convencidas de que seus filhos terão uma vida ainda mais dura, como demonstrado nas Figuras 5.5 e 5.6. Em 2016, o ano da eleição de Trump, somente 24% dos americanos achavam que a vida da geração de seus filhos seria melhor que a sua, um número que caía para 11% entre os apoiadores de Trump. Os eleitores de Trump tinham duas vezes mais probabilidade que os eleitores de Clinton de sentir que suas finanças pessoais estavam piorando e quatro vezes mais probabilidade de achar que a economia estava piorando. Além disso, estavam unidos por um profundo senso de pessimismo em relação ao futuro: 62% dos eleitores de Trump sentiam que a vida de pessoas como eles era pior do que há cinquenta anos, comparados a somente 28% entre os eleitores de Clinton.[35]

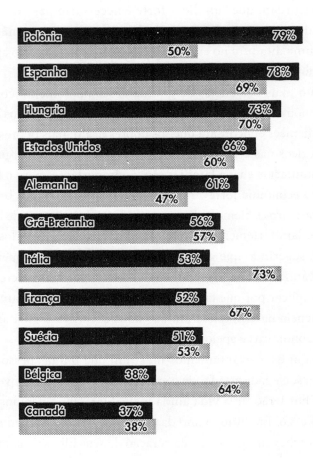

Figura 5.5
Porcentagem da população que acredita que:

- A sociedade está falida
- A sociedade está em declínio

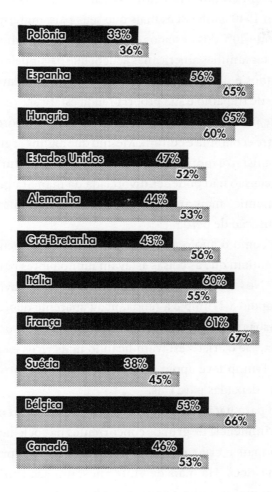

Figura 5.6
Porcentagem da população que acredita que:

■ Sua geração terá uma vida pior que a de seus pais
▦ A juventude atual terá uma vida pior que a de seus pais

Eles tampouco estavam errados em pensar assim. Embora 90% dos americanos nascidos em 1940 ganhassem mais que seus pais em termos reais, isso ocorreu a somente 40% dos nascidos em 1980. Assim, é realmente surpreendente que muitas famílias americanas achem que pagar pela educação universitária dos filhos é uma aposta arriscada, dadas as mudanças mais amplas do mercado de trabalho e sua própria renda estática?

Essa sensação de privação relativa também é importante porque pode agir como ponte entre economia e cultura. Mesmo que alguns argumentem que o nacional-populismo é motivado somente por fatores culturais como a imigração, sua ascensão não pode ser divorciada da maneira pela qual a transformação econômica mais ampla do Ocidente levou muitas pessoas a uma profunda sensação de perda.

Já comentamos como o apoio ao Brexit foi significativamente maior entre pessoas que sentiam que as coisas estavam muito piores para elas do que para as outras. Nos EUA, similarmente, embora tenha havido baixa correlação entre o apoio a Trump e a renda, ficou aparente que, ao observarmos o que as pessoas pensavam sobre a situação dos grupos sociais mais amplos — em suma, "se os ricos estavam ficando mais ricos e os pobres, mais pobres"[36] —, Trump teve apoio particularmente alto entre aquelas que sentiam ter sido deixadas para trás.

Isso cria espaço para nacional-populistas que prometem remover ou ao menos reduzir a influência de grupos concorrentes na sociedade, punir os partidos tradicionais e criar um arranjo econômico que priorize os trabalhadores domésticos. Há mais de vinte anos, um acadêmico argumentou que os nacional-populistas europeus haviam encontrado uma "fórmula vencedora" que era uma combinação entre duras posições de direita sobre a imigração e o crime e uma atitude *laissez-faire* em relação à economia.[37] Mas esse argumento exagerava a extensão em que os nacional-populistas estavam satisfeitos com o livre mercado e ignorava suas objeções à maneira como os partidos tradicionais usavam o setor estatal em países como Áustria, Itália e Holanda para distribuir benefícios para seus amigos e aliados.

Hoje, essa fórmula é ainda mais enganosa. Os nacional-populistas agora discordam em pontos importantes das políticas econômicas e muitos as subordinam à intensa oposição a questões culturais como a imigração. Alguns nacional-populistas, como o Partido da Liberdade na Áustria, parecem bastante confortáveis com o mercado livre, ainda que busquem reter extensos benefícios de bem-estar social para os cidadãos. Outros, como Nigel Farage, argumentam que o baixo crescimento é um preço aceitável a se pagar por menos imigrantes, mais empregos para os britânicos e comunidades mais unidas, pois isso "importa mais que a pura economia de mercado".[38] Mas alguns, como Marine Le Pen na França e figuras similares na Europa Oriental, vão além, defendendo políticas econômicas de esquerda, como mais auxílio estatal para as indústrias que enfrentam problemas e restrições ao livre fluxo de capital e bens.

Pode-se pensar que isso indica um grande potencial para os populistas de esquerda, e, certamente, a ascensão do Podemos na Espanha e a campanha de Bernie Sanders em 2016 se adéquam a esse argumento. No entanto, em termos gerais, os populistas de esquerda não se saíram tão bem quanto os nacional-populistas. Há duas razões para isso.

A primeira é que os nacional-populistas recorrem mais amplamente aos "três Ds" da desconfiança [*distrust*], destruição [*destruction*] e privação [*deprivation*] relativa. Os populistas de esquerda criticam os políticos estabelecidos e o arranjo econômico, mas negligenciam preocupações igualmente intensas com a mudança étnica e a possível destruição do grupo mais amplo, de sua identidade e de seu modo de vida. Em geral, a esquerda vê essa angústia sobre a imigração como subproduto de queixas econômicas objetivas, quando, na verdade, trata-se de uma preocupação legítima em si mesma que, como vimos, está enraizada em inquietudes subjetivas mais amplas sobre perda e privação relativa. Isso significa que a esquerda frequentemente é ultrapassada pelos nacional-populistas, que falam às pessoas nos três níveis.

A segunda razão é que, embora os nacional-populistas muitas vezes discordem em questões econômicas, cada vez mais eles buscam criar alternativas ao *status quo*, incluindo a adoção de políticas que, no passado, eram defendidas pela esquerda, como mais projetos de infraestrutura, aumentos salariais e, na Europa, Estado de bem-estar social. Essas posições econômicas não são tão importantes quanto a imigração para explicar o apoio que recebem, mas desempenham papel importante ao diluir sua distinção dos competidores de esquerda e aumentar sua atratividade entre os trabalhadores, que concluem que eles estão "do mesmo lado".

Como as outras tendências que exploramos no contexto da democracia e da nação, parece improvável que essas turbulências econômicas se acalmem no curto prazo. Ao contrário, há boas razões para esperar que fiquem ainda mais fortes, o que servirá para manter o apoio potencial aos populistas que se queixam do *status quo*.

CAPÍTULO 6
Desalinhamento

As raízes políticas, demográficas e econômicas do nacional-populismo estão visíveis há décadas e se fortaleceram notadamente em anos recentes. Como vimos, várias correntes profundas e duradouras se combinaram para criar espaço para políticos como Donald Trump, Marine Le Pen e Matteo Salvini.

Mas essas correntes também serpentearam ao longo de uma quarta tendência-chave no Ocidente, que abriu ainda mais portas para os nacional-populistas. Ela se relaciona à maneira pela qual, com o tempo, os laços tradicionais entre as pessoas e os partidos enfraqueceram e as linhas divisórias subjacentes na política se modificaram. É o que chamamos de "desalinhamento".

Vivemos uma situação muito diferente da "era clássica" da política de massa, do meio para o fim do século XX. Ao contrário daquela época, na qual a lealdade das pessoas aos partidos tradicionais era muito maior e as batalhas políticas eram travadas por questões sobre redistribuição econômica e Estado, hoje os sistemas políticos passam por grandes mudanças.

Essas mudanças incluem taxas mais altas de volatilidade nas eleições, a crescente disposição de alguns cidadãos de apoiarem partidos novos, o surgimento de conflitos relacionados a valores, sensações mais intensas de alienação e apatia, especialmente entre a classe trabalhadora, e o espantoso declínio do apoio a movimentos que já foram dominantes, como os partidos social-democratas na Europa. Em meio a todas essas mudanças, os nacional-populistas obtiveram impressionante apoio entre os trabalhadores, ao passo que outros analistas indicam novas oportunidades para a velha guarda. Nos Estados Unidos e na Europa, alguns argumentam que, embora os partidos de centro-esquerda possam estar tendo dificuldade para manter os eleitores da classe trabalhadora, uma nova era de hegemonia pode estar começando, apoiada pela expansão das populações imigrantes e minoritárias, pela disseminação dos valores liberais e pelo surgimento de uma juventude culturalmente liberal.

Exploraremos essas mudanças mais amplas neste capítulo. Na década de 1960, dois acadêmicos — Philip Converse e Georges Dupeux — afirmaram que as pessoas têm menos probabilidade de desertar para os populistas quando sentem lealdade pelos partidos estabelecidos.[1] Foi esse o caso durante parte da segunda metade do século XX, mas em muitos países esses laços estão se rompendo, às vezes de modo dramático. Muitos de nós agora vivemos em um mundo político mais volátil, fragmentado e imprevisível que em qualquer outra época desde o nascimento da democracia de massa. E é pouco provável que essas mudanças sejam revertidas no curto prazo.

A "era clássica" do alinhamento

Os partidos políticos são centrais para a democracia moderna, mas esse nem sempre foi o caso. Como vimos no capítulo 3, o modelo de democracia direta que floresceu na Grécia antiga dava mais espaço aos cidadãos comuns. Isso podia funcionar em pequenas cidades-estados, mas pensadores como Aristóteles jamais imaginaram que a democracia pudesse ser praticada em países maiores, como os Estados Unidos, com uma população de mais de 325 milhões de habitantes, ou a União Europeia, que reúne 28 países e uma população combinada de mais de 500 milhões.

Os partidos tampouco foram centrais para o crescente número de pensadores que, após o século XVII, buscaram adaptar a democracia aos Estados maiores e levaram à criação do que agora chamamos de democracia liberal. Os partidos eram vistos com suspeita, como veículos que provavelmente dividiriam as sociedades e seriam capturados por interesses especiais. Thomas Jefferson declarou que "Se eu só pudesse ir para o céu com um partido, eu não iria".

Mas, durante o século XIX, os partidos políticos começaram a brotar, desempenhando importantes funções conforme as sociedades cresciam em tamanho e, durante e após a Revolução Industrial, em complexidade. De um lado, eles ajudavam a simplificar as escolhas, "educavam" os cidadãos e mobilizavam seus votos. De outro, eram um campo de treinamento para os novos líderes que governariam o país e ajudavam a promover compromissos entre as diferentes elites e grupos de interesse da sociedade.

Em breve, europeus e americanos desenvolveram um forte senso de lealdade a esses partidos, e essa ligação prolongada e estável se tornou a maneira pela qual muitos pensavam na política, no mundo e em si mesmos: o partido escolhido estava ligado ao trabalho, à família e à classe social. As lealdades frequentemente eram "herdadas" durante a infância e, por toda a vida, as pessoas observavam os principais debates da época através dessa perspectiva partidária.

A competição entre os partidos foi modelada por fatores como o tipo de sistema eleitoral e a maneira pela qual as sociedades eram divididas. Em grandes democracias como a Grã-Bretanha e os EUA, o sistema de maioria eleitoral simples favoreceu a emergência de dois partidos dominantes. Em muitos países europeus, sistemas proporcionais produziram mais partidos e facilitaram o surgimento de novas legendas.

Os primeiros partidos a se desenvolver no século XIX tinham uma ampla base de classe média, refletindo como a classe trabalhadora (do sexo masculino) era excluída na maioria das democracias. Isso significava que os partidos apoiavam sobretudo valores economicamente liberais e socialmente conservadores. Contudo, quando o Ocidente entrou no século XX e os trabalhadores e cada vez mais mulheres passaram a ter acesso ao voto, um número significativo de trabalhadores se voltou para os partidos conservadores. Isso não ocorreu simplesmente porque eles tinham valores socialmente conservadores. Em países como a Grã-Bretanha e a Alemanha, eles também foram atraídos pelo que os historiadores chamam de "social-imperialismo", a saber, a combinação entre medidas de bem--estar social para ajudar os pobres, como a pensão para os idosos, e a celebração da grandeza nacional e da expansão do Império. Antes da Primeira Guerra Mundial, por exemplo, a rivalidade naval entre a Grã-Bretanha e a Alemanha revelou extenso jingoísmo nas classes trabalhadora e média: "Queremos oito e não queremos esperar" foi um popular clamor britânico para que mais couraçados de guerra fossem construídos, a fim de enfrentar o desafio alemão.

Em partes da Europa, durante o fim do século XIX e o início do século XX também surgiram partidos religiosos, especialmente católicos. A doutrina "social-católica" foi inspirada pela encíclica papal *Rerum Novarum* (1891), que falava das relações mutáveis entre capital e trabalho. Ela criticava o que via como aspectos divisores da Revolução Industrial, incluindo o pensamento socialista entre os trabalhadores, e argumentava que o Estado devia promover a justiça social e conter os excessos do livre mercado. Isso ajudou os democratas cristãos na Alemanha e na Itália a se expandirem pelas fronteiras de classe, atraindo até mesmo conservadores não católicos. Quando o Ocidente entrou na era pós-1945, alguns acadêmicos passaram a descrever esses partidos como "de massa", devido a sua habilidade de atrair amplas e razoavelmente estáveis coalizões de apoiadores.

Entre esses partidos de centro-direita, havia uma variedade de opositores de esquerda. Em alguns países, como a França e a Itália (e a Alemanha antes do nazismo), surgiram importantes partidos comunistas. Nas décadas de 1970 e 1980, os comunistas italianos ainda conseguiam chegar a 30% dos votos, não muito longe dos democratas cristãos. Mas o mais comum era que partidos social-democratas fossem os principais representantes da classe trabalhadora. Na Grã-Bretanha, isso ocorreu em função dos sindicatos, intimamente ligados ao Partido Trabalhista. E também em razão de um forte senso de consciência de classe, uma crença de que o partido estava criando uma Grã-Bretanha mais justa, o que era reforçado pela forte identidade de grupo da classe trabalhadora em solidários vilarejos mineiros ou de construção naval. Quando o Partido Trabalhista formou seu primeiro governo majoritário em 1945, muitos eleitores sonharam com a criação de uma "Nova Jerusalém", unida por um sentimento quase religioso de identidade e esperança.

Nos EUA, as coisas foram diferentes. O desenvolvimento da divisão "esquerda-direita" que caracterizou os países europeus foi impedido por vários fatores. O etos fortemente individualista e produtivista do país e as divisões étnicas em meio às ondas de imigrantes durante o século XIX agiram como barreira para o surgimento da consciência de classe e para a disseminação do pensamento socialista. Além disso, após a guerra civil, o Partido Republicano passara a "reconstruir" o sul para dar aos recém-libertados escravos afro-americanos uma parcela do poder. O resultado foi que, durante o fim do século XIX, o sul foi dominado por um Partido Democrata branco que removeu o direito ao voto dos afro-americanos, impôs a segregação racial e empregou brutalmente a "estratégia da raça". Eles acusavam seus oponentes — incluindo o Partido do Povo da década de 1890 e o Partido Republicano — de promover os interesses afro-americanos. Todavia, especialmente nas cidades do norte, os democratas se aliaram aos progressistas, aos grupos trabalhistas e aos afro-americanos, o que, contra o pano de fundo da Grande Depressão, produziu a coalização com os democratas sulistas que levou a quatro vitórias presidenciais seguidas para Franklin Delano Roosevelt e, de 1933 em diante, ao New Deal.

Entrementes, os republicanos emergiram como protecionistas ardorosos da indústria americana, o que foi um fator importante para a ascensão dos EUA como superpotência econômica. Muitos dos plutocratas da época, como Andrew Carnegie e John D. Rockefeller, eram republicanos, mas o partido também tinha apoio entre a classe trabalhadora e em algumas áreas rurais. De fato, houve realinhamento na direção dos democratas durante o entreguerras, no entanto, a coalizão republicana ainda era forte o bastante para obter a presidência para Dwight Eisenhower em 1952 e 1956.

Por essas razões, ainda que os partidos diferissem de país para país, na década de 1960 os acadêmicos argumentavam que grande parte dos sistemas partidários ocidentais estava efetivamente "congelada".[2] Eles queriam dizer que as linhas divisórias subjacentes faziam com que os principais partidos permanecessem os mesmos e que, apesar de às vezes mudarem de nome, as "famílias partidárias" básicas permaneciam intactas. No período do pós-guerra, por exemplo, houve mais de dez nomes para a centro-direita na França, mas sua base permaneceu estável, representando os mesmos grupos sociais. Embora as votações nos principais partidos flutuassem, a maioria dos apoiadores tendia a permanecer leal a seu partido, mantendo a afiliação entre as principais eleições.

Mas, na segunda metade do século XX, o *status quo* de relativa estabilidade e lealdade eleitoral começou a se alterar de modo significativo. Nos EUA, uma das mais dramáticas manifestações dessa alteração foi o colapso do sul democrata contra um pano de fundo de legislação de direitos civis seguida pela "coalizão Reagan", que, da década de 1970 em diante, recebeu muitos trabalhadores brancos nas fileiras republicanas. A Europa, por sua vez, vivenciou o declínio dos tradicionais partidos social-democratas, às vezes perdendo votos para a nova esquerda e os verdes, embora grande número de eleitores tenha desertado para os conservadores e os nacional-populistas, em uma tendência que se aceleraria no novo milênio.

O conflito cultural

Essas mudanças refletiram a maneira como as linhas divisórias subjacentes à política haviam começado a mudar. A era industrial, durante a qual emergiu a democracia de massa, deu lugar às eras pós-industrial e da globalização. As áreas rurais começaram a encolher quando as pessoas se mudaram para as cidades. O número de operários e trabalhadores sindicalizados diminuiu, parcialmente porque a produção industrial se moveu para regiões como a Ásia e o trabalho se tornou mais casual e menos ligado a fábricas regimentadas. O número de pessoas frequentando as igrejas também caiu, embora a prática religiosa ainda fosse parte importante da vida nos Estados Unidos e na Europa Oriental, assim como para os imigrantes. Ao mesmo tempo, aumentou o número de pessoas com diploma universitário e de profissionais de classe média economicamente seguros, graças à era dourada do capitalismo, que exploramos no capítulo anterior, e ao acesso mais amplo ao ensino de nível superior. Posteriormente, a esses eleitores se uniriam novas gerações, como a dos *millennials*, que pertenciam a um mundo no qual as velhas linhas divisórias eram ainda menos relevantes para a vida cotidiana. Eles pensavam de maneira muito diferente das gerações mais velhas em relação a questões-chave como a imigração e geralmente sentiam menos lealdade tribal pelos partidos.[3]

Com o tempo, as questões debatidas pelas pessoas também mudaram. Durante grande parte da era clássica, que se estendeu pelos anos do pós-guerra, os debates foram dominados por tópicos como a redistribuição econômica, empregos, impostos e a extensão na qual o Estado deveria intervir na economia. Mas, quando o Ocidente entrou nas décadas finais do século

XX e nos primeiros anos do século XXI, novas preocupações surgiram na agenda. As mudanças demográficas e políticas que exploramos geraram novos e muito mais polarizantes debates sobre a imigração, a mudança étnica, a integração europeia, os refugiados e questões que associam segurança e identidade, como o Islã e o terrorismo, e que talvez não fossem tão divisoras se todos tivessem a mesma visão geral. Em vez disso, elas expuseram um "conflito cultural" muito mais profundo no Ocidente, uma batalha sobre conjuntos conflitantes de valores.

A emergência dessa nova linha divisória foi constatada pela primeira vez por acadêmicos como Ronald Inglehart durante a década de 1970. O surgimento de uma classe média próspera e universitária empurrou os novos valores e prioridades para a frente do palco político. Muitos desses *baby boomers* nasceram após a Segunda Guerra Mundial e foram criados durante o boom do pós-guerra. Na Europa, também gozaram de generosas redes de bem-estar social. Isso significou que sua criação foi fundamentalmente diferente das gerações anteriores, a "grandiosa" e a "silenciosa", que chegaram à maioridade enquanto tentavam sobreviver à Grande Depressão e às guerras globais. Para essas gerações mais velhas, a sobrevivência nunca fora garantida: elas haviam testemunhado a morte de 18 milhões de pessoas durante a Primeira Guerra Mundial e algumas haviam sofrido com a pobreza extrema. Em contraste, para os *baby boomers* o pleno emprego, os direitos individuais, as oportunidades de mobilidade social ascendente e o tempo para investir em ensino superior (barato) pareciam garantidos, assim como um estilo de vida abastado.

Como estavam menos preocupadas com a segurança econômica e física básica e haviam sentido os efeitos liberalizantes do ensino universitário, essas novas gerações tinham muito mais probabilidade de adotar um conjunto diferente de valores "pós-materiais". Ao contrário das gerações anteriores, que se preocupavam com questões materiais relacionadas à segurança física e econômica, os pós-materialistas estavam muito mais interessados na igualdade e em objetivos como liberdade de expressão, autoexpressão e direitos para todos. Em termos culturais, eles geralmente adotavam uma visão muito mais liberal e internacionalista.

Durante e após a década de 1960, muitos desses eleitores se aliaram a causas radicais lideradas pela nova esquerda e buscaram traduzir seus valores em resultados políticos. Essas causas incluíram a revolução sexual e a revolução estudantil, campanhas pelos direitos civis e das mulheres, oposição às armas nucleares e à Guerra do Vietnã, apoio à imigração e à crescente diversidade étnica, campanhas ambientais e a promoção de identidades e organizações que transcendiam o Estado-nação, como a UE e a ideia de "cidadania global". Alguns eleitores decidiram abandonar os partidos tradicionais para perseguir esses objetivos através de partidos verdes ou movimentos mais radicais de esquerda. Outros permaneceram nos partidos social-democratas convencionais, que se tornaram mais liberais a fim de conquistar esses novos eleitores.

Em anos posteriores, os pós-materialistas lutaram por outras causas, como a expansão dos direitos das comunidades LGBT e das minorias, campanhas antirracismo, mudanças climáticas e multiculturalismo, além de se manifestarem nas mídias sociais para expressar solidariedade, com hashtags como #TimesUp, #MeToo ou #RefugeesWelcome. Eles celebraram centristas liberais como Emmanuel Macron e sentiram choque e repulsa por Trump e pelo Brexit. Essa mudança de valores no Ocidente foi o que Ronald Inglehart chamou de "revolução silenciosa".[4]

Mas nem todos se uniram aos revolucionários. Já na década de 1970, estava claro que muitos ocidentais não apoiavam essa mudança de direção. Em meio aos rápidos desenvolvimentos culturais e sociais defendidos pela nova esquerda, as pessoas que não haviam frequentado a universidade, os conservadores sociais tradicionais e os habitantes de áreas rurais e cidades pequenas, que não haviam sentido os ventos da mudança, ficaram apreensivos, senão alarmados, com o que perceberam como rápido colapso da ordem, dos valores e do modo de vida. E eles estavam prestes a iniciar um contra-ataque.

Prova disso foi o uso crescente, entre os conservadores, do termo "maioria silenciosa", cunhado pelo presidente Richard Nixon no início da década de 1970. Embora as atitudes em relação a questões como os direitos das mulheres, a raça e as liberdades sexuais mudassem rapidamente, o termo sem dúvida capturou uma sensação disseminada de que as mudanças estavam sendo impulsionadas por uma minoria ativa, e não por aqueles que formavam a essência americana, que respeitavam as tradições, pagavam impostos e voluntariamente morriam em guerras por seu país.

A revolução silenciosa rapidamente gerou reação entre os eleitores, que se afiliaram a movimentos que afirmavam ter o direito de defender suas comunidades e seu modo de vida contra o liberalismo cultural e seus efeitos, percebidos como corrosivos. Nos EUA, isso deu origem a grupos como a Maioria Moral, que tinha uma visão altamente conservadora sobre a família e a religião. Seu divórcio do republicanismo convencional se refletiu na campanha conservadora de Pat Buchanan contra o republicano George H. W. Bush nas primárias republicanas de 1992, que muitos de seus seguidores viram como tentativa de lutar contra o ataque liberal aos valores tradicionais e contra a crescente aceitação, e mesmo celebração, da imigração não branca e da mudança étnica. Buchanan obteve 23% dos votos, principalmente de homens jovens e menos instruídos que se sentiam privados de seus direitos e ameaçados por essas mudanças, incluindo o crescente domínio dos liberais com diplomas universitários na política e na mídia.

Na Europa, mudanças similares impulsionaram o surgimento de nacional-populistas como Jean-Marie Le Pen na França e Jörg Haider na Áustria e foram sintomáticas dessa divisão emergente de valores entre liberais e tradicionalistas, assim como da crescente distância entre as pessoas e os partidos políticos mais antigos. Um dos primeiros a notar a reação foi o acadêmico italiano Piero Ignazi, que a chamou de "contrarrevolução silenciosa". Ignazi argumentou que a súbita ascensão do neoconservadorismo após a década de 1970 ajudara a pavimentar o caminho para o nacional-populismo ao legitimar o foco da direita na defesa das identidades e tradições comunais que anteriormente haviam sido ignoradas e mesmo banidas do debate. "Uma sensação cada vez maior de calamidade", escreveu Ignazi, "em contraste com o otimismo pós-materialista, foi transformada em novas demandas, majoritariamente não previstas pelos partidos conservadores estabelecidos." Os clamores por sistemas mais rigorosos de lei e ordem, controle da imigração e reafirmação dos valores tradicionais se tornavam cada vez mais altos.[5]

Como parte de sua defesa da tradição, a contrarrevolução silenciosa defendia uma visão patriarcal das relações sexuais, em reação ao aumento dos direitos das mulheres e seu papel crescente no mercado de trabalho. Vivia-se uma época de desindustrialização, na qual o desenvolvimento de novas tecnologias empurrava os homens para o que muitos viam como "trabalho de maricas", como distribuição e varejo, em vez de ocupações mais perigosas, mas "másculas", como o trabalho manual na indústria pesada. Dada a natureza frequentemente sexista de suas promessas, não surpreende que uma característica essencial do nacional-populismo tenha sido seu forte apoio entre os homens, mesmo que alguns políticos, como Marine Le Pen e Donald Trump, tenham se saído bem entre alguns grupos de mulheres.

Esses conflitos de valores se intensificaram por duas razões. A primeira é que, das décadas de 1980 e 1990 em diante, as questões polarizantes da imigração, da integração europeia, do Islã e da crise de refugiados assumiram lugar proeminente na agenda, como vimos no capítulo 4.[6] A segunda foi que a própria ascensão do nacional-populismo chamou ainda mais atenção para esses debates e deu a seus seguidores um maior sentimento de capacidade de ação, uma sensação de que agora eles podiam se mobilizar contra o novo *Zeitgeist* liberal.

Essas mudanças ampliaram as divisões entre os liberais de classe média com ensino superior, herdeiros da tradição da nova esquerda, e uma aliança mais ampla de conservadores tradicionais e brancos sem diploma universitário que se uniram à contrarrevolução silenciosa. A emergência de novas questões também teve grandes implicações para os partidos tradicionais, embora poucos as tenham percebido de imediato. Quando âncoras clássicas como classe e religião começaram a ter menos influência sobre os eleitores, o novo conflito de valores frequentemente atravessou as linhas divisórias tradicionais. Isso erodiu ainda mais os laços que anteriormente mantinham as pessoas alinhadas aos partidos tradicionais, fazendo com que os operários, por exemplo, que se sentiam instintivamente preocupados em relação à imigração, começassem a questionar sua lealdade a partidos social-democratas favoráveis a ela.

Rompendo laços

Quando o Ocidente entrou nas décadas finais do século XX, a nova era de desalinhamento se tornou ainda mais evidente. Da década de 1970 em diante, incontáveis estudos demonstraram como cada vez mais cidadãos se tornavam receptivos aos novos movimentos.[7]

Nos EUA, na década de 1950 e início da década de 1960, entre 70% e 75% das pessoas se identificavam com democratas ou republicanos. Mas as coisas mudaram radicalmente. Na época da controversa vitória de George Bush em 2000, esse número caíra para 59% e, em 2014, enquanto Trump decidia se concorreria ou não à presidência, despencou para somente 56%.

Também houve outros sinais de que os EUA estavam prontos para um outsider como Trump, sinais que tornaram ainda mais notável o fato de tão poucos analistas terem previsto sua vitória. Entre 2003 e 2017, a proporção de americanos que sentiam que os partidos tradicionais estavam fazendo um "trabalho adequado" caiu de 56% para 34%, ao passo que a proporção daqueles que achavam que um terceiro partido era necessário disparou de 40% para 61%.[8] De acordo com o American

Values Survey de 2016, mais de 60% dos entrevistados disseram que nenhum dos dois partidos principais refletia suas opiniões, comparados a menos da metade em 1990. Entrementes, a proporção daqueles que se recusaram a se identificar com os partidos principais e disseram ser "independentes" saltou de 23% no início da década de 1950 para um recorde de 43% em 2014. De fato, por cinco anos consecutivos antes que Trump derrotasse Clinton, ao menos quatro em cada dez americanos se identificaram como independentes, ao passo que o número daqueles leais aos dois grandes partidos chegou a seu ponto mais baixo desde o advento das pesquisas modernas.[9]

Essas tendências não entregaram a presidência a Trump, é claro, e alguns independentes se "inclinam" na direção de um partido. Mas, falando de modo geral, o número crescente de pessoas que se sentem menos ligadas ao mainstream criou um clima muito mais fluido e imprevisível. Como indicaram acadêmicos como Russell Dalton, menos americanos hoje expressam lealdade aos partidos principais que em qualquer outro momento da história do país.[10] Alguns americanos costumavam argumentar que essa desconexão era resultado de fatores únicos aos EUA, como a Guerra do Vietnã, Richard Nixon e o escândalo de Watergate ou a divisiva presidência de Bill Clinton e a ameaça de impeachment. Mais tais argumentos ignoram o fato de que tendências similares ocorrem em todo o Ocidente.

Em 2009, na Europa, a porcentagem de pessoas que não se sentiam próximas a nenhum partido político subira para 45%. Certamente é verdade que houve variações. Na Europa Oriental, após a queda da Cortina de Ferro, a maioria dos novos partidos só conseguia se firmar se explorasse divisões e redes sociais preexistentes, como a Igreja católica na Polônia, que teve importante papel no colapso do comunismo. Mas cada vez menos eleitores sentem lealdade aos partidos estabelecidos.

Veja a Grã-Bretanha, onde já havia sinais disso muito antes do referendo do Brexit. Na década de 1960, cerca de metade da população se sentia alinhada a um dos partidos tradicionais, mas, em 2015, somente uma em cada oito pessoas sentia o mesmo. A questão do Brexit, que estava ligada à imigração, atravessou todas as fronteiras partidárias, embora tenha dividido mais claramente o Partido Trabalhista, que se viu cada vez mais dependente de dois grupos irreconciliáveis: os liberais de classe média, pró-UE e pró-imigração, e os operários, anti-UE e anti-imigração.

Na manhã após o referendo do Brexit, o Partido Trabalhista, que fizera campanha oficial para que a Grã-Bretanha permanecesse na UE, descobriu que controlava *tanto* os distritos que defendiam mais passionalmente a permanência, habitados por profissionais abastados de classe média e universitários *millennials, quanto* os distritos mais fortemente pró-Brexit, onde havia muitos eleitores pessimistas da classe trabalhadora que estavam intensamente preocupados com a imigração, se sentiam deixados para trás e detestavam a classe política estabelecida.

Quando a poeira assentou, dois terços dos políticos trabalhistas descobriram que representavam distritos pró-Brexit, ainda que somente um punhado tivesse feito campanha pela saída da UE. O referendo atravessara o eleitorado trabalhista como uma faca quente cortando manteiga. Essa tensão foi refletida em dois distritos trabalhistas: o distrito nortista e operário de Doncaster, onde mais de sete em cada dez pessoas haviam votado pelo Brexit, e o mais etnicamente diverso, jovem e hipster distrito de Hackney, em Londres, onde oito em cada dez haviam votado pela permanência. A divisão de valores encontrou toda a sua expressão na votação do Brexit.

Embora outros países europeus não tenham feito um referendo similar, as mesmas tendências subjacentes estão claramente visíveis. Na Suécia, a proporção de pessoas que sentiam lealdade por um partido específico despencou de dois terços no fim da década de 1960 para somente 28% em 2010, o mesmo ano em que os nacional-populistas participaram do Parlamento pela primeira vez. Na Alemanha, o mundo ficou pasmo com a vitória do

Alternativa para a Alemanha em 2017, mas não aqueles que vinham observando as tendências de longo prazo. No início da década de 1970, mais de metade da Alemanha Ocidental sentia forte lealdade por um partido, mas, em 2009, esse número caiu para menos de uma pessoa em cada três. Entrementes, a proporção dos que se sentiam pouco comprometidos com um partido ou não se sentiam comprometidos com nenhum subiu mais de vinte pontos percentuais, chegando a 64%. Esses laços eram mais fracos na Alemanha Oriental, que tem uma história mais curta de governo democrático e onde os alemães "ocidentais" são vistos quase como colonialistas. Foi ali que os nacional-populistas obtiveram o maior apoio, tornando-se a escolha mais popular entre os homens.[11]

Os partidos estabelecidos também enfraqueceram em outras frentes. Desde a década de 1970, a maioria dos grandes partidos ocidentais registrou significativo declínio na afiliação, o que, por sua vez, diminuiu sua habilidade de iniciar campanhas de reação contra os populistas. No início do século XXI, um grande estudo descobriu que a filiação partidária declinou consistentemente em todas as democracias europeias mais antigas. Essa espiral descendente é especialmente notável em antigos países comunistas que não possuem sociedades civis vibrantes nem uma tradição de competição política. Das novas democracias europeias, somente na Espanha a filiação partidária cresceu continuamente desde a transição após a morte de Franco em 1975, e mesmo lá tem sido menor que a média. Os partidos políticos, concluíram os autores, estão "perdendo rapidamente a capacidade de engajar os cidadãos". Quando os autores retornaram em 2012 para atualizar o estudo, eles descobriram não somente que o declínio se acelerara, como também que a afiliação chegara a um nível tão baixo "que pode já não constituir um indicador relevante da capacidade organizacional do partido".[12]

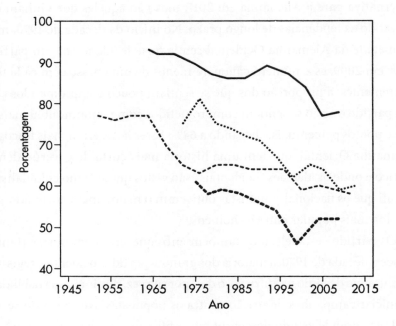

Figura 6.1
Porcentagem dos que se identificam com um partido:
— Grã-Bretanha
······· Alemanha
---- Estados Unidos
==== França

Os acadêmicos também desenvolveram novos termos para assinalar o declínio dos partidos de massa, outrora firmemente enraizados na sociedade civil. Na Europa, "partido-cartel" entrou no vernáculo das ciências políticas, referindo-se a partidos dirigidos por elites e financiados amplamente com dinheiro público (tipicamente com base em votações passadas, o que atrapalha ainda mais os novos partidos).[13] Os partidos tradicionais se voltaram para o Estado, frequentemente usando táticas como o controle estatal de parte da propaganda e patronato do setor público para reforçar sua posição. De modo geral, os partidos se tornaram cada vez mais profissionais na maneira como organizam as campanhas, muitas vezes envolvendo extensas equipes que incluem consultores de imagem e pesquisadores de opinião e que, no contexto de uma mídia cada vez mais poderosa, enfatizam a personalidade dos líderes ou candidatos individuais — um desenvolvimento que, nos EUA, pode ser traçado até Jack Kennedy.

Isso exige grandes somas de dinheiro, que, especialmente nos EUA, vêm das empresas e dos doadores ricos, gerando medo do "dinheiro sombrio". Todavia, o uso crescente de eleições primárias para escolher os candidatos para uma variedade mais ampla de cargos levou a debates sobre se essa prática fortaleceu os membros do partido em relação às elites partidárias. Certamente, a escolha de Trump como indicado republicano, contra a vontade da liderança do partido e com muito menos dinheiro para gastar que rivais como Jeb Bush, é evidência de que o poder das elites partidárias diminuiu. No entanto, mesmo que em alguns estados os eleitores precisem registrar sua afiliação para poderem votar nas primárias, isso não tem as mesmas implicações que a afiliação na Europa, que tipicamente envolve pagar uma pequena taxa anual e ter o direito de participar regularmente das reuniões locais (embora poucos o façam hoje em dia). O social-democrata Bernie Sanders, que liderou uma poderosa campanha durante a indicação presidencial democrata de 2016, sequer era registrado, apesar de participar do cáucus democrata no Senado. Comparações diretas são impossíveis, mas o padrão geral de declínio da afiliação partidária é o mesmo que na Europa.

Certamente houve exceções. O grande número de franceses que participou do novo movimento de Emmanuel Macron em 2017 ou a onda de novos membros do Partido Trabalhista britânico sob Jeremy Corbyn desde 2015 são dois exemplos. Mas eles contrariam a norma, e, mesmo hoje, a afiliação ao Partido Trabalhista é somente metade do que era na década de 1950. Além disso, três quartos dos novos membros são profissionais de classe média, usualmente com nível superior, e metade deles vive em Londres, bem longe dos bastiões históricos da classe trabalhadora nos quais amplas maiorias apoiaram o Brexit.[14]

Crucialmente, essas mudanças ocorreram também entre os jovens: nos Estados Unidos, a recusa em se alinhar aos partidos principais é hoje 25% mais alta entre aqueles com menos de 30 anos do que era para a geração equivalente na década de 1960, ilustrando como esse é um fenômeno específico da era moderna. Da mesma forma, antes do referendo do Brexit, somente 66% dos britânicos entre 20 e 30 anos se identificavam com os principais partidos, comparados a 85% do mesmo grupo etário em 1983. Na Alemanha de meados da década de 1970, cerca de 20% daqueles com menos de 30 anos não sentiam nenhuma ligação política real, mas, em 2009, esse número disparou para 50%. Claramente, os jovens não estão desistindo totalmente da política, mas são menos leais aos partidos tradicionais.

Com o Brexit e Trump em mente, também é verdade que, quando se trata de eleições, esses jovens tipicamente mais liberais não comparecem em grandes números. Nos EUA, em toda eleição presidencial desde 1964, aqueles com idades entre 18 e 24 anos consistentemente votaram em taxas menores que as outras gerações (ver Figura 6.2). E isso parece estar piorando. Entre 1964 e 2012, a taxa de comparecimento entre os jovens caiu de 51% para 38%, significando que, quando o presidente Obama foi reeleito em 2012, a diferença de comparecimento entre o grupo etário de 18 a 24 anos e o grupo etário com mais de 65 anos foi de espantosos 31%. É por isso que Hillary Clinton jamais deveria ter contado com grande número de votos dos *millennials*.

Há claros paralelos com o referendo do Brexit na Grã-Bretanha, durante o qual os *millennials* compareceram em taxa muito mais baixa que os eleitores mais velhos e demonstraram maior tendência de alardear que haviam votado. A taxa estimada de comparecimento entre o grupo etário de 18 a 24 anos foi de 64%, contra 80% entre o grupo etário de 65 a 74 anos.[15] Assim, é bastante irônico que a petição para anular o referendo tenha recebido grande número de assinaturas nos jovens distritos hipster de Londres nos quais os *millennials* falharam em se mobilizar quando realmente importava.

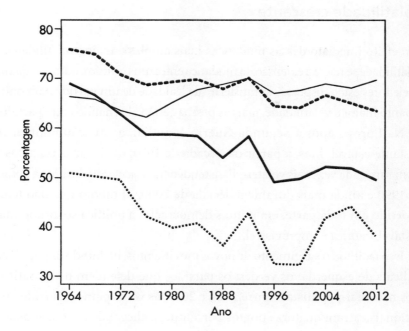

Figura 6.2
Taxas de votação nos EUA entre os grupos etários:

— 65 anos ou mais
- - - - 45 a 64 anos
▬▬ 25 a 44 anos
········ 18 a 24 anos

Mas isso não significa que as pessoas estejam desistindo da política. Embora sintam menos lealdade aos partidos tradicionais em comparação com as décadas de 1960 e 1980, muitas parecem igualmente interessadas em política e dispostas a tentar influenciar os votos dos outros, contatar os governantes, participar de protestos e usar as novas mídias para interagir política e socialmente.[16] A questão é que hoje existem muito mais pessoas que não são habitual ou tribalmente leais ao mainstream, o que criou espaço para novos desafiantes.

Volatilidade crescente

Um efeito imediato dessas mudanças mais amplas é maior volatilidade. A volatilidade se refere à extensão da mudança entre uma eleição e outra e o quanto os eleitores estão dispostos a transferir sua lealdade de um partido para outro. Quanto maior a volatilidade, mais as pessoas estão alternando entre partidos.

Na Europa após a Segunda Guerra Mundial, a situação política era bastante estável. Mas, a partir da década de 1970, os sistemas políticos se tornaram cada vez mais voláteis. Essa tendência se acelerou durante a década de 1990 e ainda mais durante a década de 2000.[17] Embora isso não tenha ocorrido em toda parte, em muitas democracias a política se tornou mais instável, caótica e imprevisível.

Isso facilitou o surgimento de novos movimentos, incluindo os populistas radicais de esquerda, os verdes, os partidos que defendem o separatismo e os nacional-populistas. Entre 2004 e 2015, os votos para os partidos tradicionais caíram quatorze pontos percentuais, chegando a 72%, enquanto os votos para os novos desafiantes mais que dobraram, chegando a 23%.[18] Essas tendências gerais também escondem alguns exemplos fascinantes de mudanças verdadeiramente históricas.

Na Alemanha em 2017, os democratas cristãos de centro-direita de Angela Merkel viram seus votos chegarem ao nível mais baixo desde 1949. Durante a eleição presidencial francesa no mesmo ano, os candidatos da centro-direita e da centro-esquerda convencionais sequer chegaram ao segundo turno. Em 2007, o partido de centro-direita vencera com 39% dos votos durante o primeiro turno das eleições legislativas, mas, dez anos depois, recebeu somente 16% dos votos. Na Áustria, a eleição presidencial de 2016 se tornou uma disputa entre um nacional-populista e um independente, uma vez que os candidatos convencionais não conseguiram apoio suficiente.

O que você conclui disso é determinado por sua própria política. Os otimistas podem argumentar que todas essas mudanças ajudarão a manter os antigos partidos atentos e mais responsivos às demandas do povo. Os pessimistas podem responder que isso só tornará a política mais fluida e caótica, abrindo a porta para mais mudanças, partidos, viradas durante as eleições, coalizões instáveis e decisões políticas imprevisíveis. Tais tendências tornarão difícil, se não impossível, atingir a estabilidade que os mercados financeiros, os investidores, os decisores políticos e muitos cidadãos desejam.

Os EUA têm sido diferentes nesse aspecto, ainda que existam alguns paralelos. O sistema de maioria simples favorece os dois maiores partidos, embora alguns notáveis candidatos independentes tenham participado das eleições presidenciais, incluindo George Wallace, que obteve mais de 13% dos votos em 1968, e Ross Perot, que obteve quase 19% em 1992. O sucesso do racista Wallace refletiu o quão rapidamente declinava o domínio dos democratas sobre os brancos do sul, ao passo que o desempenho de Perot refletiu o número crescente de independentes.

Por trás desses votos nos independentes, há tendências mais amplas. Particularmente desde a década de 1970, os operários, outrora o principal suporte da coalizão do New Deal, alinharam-se aos republicanos. Quando Bill Clinton se moveu na direção do centro na década de 1990, os democratas se tornaram mais atraentes para os profissionais de nível superior e para as mulheres, mas os operários e os americanos sem diploma universitário começaram a se afastar.[19] Seu número poderia ter sido maior se não fosse pela desaceleração econômica, que permitiu que Clinton fizesse campanha usando o slogan "É a economia, idiota", atacando ao mesmo tempo os republicanos por seu apoio a cortes nos impostos que favoreceriam principalmente os ricos.

Na eleição presidencial de 2016, a mudança no cenário eleitoral estava claramente visível. De acordo com o American National Election Study, Hillary Clinton obteve somente cerca de 4% do total de votos de pessoas que haviam votado no candidato republicano Mitt Romney em 2012, a despeito da muito divulgada repulsa a Donald Trump entre os republicanos convencionais. Trump reteve a esmagadora maioria dos eleitores republicanos, mas também fez uma incursão no eleitorado democrata, ganhando 13% dos eleitores de Obama em 2012. Isso sugere que, embora 2,5 milhões de apoiadores de Romney tenham votado em Clinton, mais de 8 milhões de apoiadores de Obama votaram em Trump, permitindo que ele conquistasse quatro estados nos quais Obama vencera tanto em 2008 quanto em 2012.[20] Os elementos fundamentais dessa mudança foram os brancos sem diploma universitário.

A preocupação em relação à imigração e à mudança étnica era um importante motivador para esses eleitores, mas eles também sentiam que as elites urbanas liberais não os entendiam. Esses fatores também foram decisivos em estados como Michigan, onde a já declinante influência dos sindicatos era claramente visível, aumentando a probabilidade de distanciamento dos democratas.

Mas essas mudanças não devem ser atribuídas simplesmente a Trump. Elas vêm de longa data. O afastamento dos americanos brancos dos democratas e seu realinhamento em torno dos republicanos começou há muitos anos. Como demonstrou o acadêmico John Sides (ver Figura 6.3), na verdade foi durante a era do presidente Obama, entre 2009 e 2015, que os democratas se tornaram visivelmente mais fracos entre os americanos brancos de baixa qualificação.[21] Embora a liderança dos democratas em relação aos republicanos entre hispânicos, asiáticos e afro-americanos tenha se acentuado marcadamente em anos recentes, os republicanos obtiveram cada vez mais apoio entre os brancos, com sua vantagem passando de 12% em 2010 para 15% em 2016, graças quase inteiramente aos brancos sem diploma universitário. E essa vantagem já existia muito antes de Trump sequer iniciar sua campanha.

Na Europa, a tendência de maior volatilidade também se iniciou há muito tempo, acelerando-se durante a Grande Recessão. De acordo com um vasto estudo em trinta democracias, a crise financeira e suas consequências aceleraram a divisão entre os que "têm" e os que "não têm" bem como retiraram apoio do mainstream e aumentaram o apoio aos populistas de esquerda e de direita. Ainda que o nacional-populismo já fizesse sucesso antes da crise, ela encorajou mais e mais pessoas a reconsiderarem sua lealdade, especialmente em países nos quais organismos não eleitos como o Banco Central Europeu intervieram para impor uma austeridade à qual a maioria das pessoas se opunha. De fato, à sombra da Grande Recessão, a taxa geral de volatilidade chegou a níveis que não foram vistos em nenhum outro momento desde o nascimento da democracia em massa, incluindo os turbulentos anos do entreguerras, que testemunharam a ascensão de novos partidos comunistas e fascistas.[22]

DESALINHAMENTO

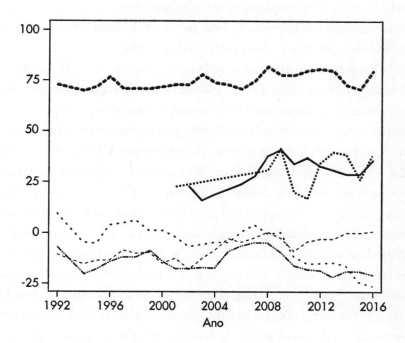

Figura 6.3
Vantagem democrata em apoio partidário entre:

- - - - - Negros
.... Asiáticos
———— Hispânicos
- - - - - Brancos com ensino superior completo
- - - Brancos com ensino superior incompleto
———— Brancos com ensino médio

Isso é verdadeiro mesmo em países ricos e estáveis como a Suécia, onde, desde a década de 1950, o número de pessoas alterando seu voto entre uma eleição e a seguinte aumentou mais de três vezes, chegando a 37% no início da década de 2000.[23] Os outrora dominantes social-democratas, que obtiveram uma média de 45% dos votos entre meados da década de 1930 e a década de 1980, conseguiram somente 28% em 2018, embora mesmo assim tenham elegido o primeiro-ministro, demonstrando que o que acontece no nível governamental frequentemente não representa o que acontece na base. Como veremos, um importante fator para esse declínio foi a maneira pela qual muitos operários se desengajaram da política.

Na Itália, essa volatilidade se refletiu em mudanças ainda maiores. No início da década de 1990, o velho sistema partidário entrou em colapso em meio a um mar de acusações de corrupção contra os dois principais partidos governantes, os democratas cristãos e os socialistas, levando à ascensão do populista conservador e magnata Silvio Berlusconi. Em 2001, seu Forza Italia obteve 29% dos votos, mas, em 2018, uma versão reformada do partido conseguiu somente 14%. Berlusconi se envolveu em escândalos políticos, financeiros e sexuais, e o principal partido de centro-esquerda ficou atolado em questões relacionadas à Grande Recessão e à reforma constitucional, incluindo a tentativa de fortalecer o governo (uma proposta derrotada por referendo em 2016). Isso pressagiou a notável ascensão do populista Movimento Cinco Estrelas, que, juntamente com a nacional-populista Liga, passou a dominar a política italiana. Na primavera de 2019, a Liga consistentemente se manteve acima de 30% nas pesquisas, quase o dobro dos resultados das eleições de 2018 e bem à frente de seu parceiro de coalizão, obtendo 34% dos votos nas eleições europeias do mesmo ano e tornando-se o maior partido italiano.

Considere ainda o caso da França. Em 2016, o ex-banqueiro de 38 anos e ex-ministro das Finanças do governo socialista Emmanuel Macron iniciou seu próprio movimento, o En Marche! (Adiante!). Ele jamais concorrera a um cargo público, mas, somente um ano depois, durante as eleições presidenciais, a velha ordem ruiu. Embora, a partir de 1945, o sistema partidário francês tivesse experimentado a ascensão da Frente Nacional na década de 1980 e a queda do outrora importante Partido Comunista, havia certo equilíbrio entre os partidos de esquerda e de direita. Em 2017, Macron concorreu pelo centro e, durante o primeiro turno, roubou apoio dos partidos convencionais de centro-esquerda e centro-direita, que juntos atraíram somente 23% dos votos, a porcentagem mais baixa da história francesa moderna. Macron então enfrentou a nacional-populista Marine Le

Pen, que perdeu, mas obteve o apoio de mais de um em cada três eleitores, um recorde para o partido. Nas eleições legislativas que se seguiram, o En Marche! obteve a maioria parlamentar, ainda que a taxa de comparecimento tenha sido de somente 43%, revelando uma perigosa tendência de apatia e volatilidade. Isso se reflete no fato de que, nas eleições europeias de 2019, os candidatos da Reunião Nacional de Marine Le Pen, liderados pelo filho de 23 anos de um imigrante italiano pobre, ultrapassaram por estreita margem os candidatos do En Marche!

Alguns comentadores argumentam que as evidências indicam uma contramaré na direção da estabilidade. À sombra do referendo do Brexit, por exemplo, os profetas do apocalipse político pareceram refutados. Nas eleições gerais de 2017, os dois maiores partidos, o Trabalhista e o Conservador, dominaram completamente, ficando com mais de 80% dos votos. A Grã-Bretanha usa o sistema de maioria simples, que obviamente favorece os partidos grandes, mas essa foi a maior proporção combinada desde 1970 (contudo, não tão alta quanto os 97% obtidos em 1951).

Mas as alegações de recém-encontrada estabilidade estão bem longe do alvo. Na realidade, a política britânica ainda está em estado de incerteza. As duas eleições que ocorreram antes e depois do Brexit foram as mais voláteis da era moderna: em comparação com a década de 1950, a taxa de volatilidade aumentou quatro vezes. Isso ocorreu em grande parte porque o outrora estável sistema bipartidário deu lugar a vários movimentos menores, dos nacionalistas na Escócia e no País de Gales ao nacional-populista UKIP. Na época do referendo do Brexit, quase um em cada três britânicos votava em partidos que não os dois maiores. Percebe-se que os eleitores estão muito mais dispostos a diversificar pelo fato de que, em 2015 e 2017, surpreendentes 43% e 32%, respectivamente, mudaram seu voto em relação à eleição anterior. Embora as pessoas tenham mais probabilidade de mudar seu voto em eleições de "segunda ordem" e o Brexit tenha sido um fator importante, os resultados das eleições europeias de 2019 demonstram esse potencial de volatilidade. O novíssimo Partido Brexit de Farage ficou em primeiro lugar, com 30,5% dos votos; na sequência apareceram o

Partido Liberal Democrata, com 19,6%; o Partido Trabalhista, com 13,6%; o Partido Verde, com 11,8%; e o Partido Conservador, com 8,8%. Esse foi o pior resultado já obtido pelos conservadores; no entanto, eles rapidamente reassumiram a liderança nas pesquisas quando o carismático e pró-Brexit Boris Johnson se tornou primeiro-ministro.[24]

Trabalhadores apáticos e não eleitores

Se estivesse observando a classe trabalhadora britânica com atenção, você teria previsto o Brexit. Mais de uma década antes do referendo, mudanças profundas haviam pavimentado o caminho para o chocante resultado.

Embora poucos turistas façam isso, se tivesse visitado o mais industrial e problemático norte da Inglaterra, você teria sentido a rebelião por vir. Durante a era clássica, dizia-se em muitas comunidades da classe trabalhadora que, se alguém colocasse uma roseta do Partido Trabalhista em um burro, as pessoas votariam no burro. Trinta anos depois, a situação mudou radicalmente. Por causa das transformações mais amplas que comentamos, no fim da década de 1990 os principais partidos concorriam para conquistar os liberais de classe média, parecendo haver pouco incentivo para falar diretamente à classe trabalhadora, que representava uma parcela cada vez menor do eleitorado.

Os social-democratas tinham de encontrar novas maneiras de expandir sua base. Foi isso que levou políticos como Bill Clinton nos EUA, Tony Blair na Grã-Bretanha e Gerhard Schröder na Alemanha a tentarem conquistar a ascendente e culturalmente liberal classe média que surgira em meio às cruzadas da nova esquerda. Os social-democratas adotaram, ou ao menos não buscaram derrotar, aspectos-chave do acordo econômico neoliberal. Eles se moveram na direção do centro, que Blair e Clinton chamaram de terceira via e os alemães chamaram de "novo centro", e ao mesmo tempo passaram a lançar mão da política identitária.

Na Europa, os social-democratas frequentemente aceitaram cortes nos generosos sistemas de bem-estar social e diluíram as proteções trabalhistas. Eles passaram a apoiar questões pós-materiais como o feminismo, a imigração e o multiculturalismo, expandindo os direitos das minorias e discutindo as mudanças climáticas. Na Grã-Bretanha, Blair celebremente anulou o comprometimento de seu partido com a propriedade pública de indústrias-chave e impostos mais altos, falando muito menos em defender os trabalhadores e enfraquecendo as ligações do partido com os sindicatos. Em pouco tempo, passou a ter mais apoio da classe média que da classe operária e presumiu que os trabalhadores não tinham para onde ir.

Mas estava errado. No curto período durante o qual Blair pareceu ter ganhado a aposta, a partir de 1997, ele conseguiu três vitórias eleitorais consecutivas, após quatro derrotas trabalhistas seguidas para Margaret Thatcher e John Major. Mas não notou a crescente alienação das comunidades de classe trabalhadora, reforçada pelo ressentimento contra o aumento da imigração durante seu mandato. De fato, no longo prazo, isso ajudou a pavimentar o caminho para o Brexit, tornando o outrora celebrado guru da milagrosa recuperação do Partido Trabalhista em um dos arquitetos involuntários da saída da UE, ao fazer com que os eleitores votassem em Nigel Farage e no UKIP ou simplesmente não votassem.

Um dos acadêmicos que notaram essa crescente apatia foi Oliver Heath, que indicou que na década de 1980 a diferença na taxa de comparecimento entre a classe trabalhadora e a classe média era de menos de 5%, mas em 2010 ela aumentara para quase 20%. Isso significou que a diferença de comparecimento foi tão significativa quanto a diferença entre jovens e velhos. Em 2015, um ano antes do Brexit, mais da metade de todos os trabalhadores e não detentores de diploma universitário parou de votar, em uma resposta natural à alienação e à falta de voz que discutimos no capítulo 3. Quase 40% dos trabalhadores que pararam de votar sentiam que o Partido Trabalhista já não os representava. Como afirmou Heath, no passado as classes média e trabalhadora estavam divididas em relação ao apoio partidário, e agora estão divididas em relação a se dar ou não ao trabalho de votar.[25]

Esse não é um fenômeno único à Grã-Bretanha. Em todo o Ocidente, a classe trabalhadora frequentemente apresentou mais probabilidade que os outros grupos de se abster. Na Alemanha, desde a década de 1980 tem havido notável declínio no número de trabalhadores que votam, especialmente no antigo Leste. De maneira consistente com nossa discussão no capítulo 3, os trabalhadores que concordavam que "os políticos não se importam muito com o que pessoas como eu pensam" tinham maior probabilidade de desistir da política.[26] Quando, em 2017, o Alternativa para a Alemanha chocou o mundo ao conseguir mais de noventa assentos no Parlamento, sua principal fonte de votos foram pessoas que, de modo geral, não haviam votado nas eleições anteriores.

Um país europeu com comparecimento relativamente baixo é Portugal. Ele foi de cerca de 55% nas eleições gerais da última década, parcialmente refletindo a falta de identificação com os principais partidos do país. Isso oferece a possibilidade de sucesso para um partido novo se os não eleitores puderem ser mobilizados e/ou se emergirem líderes carismáticos, incluindo aqueles capazes de usar as novas oportunidades midiáticas. Antes de Ventura fundar o Chega em 2019, os nacional-populistas do país se mostraram notadamente falhos nesses quesitos, embora também tenham sido prejudicados pela mídia tradicional, que se mostrou relutante em amplificar argumentos e líderes populistas, frequentemente rotulando-os de extremistas.

É interessante notar que, na época do referendo do Brexit na Grã-Bretanha, um número significativo daqueles que haviam se abstido em eleições anteriores voltou a votar, com muitos optando por sair da UE. Uma das razões pelas quais algumas pesquisas falharam foi o fato de cerca de 2 milhões de eleitores, principalmente da classe trabalhadora, terem evitado as pesquisas de opinião ou tido seu comprometimento subestimado. Embora o comparecimento tenha sido mais baixo que o esperado nos bastiões *millennials*, ele foi mais alto que o esperado nos distritos da classe trabalhadora, nos quais as pessoas aproveitaram a oportunidade para exigir reformas políticas e sociais radicais, como menos imigração, a retomada de poderes da UE e a reobtenção de sua voz.[27]

Um ano após a revolta do Brexit, uma eleição geral "normal" foi realizada. Muitos na esquerda argumentaram que Jeremy Corbyn, o novo líder esquerdista radical do Partido Trabalhista, com um estilo parecido com o de Bernie Sanders, restauraria o relacionamento com os trabalhadores. Mas não foi assim: a diferença de comparecimento entre a classe trabalhadora e a classe média disparou para recordes 31%.[28] Enquanto alguns trabalhadores retornaram à apatia, outros desertaram para os conservadores, principalmente porque seus valores socialmente conservadores alimentavam intensas preocupações com a imigração e um desejo de assegurar que o Brexit realmente ocorresse. Eles já não confiavam no Partido Trabalhista.

Essas competições políticas aprofundaram a divisão de valores na Grã-Bretanha. Apesar de a primeira-ministra Theresa May e o Partido Conservador terem sofrido muita zombaria por não conseguirem a maioria sugerida pelas pesquisas, mesmo assim eles obtiveram um dos melhores resultados em muitos anos entre a classe trabalhadora e os não diplomados, refletindo o mesmo realinhamento presenciado em outros lugares.[29] Os eleitores pró-Brexit e anti-imigração migraram para os conservadores, mas o Partido Trabalhista teve ganhos recordes entre os *millennials* com ensino superior, entre profissionais de classe média culturalmente liberais e nas cidades grandes e universitárias, ilustrando como a Grã-Bretanha do Brexit certamente enfrentará maior polarização.

O desafio à social-democracia

Os partidos tradicionais demoraram a reconhecer e responder às transformações no Ocidente. Embora alguns partidos convencionais de direita na Europa tenham adotado políticas nacional-populistas leves, como discutiremos no próximo capítulo, os social-democratas agora enfrentam um dilema. Em meio a esse conflito cultural, como podem obter apoio simultaneamente da classe média mais liberal e com diploma universitário e dos operários socialmente conservadores e conservadores tradicionais? Na maioria dos países, especialmente na Europa, eles têm sido incapazes de responder a essa pergunta. Enfrentando perdas recordes em alguns países, a questão não é tanto se a social-democracia pode ser competitiva novamente, mas sim se conseguirá sobreviver no longo prazo.

Se você tivesse folheado as revistas imobiliárias em Paris durante o inverno de 2017, seus olhos teriam sido atraídos para uma propriedade bastante impressionante. Tratava-se de um palácio histórico em localização nobre, com quase 3.500 m², na elegante margem esquerda do Sena, perto do Museu d'Orsay. O preço ultrapassava os 30 milhões de euros. Mas, para os observadores experientes da política francesa, o anúncio parecia mais um obituário. Durante décadas, a grandiosa propriedade fora sede dos socialistas franceses, forçados agora a vendê-la para evitar a falência.

A venda se tornou um símbolo dos problemas da social-democracia, que vêm se anunciando há muito. No fim da década de 1990, governos de maioria social-democrata estavam no poder em onze dos então quinze países-membros da UE. Mas mesmo então havia sinais de alerta. Entre 1945 e o início da década de 1990, a proporção média de votos nos partidos social-democratas ocidentais caiu 12%. Alguns partidos — como o novo Partido Trabalhista de Blair — conseguiram uma breve recuperação, mas, no fim, ela se provou um pico temporário na tendência geral.

Talvez o mais espetacular declínio tenha sido o do partido grego PASOK, regularmente no governo desde o início da década de 1980 e que introduziu reformas no sistema de saúde, mais direitos para as mulheres e, inicialmente, aumento de salários e benefícios. Ele venceu as eleições nacionais de 2009 com quase 44% dos votos, mas, somente seis anos depois, caiu para a sétima posição, com menos de 5%. O PASOK indubitavelmente foi afetado por fatores específicos, incluindo um histórico de nepotismo e corrupção que veio à tona em debates sobre as duras condições impostas à Grécia por "crimes" passados em seguida à Grande Recessão. Mas seu declínio também faz parte de um padrão mais amplo.

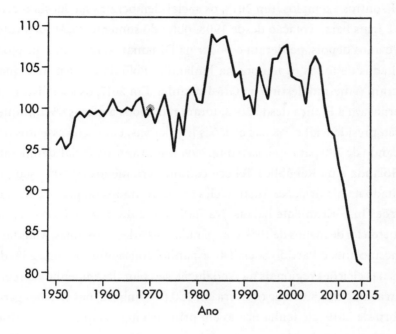

Figura 6.4
Proporção ponderada dos votos dos partidos social-democratas
Europa Ocidental, 1970 = 100

Em 2009, os social-democratas alemães sofreram perdas recordes, caindo para 23% dos votos, perdendo um terço de seu apoio e tendo seu pior resultado desde a fundação da República Federal em 1949. Alguns argumentaram que um líder carismático poderia ter feito diferença, mas as mudanças subjacentes se provaram mais desafiadoras. Na eleição de 2017, os social-democratas conquistaram menos de 21% dos votos, seu pior resultado na era do pós-guerra, ficando somente um pouco acima do resultado durante seu período formativo em 1890. Nas eleições europeias de 2019, os social-democratas ficaram em terceiro lugar, com 15,8% dos votos, atrás dos democratas cristãos e dos verdes.

Há outros exemplos. Em 2018, os social-democratas na Suécia receberam a mais baixa votação desde 1908, obtendo somente 28,3% dos votos. Cinco anos depois, perderam o poder na Dinamarca, tiveram seus piores resultados de todos os tempos na Finlândia, Polônia e Espanha e quase sofreram o mesmo destino na Grã-Bretanha. Em 2017, os socialistas, que governavam a França desde 2012, foram reduzidos a meros 6% durante a eleição presidencial e 7% nas eleições legislativas, com seus assentos despencando de 280 para apenas trinta. No mesmo ano, os social-democratas na Holanda e na República Tcheca caíram para menos de 10%, seu pior resultado na história. Na Áustria, eles foram retirados do poder e tiveram votações historicamente baixas. Na Itália em 2018, a votação na centro-esquerda foi de menos de 19%, comparada a 34% dez anos antes. Mais tarde no mesmo ano, o Partido Socialista espanhol conseguiu somente 28% dos votos nas eleições regionais na Andaluzia, seu pior desempenho na região e bem abaixo dos 50% que obtivera em 2004 — embora, nas eleições gerais de abril de 2019, ele tenha ficado em primeiro lugar, com 28,7%, caindo para 28% nas eleições de novembro (que viram o Vox disparar e obter 15,1% dos votos e 52 assentos).

Se, no fim da década de 1990, os social-democratas eram a principal força governante na Europa, hoje eles estão no governo em menos países-membros da UE. E, com exceção da Espanha e da Alemanha, onde são parceiros minoritários, esses governos estão na periferia europeia: Dinamarca, Finlândia, Malta, Portugal, Romênia, Suécia e Eslováquia. Desses países menores, o mais interessante é Portugal, onde o Partido Socialista retornou ao poder em 2015, depois que uma coalizão liderada pelos conservadores impôs brutais medidas de austeridade. O novo primeiro-ministro, António Costa, persuadiu outros esquerdistas e os verdes a apoiarem os programas de seu governo para pôr fim à austeridade, incluindo aumentos de salários, aposentadorias e alíquotas fiscais para os ricos, anulação de privatizações orientadas pela UE, frequentemente a preços baixos, e implementação de um programa de infraestrutura baseado no transporte público. O resultado foi o retorno do crescimento econômico, e alguns veem Portugal como modelo alternativo para socialistas que aceitaram partes importantes da agenda neoliberal. Contudo, o desempenho econômico ainda está somente na média da UE. Além disso, eleitoralmente Costa foi favorecido pelo fato de que seu partido não teve de enfrentar a maneira pela qual a imigração extensiva minou o apoio social-democrata em alguns países. Também há apoio disseminado ao pertencimento à UE (embora não às medidas de austeridade), que historicamente está ligado à aceitação na comunidade internacional após a queda do Novo Estado autoritário na década de 1970.

O que pode explicar esse declínio generalizado? Uma resposta é que, por causa das mudanças sociais mais amplas que exploramos, a social-democracia se viu cada vez mais dependente de grupos irreconciliáveis, alguns dos quais já não acreditam que suas preocupações estão sendo ouvidas pela centro-esquerda. Infelizmente, no entanto, muitos na esquerda continuam a diagnosticar erroneamente o problema: os democratas nos Estados Unidos e os social-democratas na Europa sustentam que a divisão está relacionada ao racismo ou à privação econômica objetiva. Eles acreditam que, se derem aos trabalhadores mais empregos, mais crescimento e menos austeridade, seus apoiadores retornarão. E se recusam a reconhecer que as preocupações das pessoas com a imigração e a rápida mudança étnica podem ser legítimas e não estar relacionadas simplesmente aos empregos.

Não há dúvidas de que o fracasso da social-democracia em interromper e reverter a crescente desigualdade erodiu sua credibilidade aos olhos de muitos trabalhadores, mas a ideia de que eles estão meramente reagindo a suas circunstâncias econômicas é enganosa, como vimos. Muitos eleitores da classe trabalhadora são instintivamente conservadores em termos sociais e jamais concordarão com as seções culturalmente mais liberais da centro-esquerda.

Os social-democratas também estão sendo ultrapassados em outra frente. Ao contrário dos outros partidos, os nacional-populistas muitas vezes foram os primeiros a responder às preocupações do público. Como comentamos no capítulo 1, já na década de 1980 políticos como Jean-Marie Le Pen falavam aos trabalhadores e conservadores sociais que se sentiam muito ansiosos com questões como a imigração e estavam insatisfeitos com os distantes partidos tradicionais. Mas agora muitos populistas também falam aos eleitores sobre economia, discutindo seu intenso medo da privação relativa e da globalização neoliberal descontrolada e exigindo que os políticos forneçam mais direitos e proteções aos trabalhadores domésticos e limitem os benefícios de bem-estar social para os "outsiders" que não contribuíram com o sistema. Hoje, Marine Le Pen se descreve como grande defensora dos direitos, salários e padrões de vida dos trabalhadores. Na Suécia, os nacional-populistas apresentam seus manifestos sob o título "Escolhemos o bem-estar social", prometendo ampliar os benefícios a desempregados, crianças e enfermos e dar aos desempregados de longa data funções nos gabinetes municipais ou em grupos voluntários.

Uma questão-chave para seguirmos adiante, portanto, é se a social-democracia será capaz de se reinventar e construir uma nova coalizão que lhe dê uma chance séria de retornar à glória passada. Parece incrivelmente improvável que os social-democratas consigam reconquistar os trabalhadores, a menos que estejam preparados para modificar sua posição culturalmente liberal em relação à imigração — e, até agora, há poucas evidências disso.

Embora o Partido Democrata americano jamais tenha sido social-democrata no sentido europeu, ele indubitavelmente apresenta similaridades e enfrenta questões semelhantes. Muitos comentadores argumentam que pode estar ocorrendo um possível "realinhamento" na política americana que levaria à hegemonia democrata no longo prazo.[30] As pessoas que defendem esse argumento indicam a proporção cada vez menor de eleitores brancos nos EUA, as mudanças étnicas, os eleitores *millennials* com atitudes mais liberais em relação às questões culturais e os eleitores seculares que frequentemente se opõem aos tradicionais valores de "família" e religiosos defendidos pelos republicanos conservadores. Elas também indicam que, apesar de Trump ter sido relativamente mais forte nas áreas rurais e cidades pequenas que nos grandes centros urbanos, essa população está declinando — o número de habitantes de 40% das cidades rurais diminuiu desde 1980.[31]

Esse argumento certamente é sedutor e poderia ser levado ainda mais longe, incluindo potenciais divisões no interior do movimento republicano. Trump fez uma tomada hostil do partido e sua (mutável) perspectiva muitas vezes está fora de sincronia com a visão de elementos importantes da elite republicana e de sua base de financiadores. No cenário doméstico, isso inclui o desejo do partido de reduzir o governo grande, os impostos e a estrutura de bem-estar social. Trump realmente promoveu grandes reduções tarifárias em 2017, mas esse era amplamente um esquema republicano já existente, e suas políticas sobre protecionismo, gastos com infraestrutura e (vaga) visão dos problemas no sistema de bem-estar social desafiam alguns membros do establishment republicano.

Mas esse retrato não é assim tão claro, e alguns grandes financiadores que o esnobaram em 2016 foram conquistados com a aproximação das eleições de 2020 — ainda que, durante 2019, a situação tenha se tornado mais fluida quando o apoio a ele diminuiu em razão de questões como suas declarações racistas e suas tentativas de obter algum escândalo político do presidente ucraniano. Como demonstrou o cientista político Larry Bartels, a posição de Trump está alinhada à da maioria dos eleitores republicanos, que apoiam sua visão econômica e nacionalista, especialmente em relação à imigração.[32] Além disso, embora as questões culturais sejam predominantes, muitos concordam com o conceito de governo maior para fornecer um padrão de vida decente para aqueles que não conseguem emprego e garantir acesso à assistência médica de qualidade, ao passo que uma minoria substancial favorece a redução dos diferenciais de renda e o fornecimento de assistência à infância e auxílio para pagar a universidade. Em 2016, por exemplo, o Pew Research Center descobriu que 66% dos apoiadores dos principais candidatos das primárias republicanas e os eleitores que tendiam na direção dos republicanos se opunham a futuras reduções dos benefícios de previdência social, com o número subindo para 73% entre os apoiadores de Trump (ligeiramente maior que entre os apoiadores de Clinton e Sanders).[33]

Bartels também descobriu que, em relação às questões culturais, 26% dos democratas tinham pontos de vista mais próximos daqueles dos republicanos, indicando possíveis perdas futuras; ele também observou que não está claro se as atitudes dos *millennials* permanecerão constantes no longo prazo e, como comentamos no capítulo 1, existem bolsões substanciais de apoio às políticas nacional-populistas entre as novas gerações. De fato, Bartels desafia a tese de que a votação de Sanders demonstra apoio disseminado a políticas democratas de esquerda, argumentando que ela se deveu mais a fatores como hostilidade a Hillary Clinton e ao establishment democrata. Além disso, embora quase 90% dos votos dos afro-americanos nas eleições presidenciais tenham ido para os democratas, pesquisas recentes demonstraram que somente 59% deles se identificam com os democratas e somente 26% se descrevem como "liberais", comparados a 27% que responderam "conservadores" e 44% que responderam "moderados".[34] O Black Census Project de 2019, que incluiu o viés na direção dos eleitores mais jovens, descobriu adicionalmente que quase um quinto dos entrevistados via o Partido Democrata desfavoravelmente e 52% disseram que "os políticos não se importam com os interesses das pessoas negras", de modo que seus votos não estão garantidos.

Mais especificamente, o Census Bureau prevê que a população afro-americana crescerá somente de 13% em 2016 para 14% em 2060. O grande aumento será da população hispânica, de 17,4% para 28,6%. Como já comentamos, há uma minoria significativa de hispânicos que votou em Trump (e um número cada vez maior deles se identifica como branco). Isso ajuda a explicar o otimismo de Steve Bannon, ex-estrategista-chefe de Trump, que em 2018 afirmou que havia muito a se aprender com os nacional-populistas europeus e que um Partido Republicano transformado por Trump, alinhado aos interesses das pessoas comuns e que conseguiria 60% dos votos brancos e 40% dos votos hispânicos e afro-americanos, estava a caminho de uma maioria de 50 anos. Esse resultado parece improvável, assim como a alegação de que o realinhamento da política americana automaticamente beneficiará os democratas, especialmente se adotarem uma agenda mais socialista e/ou de fronteiras abertas, o que os deixará vulneráveis, entre eleitores independentes e moderados, aos ataques republicanos. Como vimos neste capítulo, vivemos uma era de incertezas.

Hoje, um número maior de pessoas na Europa e nos EUA está mais desalinhado que nunca; isso as torna menos leais aos partidos tradicionais e mais abertas a novos desafiantes como os nacional-populistas. Essas mudanças coincidiram com um novo conflito cultural no Ocidente, enraizado em divisões sobre valores e que não deve ser solucionado no futuro próximo. Imigração, integração europeia, direitos das minorias e questões específicas como o Islã também atravessarão os eleitorados dos partidos mais antigos e farão com que seja mais difícil costurar maiorias vencedoras. Isso é especialmente verdadeiro para os tradicionais partidos social-democratas na Europa.

Mais e mais pessoas estão em busca de um novo lar político, ao passo que outras se refugiam na apatia. Isso está impulsionando o surgimento de novos partidos e dando a eles uma durabilidade que muitos observadores, ainda fixados no curto prazo, continuam a subestimar. Visto no todo, o desalinhamento representa outro desafio significativo e de longo prazo ao mainstream.

Quando as democracias ocidentais entraram nos primeiros anos do século XXI, um número crescente de eleitores se voltou para partidos que não existiam quando nossos sistemas políticos foram criados. As linhas divisórias da política estão em processo de fundamental transformação e continuarão a evoluir nos próximos anos. A classe política estabelecida tem sido muito lenta em suas respostas. Os nacional-populistas são subproduto dessa mudança; eles estiveram entre os primeiros a reconhecer a reação e articular uma resposta que, para grupos-chave de eleitores, foi tanto relevante quanto atraente. Os liberais foram criticados, em alguns casos com razão, por ignorar a nova realidade.

CONCLUSÕES:
Rumo ao pós-populismo

Os nacional-populistas estão sendo impulsionados por "quatro Ds" profundamente enraizados e ocultos nos debates cotidianos. No curto prazo, isso lhes dará um grande e constante reservatório de apoio potencial. Embora eles possam não vencer as eleições e o número de seus seguidores seja variável, "os fundamentos" por trás desse fenômeno devem permanecer os mesmos por muitos anos.

Mas isso não significa que os próprios nacional-populistas serão os principais beneficiários. No longo prazo, quando o Ocidente começar a entrar na era do "pós-populismo", os reais vencedores poderão ser aqueles que chamamos de "nacional-populistas leves", um argumento que desenvolveremos neste capítulo.

Começamos este livro comentando como, em todo o Ocidente, a ascensão de populistas controversos como Trump, Le Pen, Farage, Salvini ou Orbán é rotineiramente atribuída a fatores de curto prazo, como a Grande Recessão após 2008, a crise de refugiados iniciada em 2014 ou campanhas eleitorais particulares. Essa perspectiva estreita encoraja escritores e pensadores a verem essas revoltas como fase passageira da história da democracia liberal, breves protestos que logo desaparecerão e permitirão a retomada da estabilidade e dos tempos "normais".

Essa suposição permeia os debates públicos. Os eleitores de Trump voltarão ao mainstream quando perceberem que ele não é mentalmente capaz de permanecer na presidência ou quando seus elos com a Rússia forem expostos (uma crença que permaneceu mesmo depois que o Relatório Mueller de 2019 declarou que não havia evidências de colusão antes das eleições, refletindo o fato de que teorias da conspiração não são populares somente entre populistas). Os partidários do Brexit mudarão de ideia quando a economia britânica tropeçar e os nacional-populistas europeus perderão fôlego quando as economias voltarem a crescer. De modo mais geral, essas rebeliões desaparecerão quando os eleitores "brancos e velhos" forem substituídos pelos cosmopolitas *millennials*.

Essas narrativas são reconfortantes, mas enganosas. Não negamos que choques recentes no Ocidente, como a Grande Recessão e a crise de refugiados, são importantes. Esses eventos sísmicos exacerbaram as divisões entre diferentes grupos sociais, inflamando as tensões e encorajando mais pessoas a procurarem outras opções no mercado político. Mas, como vimos, essas divisões surgiram décadas antes da quebra do Lehman Brothers, da austeridade ou da fatídica decisão de Angela Merkel de receber mais de 1 milhão de refugiados na Alemanha.

Os fatores que pavimentaram o caminho para os nacional-populistas estão profundamente entremeados no tecido das nações. Eles estão enraizados em contradições entre o funcionamento da democracia no nível nacional e um mercado econômico cada vez mais global, a longa e entrincheirada tradição de suspeita da elite por parte das massas, o sentimento nacionalista latente e bastante disseminado e a prolongada erosão do relacionamento entre cidadãos e partidos. É pouco provável que essas raízes sejam removidas pelos últimos dados macroeconômicos ou por uma campanha particular. A ascensão do nacional-populismo reflete mudanças muito mais significativas na evolução de nossas (ainda jovens) democracias liberais. É por isso que pedimos aos leitores para darem um passo atrás e observarem o cenário mais amplo, a maneira como a democracia, a nação, a economia e os sentimentos das pessoas sobre os partidos tradicionais evoluíram em um período muito mais extenso.

Os "quatro Ds"

Grande parte de nosso foco tem sido nas tendências "de baixo para cima", o que os acadêmicos chamam de "lado da demanda": as correntes fundamentais que modelam a maneira pela qual as pessoas veem o mundo a sua volta. Os críticos podem argumentar que não olhamos com atenção suficiente para o "lado da oferta", para a maneira como os nacional-populistas exploram essas correntes, como líderes carismáticos se comunicam com as pessoas, como eles e seus oponentes lidam com eleições específicas ou como a mídia — antiga e nova — cobre essas questões.

Esses fatores de curto prazo são importantes e serão analisados por outros. Mas também podem ser distrações, impedindo-nos de reconhecer e explorar as mudanças mais fundamentais que transformam o mundo político. Eleições individuais vêm e vão, assim como líderes partidários e presidentes. A tradição nacional-populista pode ser traçada a uma era muito anterior a Trump, ao Brexit e a Marine Le Pen e, mesmo assim, grande parte do debate poderia nos fazer crer que aquilo que foi dito durante uma campanha ou escrito na lateral de um ônibus fez toda a diferença.

Em termos dessas raízes profundas, argumentamos que quatro transformações amplas foram fundamentais: a *desconfiança* das pessoas em relação à natureza cada vez mais elitista da democracia liberal, que em muitos alimentou a sensação de já não terem voz no diálogo nacional e fez com que apoiassem um modelo mais "direto" de democracia; ansiedades sobre a *destruição* de comunidades e da nação, intensificadas pela imigração intensiva e por uma nova era de supermudança étnica, suscitando tanto questões legítimas quanto temores xenofóbicos; grande preocupação com a *privação* relativa resultante de um acordo econômico cada vez mais desigual, que fortaleceu a correta crença de que alguns grupos estão sendo injustamente deixados para trás e aumentou o medo em relação ao futuro; e o *desalinhamento* dos partidos tradicionais, que tornou os sistemas políticos mais voláteis e muitas pessoas dispostas a ouvir novas promessas, enquanto outras se deixaram cair na apatia.

Os "quatro Ds" tornaram muitos ocidentais instintivamente receptivos às alegações do nacional-populismo de que os políticos não lhes dão ouvidos e até mesmo os tratam com desdém, de que os imigrantes e as minorias étnicas se beneficiam à custa dos "nativos" e de que a supermudança étnica e, em particular, o Islã são uma nova e grande ameaça ao grupo nacional, sua cultura e seu modo de vida.

Também vimos como essas preocupações estão longe de ser periféricas. Em alguns casos, mais da metade da população ocidental expressa pontos de vista que, de modo geral, estão alinhadas com o nacional-populismo. Mas, nas últimas três décadas, os políticos e os comentadores liberais de esquerda rotineiramente subestimaram o alcance e a potência do nacional-populismo, tratando-o como mero refúgio de "brancos velhos", racistas ignorantes ou antidemocratas que, como os fascistas do entreguerras, querem destruir as instituições políticas.

Os nacional-populistas apelam a uma base relativamente ampla. Esses apoiadores não são "todos iguais", mesmo que frequentemente sejam tratados dessa maneira. Os republicanos com renda acima da média que apoiaram Trump têm histórias de vida muito diferentes de suas contrapartes operárias passando por dificuldades, em muitos casos ex-democratas que, a despeito de terem votado em Barack Obama, se sentiram atraídos pela oposição de Trump à imigração e por sua promessa de tornar os Estados Unidos grandes novamente. Similarmente, os conservadores abastados de classe média que votaram pela saída da UE em áreas prósperas têm vidas muito diferentes dos trabalhadores que também apoiaram o Brexit em cidades costeiras deixadas para trás, como Clacton, Great Yarmouth ou Grimsby. Os gerentes e técnicos de segurança que votaram no Partido do Povo suíço são bastante diferentes dos trabalhadores lutando para sobreviver que votaram nos Democratas Suecos ou dos eleitores de áreas rurais e cidades pequenas que apoiaram em peso o partido húngaro Fidesz. Nas eleições andaluzas de 2018, o Vox conquistou alguns antigos eleitores socialistas, assim como um número muito maior daqueles que haviam previamente apoiado o Partido Popular, de centro-direita.

No Brasil, o sucesso de Bolsonaro se deveu principalmente a grupos de renda relativamente alta que anteriormente haviam apoiado outros partidos de direita. Ele não possuía as coalizões entre várias classes que caracterizaram a ascensão da Frente Nacional francesa e do Brexit. Além disso, ao passo que Marine Le Pen assumiu um partido organizado e Trump fez uma tomada hostil do histórico Partido Republicano, as ligações de Bolsonaro com o Partido Social Liberal eram tênues; aliás, no fim de 2019, ele fundou o Partido Aliança pelo Brasil.

Mas há certos aspectos comuns. Observamos o cenário mais amplo sem reduzir movimentos complexos a debates limitados na tentativa de encontrar um "fator único", como, por exemplo, a classe trabalhadora branca. Também buscamos um caminho intermediário entre os argumentos simplistas sobre "economia *versus* cultura" e as narrativas que ignoram completamente o importante impacto político dos fatores relacionados à hostilidade pública pelo elitismo liberal.

Embora os apoiadores do nacional-populismo frequentemente tenham experiências diferentes, eles concordam em muitas coisas, quer discutam política com uma cerveja ou uma taça de vinho. Eles partilham uma perspectiva similar, modelada por suas experiências educacionais, valores e preocupações com as perdas sociais e culturais, em termos do que isso significa não somente para eles, mas também para seu grupo. Eles sem dúvida concordam sobre a necessidade de reagir à ascensão da nova esquerda e da política identitária liberal que se iniciou na década de 1960. Provavelmente também concordam que seu grupo nacional mais amplo está sendo deixado para trás em relação a outros na sociedade, que a imigração e a rápida mudança étnica estão prejudicando a nação e que elites não confiáveis no mainstream, que não trataram dessas questões ou, ainda pior, as encorajaram ativamente, são rápidas demais em ridicularizar ou desdenhar de seus oponentes, chamando-os de "deploráveis", "malucos" ou mesmo "fascistas" e/ou "racistas".

Eles também discordam firmemente dos profissionais de classe média, nível superior e mentalidade liberal, que proclamam o que veem como verdades autoevidentes sobre a imigração, os direitos das minorias, a integração europeia e o livre comércio irrestrito. Os nacional-populistas tendem a ver sua comunidade nacional de uma perspectiva mais restrita, enfatizando a importância crítica da linhagem étnica ou, ao menos, de costumes e valores partilhados que podem ser forjados em "caldeirões de cultura" como na história americana. Em parte, isso reflete o desejo comum de viver entre sua própria gente, mas, como argumentaram acadêmicos como David Miller, uma identidade nacional forte e partilhada também está no cerne do que muitos veem como objetivos desejáveis, como redistribuição dos bens dos ricos para os pobres e manutenção do contrato intergeracional, através do qual as pessoas aceitam a necessidade de pagar impostos para ajudar outros na sociedade ou as futuras gerações.[1]

Nem todos os nacional-populistas veem o mundo dessa maneira, mas muitos o fazem. Crucialmente, seus valores são muito mais importantes para explicar suas escolhas políticas que indicadores econômicos *objetivos* como quanto ganham ou se estão desempregados — como vimos, a maioria desses eleitores trabalha em tempo integral e frequentemente é qualificada. São seus sentimentos *subjetivos* de privação relativa que exercem uma influência particularmente poderosa na maneira como percebem o mundo, tanto pessoalmente quanto em termos dos grupos com os quais se identificam.

Aqueles com menor qualificação e valores mais tradicionalistas estão muito mais alarmados com a forma pela qual suas sociedades estão mudando. Eles temem a eventual destruição de sua comunidade e sua identidade, acreditam que eles e seu grupo saíram perdendo e desconfiam cada vez mais de seus distantes representantes. Os nacional-populistas falam a esses eleitores, embora de maneira que muitos desaprovam. Pela primeira vez em anos, seus apoiadores agora sentem possuir influência no debate. Assim, vimos "não eleitores" retornarem à política para votar no Brexit ou no Alternativa para a Alemanha. No futuro, mais desses não eleitores podem voltar a votar, dependendo do desempenho dos populistas no cargo, um ponto ao qual retornaremos mais tarde.

Esses eleitores costumam ser retratados erroneamente como contestadores que querem se rebelar *contra* o sistema. Isso certamente faz parte da atratividade dos nacional-populistas, em especial a maneira pela qual muitos rejeitam preocupações pós-materialistas como os direitos das mulheres e das comunidades LGBT. Mas esse é somente um elemento da equação, pois a maioria concorda com a sociedade mais conservadora que é prometida — ainda que "conservadora", nesse contexto, possa às vezes ser relativamente liberal, nos casos em que essa característica é vista como parte da identidade nacional; é por isso que alguns populistas, como Wilders, defendem vigorosamente os direitos das mulheres e dos gays. Eles buscam preservar ou restaurar a dominância do grupo nacional, incluindo seus costumes e tradições, para viver em um país que aceita menos imigrantes e tem taxas mais lentas de mudança étnica, com um Estado que tem mais poder, ao passo que organismos transnacionais como a UE têm menos. Mas, em termos econômicos, querem mudanças no desigual esquema atual. E, em termos políticos, são mais radicais, embora não extremistas, querendo viver em um sistema democrático no qual sua voz seja mais alta e significativa e no qual mais políticos se pareçam com eles e falem como eles — ou, ao menos, os levem a sério.

Este último ponto é importante porque a maioria dos líderes nacional-populistas não provém da classe trabalhadora. Trump exibiu sua riqueza durante a ascensão à Casa Branca como prova não somente de seu status de celebridade, mas também de seu talento para os negócios, que poderia ser transferido para Washington a fim de "drenar o pântano". Nigel Farage, ainda que menos abastado, chamou atenção para sua carreira anterior como *trader* na City de Londres, em contraste com políticos "carreiristas" que passavam a vida em Westminster. Embora alguns nacional-populistas apoiem políticas econômicas que têm muito em comum com a esquerda histórica, a vasta maioria de seus eleitores não busca uma sociedade altamente igualitária. Eles querem o que veem como sociedade *justa*: justa porque o grupo nacional é priorizado em relação aos imigrantes em campos como emprego e bem-estar social, justa em termos de recompensas econômicas e justa na maneira como os outros países tratam e negociam com o seu.

É pouco provável que tal visão desapareça ou se amenize. Os populistas continuarão a ter apoio potencial. Considere os fortes ventos que agitavam a opinião pública no momento que terminávamos este livro. Enquanto os democratas americanos debatiam como se recuperar da derrota para Trump, a empresa de pesquisa de opinião pública Ipsos-MORI entrevistou quase 18 mil adultos em todo o mundo e descobriu que, em média, somente um em cada quatro achava que a imigração tivera impacto positivo em sua nação, um número que caiu para 14% na França, 10% na Itália e 5% na Hungria. Enquanto os britânicos se debatiam com o resultado do Brexit, as pesquisas sugeriam que mais da metade da população sentia que os governantes "não ligam muito para o que pessoas como eu pensam". Enquanto a Alemanha tentava se recuperar do choque da primeira vitória nacional-populista em sua história do pós-guerra, 60% da população disseram aos pesquisadores que o Islã não tinha lugar em seu país (uma visão endossada publicamente pelo novo ministro do Interior).

Os apoiadores do nacional-populismo também têm sido mais leais ao movimento do que inicialmente previsto por muitos colunistas, que falaram em protestos-relâmpago. Após a eleição, a taxa geral de aprovação de Trump rapidamente caiu para um dos mais baixos níveis de que se tem registro. Mesmo assim, ocultaram grandes diferenças: somente 15% das mulheres não brancas com diploma universitário aprovavam o novo presidente, mas esse número disparava para 67% entre os homens brancos sem diploma. No início de 2018, somente 4% dos eleitores de Hillary Clinton aprovavam Trump, comparados a 91% de seus próprios eleitores.[2]

Similarmente, após o referendo do Brexit previu-se que aqueles que haviam votado para deixar a UE mudariam de ideia e começariam a gritar "Bregret" [Brexit + *regret*, arrependimento], uma suposição baseada em argumentos limitados sobre o autointeresse econômico. Os especialistas afirmaram que a insatisfação com o Brexit seria intensificada pelo declínio da libra, por um aumento da inflação que consumiria a renda domiciliar e pelo fato de que em breve ficaria claro que não havia uma saída rápida e fácil da UE.

Mesmo assim, a opinião pública permaneceu estável. Na primavera de 2018, os pesquisadores perguntaram aos britânicos se, em retrospecto, votar no Brexit fora "certo ou errado", e eles ainda estavam tão divididos quanto durante o referendo (42% achavam que fora certo e 45% achavam que fora errado). Esses números mascaravam grandes divisões: a porcentagem que sentia que o Brexit fora certo ia de 4% entre os partidários da permanência e 19% entre aqueles entre 18 e 24 anos a 61% entre os aposentados, 64% entre os conservadores e 82% entre os partidários da saída.[3] Não houve "Bregret" em massa. Ao contrário, a maioria dos partidários da saída está cantando "Je ne bregrette rien" [trocadilho com a música "Je ne regrette rien", "Não me arrependo de nada"].

De fato, como já comentamos, o novo Partido Brexit de Nigel Farage ficou em primeiro lugar nas eleições europeias de 2019, tornando Farage o único líder partidário da história britânica a vencer duas eleições com dois partidos diferentes (tendo vencido as eleições europeias de 2014 com o UKIP). O medo de perder votos para o Partido Brexit foi o fator crucial que levou o novo primeiro-ministro, Boris Johnson, a se comprometer a deixar a UE em 31 de outubro de 2019. Embora essa ação tenha sido impedida pelo fato de ele não ter maioria na Câmara dos Comuns, as eleições gerais seguintes resultaram em uma grande maioria conservadora, graças também ao fato de que muitos ex-eleitores do Partido Trabalhista que apoiavam o Brexit mudaram de afiliação, em uma tendência que fez com que os trabalhistas perdessem assentos que eram seus há décadas, em alguns casos desde antes da Segunda Guerra Mundial. Em uma tentativa de consolidar esses ganhos, Johnson prometeu transformar o Partido Conservador em um partido da "nação única" (um desvio importante do pensamento histórico do partido) que usará obras públicas para auxiliar as áreas em declínio e aumentará o investimento em áreas cruciais, como o serviço nacional de saúde.

Os liberais frequentemente respondem que, se os nacional-populistas conseguirem o que querem, o resultado será menor crescimento econômico. Mas, como vimos, muitos daqueles que apoiam os nacional-populistas concordariam em ser um pouco mais pobres se isso significasse que teriam mais controle sobre a nação e mais voz ativa. Muitos eleitores não pensam em termos transacionais sobre custos e benefícios, produto interno bruto, empregos ou crescimento. Se o fizessem, responder ao populismo seria muito mais fácil. Em vez disso, eles dão valor igual ou maior à comunidade, ao pertencimento, à identidade de grupo e à nação — e são essas as questões que precisam ser discutidas. Mas, até agora, muito poucos na esquerda liberal parecem interessados em participar desse diálogo, preferindo chamar essas preocupações de racismo e rapidamente seguir adiante.

Podemos explorar ainda mais o espaço disponível para o nacional-populismo se considerarmos três questões sobre o futuro. A primeira se relaciona à desigualdade política, que provavelmente se tornará *mais*, e não *menos*, aparente. Veja a ascensão astronômica de Emmanuel Macron, que muitos viram como contragolpe ao populismo. No entanto, o movimento de Macron reflete as correntes problemáticas que exploramos, incluindo uma elite política que parece cada vez mais insular e desligada das experiências da maioria. Ao fim de 2018, sua popularidade caiu e o país foi tomado por disseminados protestos *gilets jaunes*, que atraíram apoio da direita e da esquerda.

O domicílio francês médio possui ativos no valor de cerca de 160 mil euros, ao passo que um em cada três ministros de Macron é milionário e alguns detêm milhões em ações e propriedades, sendo muito mais ricos que os 10% no topo, uma divisão que também foi visível no governo "socialista" anterior, que incluía 14 milionários entre 39 ministros.[4] Entre suas principais indicações, várias vieram da centro-direita tradicional, incluindo o primeiro-ministro e o ministro da Economia. Além disso, quando Macron anunciou que lutaria contra o populismo e aumentaria o apoio à UE iniciando diálogos com os cidadãos, os observadores encontraram uma "artimanha publicitária vazia" na qual painéis de discussão substituíram o debate entre cidadãos e quase todos os que compareceram eram estudantes, professores universitários e funcionários públicos trabalhando em questões relacionadas à UE.[5]

Ou considere o debate britânico sobre o Brexit e a ascensão do esquerdista radical Jeremy Corbyn. Uma resposta óbvia ao Brexit seria iniciar um debate nacional sobre como reformar radicalmente o acordo político, social e econômico da nação a fim de responder a algumas das queixas subjacentes.

CONCLUSÕES: RUMO AO PÓS-POPULISMO

O sistema eleitoral por maioria, que torna sem sentido o grande número de votos em assentos seguros, deveria ser substituído por um sistema mais proporcional? Quais das principais instituições econômicas, políticas ou cíveis concentradas em Londres deveriam ser movidas para outras regiões, a fim de diminuir a profunda sensação de que as pessoas e suas comunidades foram isoladas e tentar conectá-las à cultura cívica mais ampla? Como o país deveria reformar sua impopular política de imigração? E como os britânicos poderiam reviver as incrivelmente prejudicadas comunidades costeiras e industriais do norte, onde, por razões óbvias, grande maioria decidiu ser melhor apostar no desconhecido que continuar com o esquema atual? Mas, em vez de fazer tais perguntas e iniciar reformas muito necessárias, grande parte do debate focou no que Londres quer e no que as instituições financeiras da City querem.

Apesar de alguns terem visto a revitalização do Partido Trabalhista por Corbyn como reação contra o modo como a política se tornou cada vez mais centralizada e carreirista, o partido fez poucas propostas para promover uma renovação ampla e genuinamente popular da democracia ou da crença de que as opiniões das pessoas realmente importam. Por exemplo, ele poderia ter proposto uma assembleia de cidadãos para ajudar a solucionar as divisões sobre o Brexit, uma instituição que, na Irlanda, teve um grande papel na busca por uma solução para a controversa questão do aborto em 2016. Dados esses exemplos, é difícil evitar a conclusão de que a profunda sensação de frustração política permanecerá presente. O Partido Trabalhista conquistou 13,6% de votos nas eleições europeias de 2019 — seguidos por seu pior resultado em termos de parlamentares eleitos desde 1935 —, o que se deveu, em grande parte, à liderança de Corbyn e às hesitações do partido em relação ao Brexit, mas também teve papel importante em seu desanimador resultado.

A segunda questão é o contínuo impacto da imigração e da supermudança étnica. Vimos como os apoiadores do nacional-populismo têm muito mais probabilidade de ver a nação como uma parte crítica de quem são. Em alguns casos, especialmente na Europa Oriental, eles sentem que o pertencimento à nação deveria ser restrito aos que nela nasceram e partilham de seus costumes e tradições. Mas, em outros lugares, essa concepção da identidade nacional nem sempre impede a adoção de novos membros, dispostos a se adaptar ao que, na prática, sempre foram concepções mutáveis de identidade nacional. Antes de 1945, a identidade nacional britânica, por exemplo, não incluía a "negritude", pois havia somente um pequeno número de negros no país. Hoje, basta olhar para a composição dos times esportivos, das bandas de música pop ou dos programas de TV para ver que isso mudou, particularmente para os afro-caribenhos.

Mesmo assim, ainda que tais atualizações da percepção da identidade nacional sejam amplamente aceitas, muitas pessoas se sentem preocupadas com os altos níveis atuais de imigração e mudança étnica, que veem como prejudiciais à nação. Embora muitos desses temores sejam exagerados — em especial no caso dos muçulmanos, que, como grupo, frequentemente são condenados pelos pecados de uma minoria muito pequena de islamistas —, precisamos reconhecer como as pessoas se sentem. Dada a atual taxa de imigração e a velocidade cada vez maior das mudanças étnicas, culturais e religiosas, parece improvável que essas inquietações desapareçam.

É importante responder a essas preocupações, particularmente para aqueles na centro-esquerda, os quais, para evitar ainda mais perdas, terão de fazer concessões de curto prazo. Atender à demanda por fronteiras mais estritas ou modificar o *tipo* de imigração (ou seja, priorizar os imigrantes altamente qualificados, os estudantes internacionais e as pessoas que contribuem para os serviços públicos) é compatível com a política progressista. Simplesmente defender as fronteiras abertas e a imigração incessante de pessoas pouco qualificadas e não contribuintes somente empurrará os partidos para ainda mais perto da irrelevância eleitoral ou os deixará dependentes de um pequeno número de verdadeiros fiéis da nova esquerda. Certamente não será fácil, levando-se em consideração fatores como a segregação comunal em países como a Grã-Bretanha e a França e a tendência, entre muitos eleitores nacional-populistas, de se ressentirem contra qualquer forma de "sermão" vindo de pessoas que veem como parte das elites liberais. Mas, a menos que o mainstream encontre uma maneira de iniciar um debate sobre a reforma da imigração, ele cederá ainda mais espaço para os populistas.

A terceira questão está relacionada à privação relativa. Em alguns países, como a Grã-Bretanha, há sinais de que os salários começam a subir, mas, em geral, as desigualdades permanecem altas e fatores como a automação e a globalização suscitam sérias questões sobre o futuro não somente dos pouco qualificados, mas também do crescente número de trabalhadores de classe média. Também precisamos lembrar da importância da divisão educacional, um dos fatores-chave do nacional-populismo. Em muitos países ocidentais, os eleitores sem diploma universitário formam (frequentemente por ampla margem) o maior grupo, inclusive nos principais estados dos EUA, demonstrando por que os progressistas liberais não podem se dar ao luxo de ignorá-los. Em 2014, enquanto o percentual das pessoas entre 25 e 64 anos que haviam concluído o ensino superior chegava a 42% em países como a Grã-Bretanha, esse percentual era de apenas 17% na Itália. Embora níveis recordes de estudantes americanos estejam concluindo o ensino médio, as taxas de matrícula no ensino superior estagnaram ou mesmo declinaram, a despeito do aumento do auxílio federal para estudantes que não podem pagar pela faculdade.[6] Se aceitarmos que a divisão educacional é crucial, ao darmos um passo atrás e observarmos as tendências de longo prazo, ficará claro que não somente haverá apoio futuro para os nacional-populistas como os partidos tradicionais precisarão trabalhar muito mais para construir novas pontes com os não detentores de diploma universitário.

As pessoas com níveis mais elevados de instrução tendem a ser mais liberais nas questões culturais, mas a expansão do ensino superior possui um potencial corolário negativo. Trata-se do paradoxo da igualdade, em função do qual, ao mesmo tempo em que o ensino superior se aproxima dos 50% na Grã-Bretanha, outra forma de "deixados para trás" é criada entre o restante da população. Mesmo em países nos quais a participação no ensino superior é mais baixa, como a França, há ressentimento contra as instituições acadêmicas de elite. A despeito disso, em 2017 Macron propôs um novo conjunto de superuniversidades europeias nas quais o ensino se daria em no mínimo duas línguas e criaria maior "sensação de pertencimento". Entre grande parte da elite instruída, que se vê como crucial para levar adiante o "projeto europeu", essa visão permanece forte. Assim, solucionar o problema da privação relativa não envolve apenas tentar aumentar os salários ou os níveis de emprego, mas lidar com questões muito mais amplas sobre integração social e respeito — questões que, novamente, não serão fáceis de solucionar nos anos futuros.

Nacional-populismo leve

No entanto, a força e a futura trajetória do nacional-populismo não devem ser mensuradas apenas *diretamente*, contando quantos potenciais apoiadores ele possui ou se é capaz de vencer eleições. Isso porque os desafiantes nacional-populistas também geram poderosos efeitos *indiretos* ao empurrar muitos dos sistemas políticos ocidentais e do mainstream para a direita, especialmente enquanto tentam interromper o desalinhamento atual, que está obtendo (às vezes novos) apoiadores.

Enquanto seus rivais social-democratas tentavam descobrir como responder ao nacional-populismo, muitos conservadores europeus se mostraram dispostos a adotar aspectos da agenda nacional-populista. Isso se deveu parcialmente ao fato de, em termos ideológicos, eles estarem mais próximos que a centro-esquerda em questões cruciais, achando mais fácil construir uma ponte com os eleitores que se preocupam com a lei e a ordem e a imigração. Os social-democratas precisam criar uma abordagem totalmente nova e se colocar em território desconfortável. Os conservadores, em agudo contraste, só precisam aumentar o volume, adotando a retórica e programas de nacional-populismo leve, embora com foco na imigração e na etnicidade.

Essa tem sido uma tática comum na Europa já há algum tempo. Durante a eleição presidencial de 2007 na França, a primeira desde que Jean-Marie Le Pen chocou o mundo ao terminar em segundo lugar em 2002, o candidato de centro-direita Nicolas Sarkozy prometeu um sistema de cotas para gerenciar a imigração e afirmou que todos os imigrantes teriam de aprender francês, enfatizando que iria agir, em vez de só falar. Dessa vez, Le Pen não chegou ao turno final, no qual 70% de seus apoiadores votaram em Sarkozy.

Na Grã-Bretanha, o crescente apoio a Nigel Farage e ao UKIP, que funde anti-imigração com sentimento anti-UE, teve efeito dramático tanto para os conservadores quanto para a histórica política britânica. O sistema de maioria simples significou que obter quase 13% dos votos se traduziu em somente um assento na Câmara dos Comuns em 2015, mas esse apoio, combinado à pressão dos conservadores anti-UE, induziu o primeiro-ministro David Cameron a realizar o referendo do Brexit.[7] Após a vitória do Brexit, Cameron imediatamente renunciou, e a nova primeira-ministra conservadora Theresa May adotou outras políticas de Farage, declarando que "Brexit significa Brexit" e que a imigração precisava ser reduzida, criticando os cosmopolitas e liberais "cidadãos de parte alguma". O Partido Conservador se tornou um UKIP leve. Contudo, o fracasso em implementar o Brexit dois anos após invocar o artigo 50 levou a maciça perda de apoio nas eleições europeias de 2019, com muitos eleitores passando para o Partido Brexit (embora a vasta maioria tenha retornado nas eleições gerais de dezembro, quando Johnson transformou "Vamos resolver o Brexit de uma vez" em peça central da campanha conservadora).

Em 2017, as pessoas também foram às urnas na Holanda, onde Geert Wilders e seu Partido da Liberdade há muito são um dos mais ferozes críticos europeus do Islã (uma mensagem que ele levou regularmente aos EUA). Wilders exigiu que seu país proibisse a imigração muçulmana e a venda do Alcorão, alegando que a "ralé marroquina" estava tornando as ruas holandesas inseguras, e comparou a ajuda dada aos imigrantes ao impacto da austeridade sobre os holandeses mais pobres. Para dar mais voz ativa às pessoas, ele prometeu um referendo sobre a filiação à UE. As pesquisas sugeriam que estava prestes a se tornar líder do partido mais votado, mas, logo antes das eleições, o primeiro-ministro conservador convencional, Mark Rutte, escreveu uma carta aberta na qual falou do colapso da ordem social e declarou: "Nos sentimos cada vez mais inquietos quando as pessoas abusam de nossa liberdade [...] perseguem gays, gritam para as mulheres de saias curtas ou acusam os holandeses comuns de serem racistas [...] Se você rejeita nosso país de maneira tão fundamental, seria melhor que fosse embora." O partido de Rutte ultrapassou Wilders no primeiro lugar e Rutte continuou a ser primeiro-ministro.

O partido austríaco nacional-populista da Liberdade começou o mesmo ano com uma vantagem de dois dígitos sobre os partidos tradicionais. Seu programa incluía uma lei para proibir o "Islã fascista" e chamava a religião de "misógina" e "antiliberal". Contra o pano de fundo da crise de refugiados, que levou o Estado alpino a receber o quarto maior número de pedidos de asilo na Europa, o Partido da Liberdade exigia zero imigração. Entrementes, o Partido do Povo, de centro-direita, passou a ser liderado por Sebastian Kurz, de 31 anos, que se apresentava como outsider, mas, ao contrário do recém-chegado centrista Emmanuel Macron, apelava diretamente aos eleitores nacional-populistas. O conservador Kurz avisou que a crise de refugiados trouxera imigrantes cujas perspectivas "não têm lugar em nosso país [...] antissemitas [...] que rejeitam nosso modo de vida, são contra a igualdade entre homens e mulheres".[8] Em vez de apoiar o plano da UE para distribuir os refugiados igualmente entre os países-membros através de um sistema de cotas, Kurz — como Viktor Orbán na Hungria e outros — argumentou que a UE devia fortalecer suas fronteiras externas e focar na proibição de entrada de refugiados e imigrantes. Nesse cenário, Kurz venceu a eleição e, subsequentemente, forjou um governo de coalizão com o nacional-populista Partido da Liberdade, cujo líder, Heinz-Christian Strache, se tornou vice-primeiro-ministro (embora essa coalizão tenha entrado em colapso depois que Strache foi pego prometendo contratos governamentais para os que ele acreditava serem representantes de um oligarca russo, em troca da compra de um importante jornal que apoiaria seu partido).

Outra evidência de guinada para a direita vem dos acadêmicos Markus Wagner e Thomas Meyer, que analisaram como a ascensão do nacional-populismo teve impacto amplo e profundo nos debates políticos europeus

CONCLUSÕES: RUMO AO PÓS-POPULISMO   281

desde a década de 1980. Eles esperavam que uma de duas coisas tivesse ocorrido. Por um lado, a busca pelo sucesso poderia ter levado os nacional-populistas a se tornarem mais moderados e parecidos com o mainstream. Essa ideia se adéqua ao argumento de que não precisamos realmente nos preocupar com os populistas, porque eles serão "domados" pela liberal democracia e/ou enfraquecidos por divisões sobre questões como a cooperação com o mainstream. Por outro lado, os nacional-populistas poderiam ter permanecido fiéis a seus princípios e arrastado todo o sistema político para a direita.

Na Dinamarca, esse processo até mesmo levou os social-democratas a se tornarem nacional-populistas leves em um país no qual o Partido do Povo ficara em primeiro lugar nas eleições europeias de 2014. Sua líder, Mette Frederiksen, alegou que o preço da imigração em massa fora "pago pelas classes mais baixas" e esposa políticas como limitar os imigrantes não ocidentais, forçar os imigrantes a trabalharem em troca de benefícios e tornar obrigatórios cursos de língua dinamarquesa e valores dinamarqueses para crianças. Isso foi acompanhado de uma guinada para a esquerda em termos de políticas socioeconômicas, incluindo forte defesa do Estado de bem-estar social e ênfase nas questões ambientais. O resultado foi o primeiro lugar nas eleições gerais de 2019, com 26% dos votos, ao passo que o Partido do Povo ficou para trás (embora também tenha sofrido com a competição de partidos mais duros de direita).

Após estudar mais de quinhentos manifestos, de quase setenta partidos, em dezessete democracias e em um período de mais de três décadas, Markus Wagner e Thomas Meyer encontraram fortes evidências de que o mainstream europeu absorveu a agenda nacional-populista, afastando-se das questões liberais e se aproximando de posições sociais mais "autoritárias", como a adoção de uma visão mais rígida sobre a lei e a ordem e a redução da imigração (ver Figura 7.1). Enfrentando nacional-populistas que, em alguns casos, tornaram-se *mais* radicais, o mainstream não somente passou a falar mais de questões como a imigração, como também se moveu mais para a direita.[9]

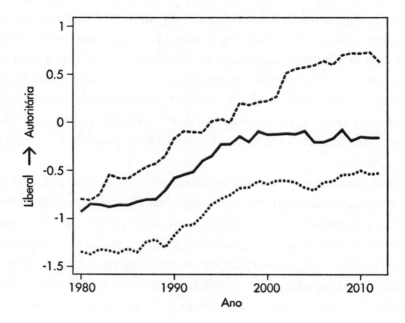

Figura 7.1
Posição sobre questões liberais-autoritárias do mainstream e dos partidos nacional-populistas

----- Direita radical
——— Partidos convencionais de direita
······ Partidos convencionais de esquerda

Nos Estados Unidos, a situação é diferente porque não vimos o surgimento de um partido nacional-populista totalmente fora do sistema partidário tradicional. Mesmo assim, há paralelos no caso do eclético movimento Tea Party, que, como vimos, combinou formas conservadoras, libertárias e populistas de republicanismo. O movimento foi formado após a crise financeira, mas ampliou seu foco em resgates do governo grande aos banqueiros "corruptos" para a oposição racista e xenofóbica ao presidente Obama e à imigração e para a defesa de valores tradicionais, incluindo o cristianismo evangélico. Trump quase aprendeu com os diferentes apelos dessas promessas.

Seu comprometimento, durante a campanha de 2016, de "drenar o pântano", reduzir a imigração, investir em infraestrutura e atacar o comércio "injusto" o separou das visões de quase todo o establishment republicano, defensor dos mercados livres. Contudo, o apoio popular a tais políticas revelou que os republicanos haviam falhado em penetrar em certos eleitorados, muito embora certamente o partido estivesse obtendo votos da classe trabalhadora desde o colapso do sul democrata na década de 1960 e o surgimento da "coalizão Reagan", que incluía trabalhadores bem distantes dessa região, na década de 1980.

Mesmo assim, a maioria dos comentadores esperava que Trump fracassasse em todas as principais frentes, possivelmente dividindo o Partido Republicano pelo caminho. Robert Reich afirmou que "a presidência de Trump tem sido, primeiro e acima de tudo, sobre marketing para Trump" e que ele "jamais se importou com políticas públicas".[10] Acredita-se que, mesmo que fosse politicamente mais habilidoso, haveria pouca probabilidade de que liderasse o realinhamento ideológico republicano. Os críticos o veem como incapaz de construir outra coalizão vencedora e promotora de mudanças para as eleições presidenciais, pois seus principais apoiadores vêm de grupos em declínio, como as áreas rurais, ao passo que seu errático lado populista, juntamente com a inabilidade de adotar a persona presidencial, supostamente está alienando os principais financiadores. Além disso, a forte hostilidade pessoal contra ele significa que há pouca esperança de que atraia um número significativo de novos eleitores.

Ao mesmo tempo, forças poderosas como as minorias étnicas, as mulheres e as pessoas mais instruídas estão apoiando cada vez mais os democratas, e os críticos de Trump afirmam que esses grupos serão fortalecidos por desertores republicanos de meios socioeconômicos similares. Todavia, como comentamos no capítulo anterior, 26% dos apoiadores democratas estão mais próximos dos republicanos em questões culturais, muito mais que os republicanos estão próximos dos democratas. Se os democratas assumirem uma enfática posição de apoio à imigração extensiva e aos direitos das minorias, os resultados podem ser novas perdas significativas. De fato, o comentador Fareed Zakaria afirma, com razão, que "o partido deveria assumir uma posição menos absolutista em relação à imigração, reconhecendo o custo cultural e econômico da imigração em larga escala".[11]

E se Trump cumprir algumas de suas promessas? A Guarda Nacional já foi enviada para patrulhar a fronteira sul com o México. Apesar das fortes pressões para emigrar em países latino-americanos como a problemática Venezuela, a imigração legal tenderia a se reduzir, o que prejudicaria os negócios e aumentaria os preços, mas muitos apoiadores aceitariam isso, a menos que o impacto fosse muito grande. Além disso, os três primeiros anos da presidência de Trump testemunharam melhorias em indicadores econômicos cruciais, incluindo sinais de novos investimentos após a redução dos impostos e o aumento dos salários — ainda que as reduções de impostos pareçam ter beneficiado principalmente os ricos e Trump não tenha introduzido o tipo de política de bem-estar social que ajudou o Lei e Justiça na Polônia a conquistar uma porcentagem ainda maior dos votos em 2019. Há o risco de que introduzir tarifas alfandegárias crie uma desastrosa guerra comercial com a China e outros países, mas também pode gerar uma onda maior de patriotismo se Trump exibir sua política como tentativa de defender os trabalhadores em situação precária contra os mercados globais descontrolados. Pode até mesmo encorajar países como a China a adotarem práticas mais justas de comércio. Nesse caso, a marca Trump, em vez de ser tóxica, poderia ser uma "franquia" atraente para republicanos locais menos abrasivos competindo em áreas nas quais há extenso potencial nacional-populista. Haveria um poderoso impulso na direção de uma forma nacional-populista leve de republicanismo, especialmente considerando-se que a maioria de seus eleitores se importa muito mais com questões culturais que com a crença na economia de livre mercado do establishment do partido e de seus principais financiadores, como comentamos no capítulo anterior. De fato, muitos republicanos apoiam uma visão de governo que vai muito além das visões minimalistas dos libertários.

Os partidos europeus tipicamente são mais centralizados e controlados pelas elites partidárias, e assim menos suscetíveis de ser capturados por outsiders e renegados, mas dinâmicas similares estão em jogo. Nos anos vindouros, líderes e partidos que até agora descartaram qualquer forma de cooperação direta com os nacional-populistas podem adentrar seu território. Veja a centro-direita na França, que em 2017 sequer conseguiu chegar ao turno final da eleição presidencial e sofreu dramática perda de apoio durante as eleições legislativas seguintes. No fim de 2017, os republicanos escolheram como líder Laurent Wauquiez, cujas políticas envolvem um foco nacional-populista leve na identidade, na imigração e no Islã. É pouco provável que somente isso seja suficiente para reconquistar todos os eleitores perdidos, mas é outro exemplo de como a ascensão de Marine Le Pen e do nacional-populismo e a mudança no cenário político estão empurrando os partidos mainstream para a direita.

Demonstramos como o nacional-populismo é baseado em fatores profundamente enraizados que não desaparecerão no futuro próximo. De fato, de algumas maneiras eles estão fortalecendo a base nacional-populista. No futuro, porém, o "sucesso" pode chegar mais na forma de partidos e políticos nacional-populistas leves, especialmente se eles estiverem dispostos a adotar uma ampla variedade de políticas nacional-populistas.

A título de conclusão, enfatizamos que o nacional-populismo, qualquer que seja a forma que assuma, exercerá poderoso efeito sobre a política de muitos países ocidentais, durante muitos anos.

BREVE GUIA DE LEITURA

Esta lista foi criada para guiar o leitor na direção de artigos em inglês, principalmente acadêmicos, que oferecem resumos (relativamente) acessíveis dos tópicos principais. A fim de incentivar a reflexão sobre essas importantes e controversas questões, incluímos obras com diferentes pontos de vista, em muitas delas destacando a posição geral dos autores. Algumas das obras incluídas nas duas primeiras listas também são relevantes para o estudo do Brexit/UKIP e de Trump. Como este guia é voltado para o leitor comum, ele omite artigos em jornais acadêmicos que tipicamente não oferecem acesso online gratuito, embora muitos deles estejam listados nas Notas, pois este livro é baseado nas pesquisas mais recentes, nossas e de outros autores.

OBRAS RELACIONADAS
AO POPULISMO E AO NACIONALISMO

John Breuilly (ed.), *The Oxford Handbook of the History of Nationalism* (Oxford: Oxford University Press, 2013). Destaca a variedade de formas do nacionalismo e inclui um capítulo de Roger Eatwell sobre fascismo e racismo.

Margaret Canovan, *The People* (Cambridge: Polity, 2005). Filósofa política que argumenta que o populismo é uma resposta às tensões na democracia liberal.

Eric J. Hobsbawm, *Nations and Nationalism since 1789: Programme, Myth, Reality* (Cambridge: Cambridge University Press, 2012). Ataque de esquerda à irracionalidade do nacionalismo.

Cristóbal Rovira Kaltwasser, Paul Taggart, Pauline Ochoa Espejo e Pierre Ostiguy (ed.), *The Oxford Handbook of Populism* (Oxford: Oxford University Press, 2017). Estudo amplo sobre movimentos e questões recentes, incluindo um capítulo de Roger Eatwell sobre populismo e fascismo.

David Miller, *On Nationality* (Oxford: Clarendon Press, 1995). Esse filósofo político defende o nacionalismo moderado como importante para a solidariedade e a redistribuição sociais.

Cas Mudde e Cristóbal Rovira Kaltwasser, *Populism: A Very Short Introduction* (Oxford: Oxford University Press, 2017).

Jan-Werner Müller, *What Is Populism?* (Filadélfia: University of Pennsylvania Press, 2016). Relato crítico de um filósofo político liberal que vê o populismo como ameaça ao pluralismo democrático e à tolerância.

Paul Taggart, *Populism* (Buckingham: Open University Press, 2000).

OBRAS RELACIONADAS AO NACIONAL-POPULISMO CONTEMPORÂNEO

Andrew Geddes e Peter Scholten, *The Politics of Migration and Immigration in Europe* (Londres: Sage, 2016).

Justin Gest, *The New Minority: White Working Class Politics in an Age of Immigration* (Nova York: Oxford University Press, 2016). Relato empático das mudanças sociológicas na Grã-Bretanha e nos Estados Unidos.

Jonathan Haidt, "When nationalism beats globalism", *The American Interest*, julho de 2016. Disponível em: https://www.the-american-interest.com/2016/07/10/when-and-why-nationalism-beats-globalism/. Importante psicólogo social americano defende o nacionalismo moderado.

John B. Judis, *The Populist Explosion: How the Great Recession Transformed American and European Politics* (Nova York: Columbia Global Reports, 2016).

Paul Krugman, *End this Depression Now* (Nova York: W.W. Norton and Company, 2012).

Steven Levitsky e Daniel Ziblatt, *How Democracies Die: What History Reveals About our Future* (Nova York: Viking, 2018).

Benjamin Moffitt, *The Global Rise of Populism: Performance, Political Style and Representation* (Stanford: Stanford University Press, 2016). Populismo como "estilo".

Cas Mudde (ed.), *The Populist Radical Right: A Reader* (Abingdon: Routledge, 2016). Boa seleção de artigos acadêmicos clássicos, incluindo dois de Roger Eatwell.

Sasha Polakow-Suransky, *Go Back to Where You Came From: The Backlash Against Immigration and the Fate of Western Democracy* (Londres: Hurst Publishers, 2017). Crítica da extrema direita feita por uma jornalista liberal.

Dani Rodrik, *The Globalization Paradox: Why Global Markets, States and Democracy Can't Coexist* (Oxford: Oxford University Press, 2012).

Jens Rydgren (ed.), *The Oxford Handbook of the Radical Right* (Oxford: Oxford University Press, 2018). Contém boa variedade de estudos nacionais e temáticos, incluindo um capítulo de Roger Eatwell sobre líderes carismáticos.

Joseph E. Stiglitz, *The Euro: And Its Threat to the Future of Europe* (Londres: Allen Lane, 2016).

BREXIT, UKIP E POLÍTICA BRITÂNICA

Harold Clarke, Paul Whiteley e Matthew J. Goodwin, *Brexit: Why Britain Voted to Leave the European Union* (Cambridge: Cambridge University Press, 2017).

Geoffrey Evans e Anand Menon, *Brexit and British Politics* (Cambridge: Polity, 2017). Livro curto sobre a votação do Brexit.

Robert Ford e Matthew Goodwin, *Revolt on the Right: Explaining Support for the Radical Right in Britain* (Abingdon: Routledge, 2014). Premiado livro sobre o UKIP.

David Goodhart, *The Road to Somewhere: The Populist Revolt and the Future of Politics* (Londres: C. Hurst & Co., 2017).

Matthew J. Goodwin e Caitlin Milazzo, *UKIP: Inside the Campaign to Redraw the Map of British Politics* (Oxford: Oxford University Press, 2015).

DONALD TRUMP E POLÍTICA AMERICANA

Emily Ekins, "The five types of Trump voters", Voter Study Group paper, 2017. Disponível em: https://www.voterstudygroup.org/publications/2016-elections/the-five-types-trump-voters.

David Frum, *Trumpocracy: The Corruption of the American Republic* (Nova York: Harper Collins, 2018). Ataque campeão de vendas a Trump e sua ameaça à democracia.

Arlie Russell Hochschild, *Strangers in Their Own Land: Anger and Mourning on the American Right* (Nova York: The New Press, 2016). Estudo sociológico do Tea Party e do prelúdio à vitória de Trump.

Mark Lilla, *The Once and Future Liberal: After Identity Politics* (Nova York: HarperCollins, 2017). Um autodescrito liberal fala sobre os problemas do atual liberalismo "identitário", que se afastou das preocupações clássicas da classe trabalhadora.

John Sides, "Race, religion and immigration in 2016", 2017. Disponível em: https://www.voterstudygroup.org/publications/2016-elections/race-religion-immigration-2016. Análise das tendências de longo prazo nos EUA.

Michael Tesler e David O. Sears, *Obama's Race: The 2008 Election and the Dream of a Post-Racial America* (Chicago: University of Chicago Press, 2010). Análise do papel da raça nos Estados Unidos e seus efeitos sobre a presidência de Obama.

John Tirman, *Immigration and the American Backlash* (Cambridge: MIT Press, 2016).

Leonard Weinberg, *Fascism, Populism and American Democracy* (Abingdon: Routledge, 2018).

Michael Wolff, *The Fire and Fury: Inside the Trump White House* (Nova York: Henry Holt and Company, 2018). Best-seller que descreve o funcionamento da administração Trump.

NOTAS

INTRODUÇÃO

1. Pesquisa CNN/Kaiser Family Foundation, setembro de 2016. Dados britânicos retirados da pesquisa British Social Attitudes.
2. Matthew Karnitschnig, "Steve Bannon populist roadshow hits Europe", *Politico Europe*, 6 de março de 2018. Disponível em: https://www.politico.eu/article/steve-bannon-populism-donald-trump-i-still-love-the-guy/ (acessado em 9 de março de 2018).
3. David Frum, *Trumpocracy: The Corruption of the American Republic* (Nova York: HarperCollins, 2018).
4. Bandy Lee (ed.), *The Dangerous Case of Donald Trump* (Nova York: Thomas Dunne Books, 2017); Paul Krugman, "Trump's deadly narcissism", *The New York Times*, 29 de setembro de 2017.
5. Jake Horowitz, "Bernard-Henri Lévy: Le Pen will not win because: 'France is not ready for a fascist regime'", *Mic*, 21 de abril de 2017. Disponível em: https://mic.com/articles/174291/bernard-henri-levy-marine-le-pen-french--france-election-fascist#.x5Bif18Es (acessado em 6 de janeiro de 2018); Isobel Thompson, "Can Marine Le Pen make fascism mainstream?", *Vanity Fair*, 25 de abril de 2017. Disponível em: https://www.vanityfair.com/news/2017/04/can-marine-le-pen-go-mainstream (acessado em 6 de janeiro de 2018).
6. Ruth Ben-Ghiat, "Donald Trump and Steve Bannon's coup in the making", CNN *Opinion*, 1º de fevereiro de 2017. Disponível em: http://edition.cnn.

com/2017/02/01/opinions/bannon-trump-coup-opinion-ben-ghiat/index.html (acessado em 3 de fevereiro de 2017); Timothy Snyder, *On Tyranny: Twenty Lessons from the Twentieth Century* (Londres: Bodley Head, 2017), p. 45 e p. 71. Para uma avaliação comparativa, ver Steven Levitsky e Daniel Ziblatt, *How Democracies Die: What History Reveals About Our Future* (Nova York: Viking, 2018).
7. John B. Judis, *The Populist Explosion: How the Great Recession Transformed American and European Politics* (Nova York: Columbia Global Reports, 2016); Ronald F. Inglehart e Pippa Norris, "Trump, Brexit, and the rise of populism: economic have-nots and cultural backlash" (2016). Disponível em: https://papers.ssrn.com/sol3/papers.cfm?abstract_id=2818659 (acessado em 23 de fevereiro de 2017).
8. Ipsos-MORI Thinks (2017), "Millennial. Myths and realities". Disponível em: https://www.ipsos.com/sites/default/files/2017-05/ipsos-mori-millennial-myths-realities-full-report.pdf (acessado em 20 de outubro de 2017).
9. Pew Research Center, "The generation gap in American politics", 1º de março de 2018. Disponível em: http://www.people-press.org/2018/03/01/the-generation-gap-in-american-politics/ (acessado em 9 de março de 2018).

CAPÍTULO 1: MITOS

1. Nate Silver, "The mythology of Trump's 'working class support'", *FiveThirtyEight*, 3 de maio de 2016. Disponível em: https://fivethirtyeight.com/features/the-mythology-of-trumps-working-class-support/l (acessado em 21 de outubro de 2017); também Emma Green, "It was cultural anxiety that drove white, working-class voters to Trump", *The Atlantic*, 9 de maio de 2017.
2. Matt Grossmann, "Racial attitudes and political correctness in the 2016 presidential election", Niskanen Center, 10 de maio de 2018. Disponível em: https://niskanencenter.org/blog/racial-attitudes-and-political-correctness-in-the-2016-presidential-election/ (acessado em 24 de maio de 2018); também Diana C. Mutz, "Status threat, not economic hardship, explains the 2016 presidential vote", *Proceedings of the National Academy of Sciences*, pu-

blicado online em abril de 2018. Disponível em: http://www.pnas.org/content/early/2018/04/18/1718155115 (acessado em 24 de maio de 2018).

3. NatCen (2016), "Understanding the leave vote", National Centre for Social Research, Londres. O NatCen estima que o voto médio pelo Brexit foi de 66% entre aqueles com renda mensal de menos de 1.200 libras esterlinas, de 57% entre aqueles com renda mensal entre 1.201 e 2.200 libras esterlinas e de 51% entre aqueles com renda mensal entre 2.201 e 3.700 libras esterlinas. A renda média na época do referendo era de 27.600 libras esterlinas, ou aproximadamente 1.800 libras esterlinas mensais, após a dedução dos impostos.

4. Martin Wolf, "The economic origins of the populist surge", *Financial Times*, 27 de junho de 2017; Michael Jacobs e Mariana Mazzucato, "The Brexit-Trump syndrome: it's the economics, stupid", London School of Economics British Politics and Policy Blog, 21 de novembro de 2016. Disponível em: http://blogs.lse.ac.uk/politicsandpolicy/the-brexit-trump-syndrome/ (acessado em 1º de novembro de 2017).

5. Daniel Stockemer, "Structural data on immigration or immigration perceptions? What accounts for the electoral success of the radical right in Europe?", *Journal of Common Market Studies*, 54(4) (2016), pp. 999-1.016.

6. Janan Ganesh, "Authenticity is the political snake oil of our age", *Financial Times*, 11 de setembro de 2017.

7. Matthew Fowler, Vladimir Medenica e Cathy J. Cohen, "Why 41 percent of white millennials voted for Trump", *Washington Post*, Monkey Cage blog, 15 de dezembro de 2017. Disponível em: https://www.washingtonpost.com/news/monkey-cage/wp/2017/12/15/racial-resentment-is-why-41-percent-of-white-millennials-voted-for-trump-in-2016/?utm_term=.508ee92e4970 (acessado em 5 de janeiro de 2018).

8. Robert Ford e Matthew Goodwin, *Revolt on the Right: Explaining Support for the Radical Right in Britain* (Abingdon: Routledge, 2014).

9. Na França, os dados foram retirados das pesquisas finais Ifop-Fiducial antes do primeiro e do segundo turnos de votação. Na Alemanha, os dados foram retirados do Institute for Social Research and Consulting. Disponível em: http://www.sora.at/fileadmin/downloads/wahlen/2016_BP-Wiederholung_Grafiken-Wahltagsbefragung.pdf.

10. Pew Research Center, "The generation gap in American politics", 1º de março de 2018. Disponível em: http://www.people-press.org/2018/03/01/the-generation-gap-in-american-politics/ (acessado em 9 de março de 2018).
11. Jean Twenge, *iGen: Why Today's Super-connected Kids Are Growing up Less Rebellious, More Tolerant, Less Happy and Completely Unprepared for Adulthood* (Nova York: Atria Books, 2017). Ver também YouGov Survey Results (2018). Disponível em: https://d25d2506sfb94s.cloudfront.net/cumulus_uploads/document/dqjh8rbx2e/InternalResults_180425_Immigration.pdf (acessado em 24 de maio de 2018).
12. James Tilley e Geoffrey Evans, "Ageing and generational effects on vote choice: Combining cross-sectional and panel data to estimate APC effects", *Electoral Studies*, 33(1) (2014), pp. 19-27.
13. Abdelkarim Amengay, Anja Durovic e Nonna Mayer, "L'impact du gendre sur le vote Marine Le Pen", *Revue Française de Science Politique*, 67(6) (2017), pp. 1.067-87.
14. Stanley B. Greenberg, *America Ascendant: a Revolutionary Nation's Path to Addressing its Deepest Problems and Leading the 21st Century* (Nova York: Thomas Dunne Books, 2015).
15. J. D. Vance, *Hillbilly Elegy: a Memoir of a Family and Culture in Crisis* (Nova York: Harper, 2016) [edição brasileira: *Era uma vez um sonho: a história de uma família da classe operária e da crise da sociedade americana*. Rio de Janeiro: LeYa, 2017].
16. Emily Ekins, "The five types of Trump voters", Voter Study Group, junho de 2017. Disponível em: https://www.voterstudygroup.org/publications/2016-elections/the-five-types-trump-voters (acessado em 11 de dezembro de 2017).
17. NatCen (2016), "Understanding the leave vote", National Centre for Social Research, Londres.
18. Sobre o apoio da classe trabalhadora ao nacional-populismo, ver Daniel Oesch, "Explaining workers' support for right-wing populist parties in Western Europe: Evidence from Austria, Belgium, France, Norway, and Switzerland", *International Political Science Review*, 29(3) (2008), pp. 349-73; e Jocelyn A. J. Evans, "The dynamics of social change in radical right-wing populist party

support", *Comparative European Politics*, 3(1) (2005), pp. 76-101; Jens Rydgren (ed.), *Class Politics and the Radical Right* (Abingdon: Routledge, 2012).

19. Embora Clinton tenha obtido 9% mais de votos que Obama em 2012 na vasta maioria dos cinquenta condados com níveis mais elevados de instrução, ela perdeu cerca de 11% dos votos na vasta maioria dos condados com níveis menos elevados, muitos dos quais pertenciam a estados-chave como Ohio e Carolina do Norte. Ver Rob Griffin, Ruy Teixeira e John Halpin, "Voter trends in 2016: A final examination", Center for American Progress, 1º de novembro de 2017. Disponível em: https://www.americanprogress.org/issues/democracy/reports/2017/11/01/441926/voter-trends-in-2016/ (acessado em 22 de novembro de 2017); também Nate Silver, "Education, not income, predicted who would vote for Trump", *FiveThirtyEight*, 22 de novembro de 2016. Disponível em: http://fivethirtyeight.com/features/education-not-income-predicted-who-would-vote-for-trump/ (acessado em 12 de dezembro de 2016).

20. Similarmente, embora o apoio à permanência tenha chegado a 70% entre as pessoas com mais de 55 anos com diploma de nível superior, para pessoas do mesmo grupo etário que não possuíam diploma, ele decaiu para 30%. Matthew Goodwin e Oliver Heath, *Brexit Vote Explained: Poverty, Low Skills and Lack of Opportunities* (Londres: Joseph Rowntree Foundation, 2016); ver também NatCen, "The vote to leave the EU: Litmus test or lightning rod?", *British Social Attitudes* 34. Disponível em: http://www.bsa.natcen.ac.uk/media/39149/bsa34_brexit_final.pdf (acessado em 8 de janeiro de 2018).

21. Dados retirados da pesquisa final Ifop-Fiducial, 5 de maio de 2017. Disponível em: http://dataviz.ifop.com:8080/IFOP_ROLLING/IFOP_05-05-2017.pdf (acessado em 20 de junho de 2018).

22. Rob Griffin, Ruy Teixeira e John Halpin, "Voter trends in 2016: A final examination", Center for American Progress, 1º de novembro de 2017. Disponível em: https://www.americanprogress.org/issues/democracy/reports/2017/11/01/441926/voter-trends-in-2016/ (acessado em 1º de dezembro de 2018).

23. Para evidências sobre a importância da experiência socializante da educação, ver Rune Stubager, "Education effects on authoritarian-libertarian values: a question of socialization", *The British Journal of Sociology*, 59(2) (2008), pp.

327-50; J. Phelan, B. Link, A. Stueve e R. Moore, "Education, social liberalism and economic conservatism: Attitudes toward homeless people", *American Sociological Review*, 60(1) (1995), pp. 126-40; Paula Surridge, "Education and liberalism: pursuing the link", *Oxford Review of Education*, 42(2) (2016), pp. 146-64.

24. NatCen, "The vote to leave the EU: Litmus test or lightning rod?", *British Social Attitudes* 34. Disponível em: http://www.bsa.natcen.ac.uk/media/39149/bsa34_brexit_final.pdf (acessado em 8 de janeiro de 2018).

25. Eric Kaufmann, "Immigration and white identity in the West", *Foreign Affairs*, 8 de setembro de 2017; Ariel Edwards-Levy, "Nearly half of Trump voters think whites face a lot of discrimination", *Huffington Post*, 21 de novembro de 2016. Disponível em: https://www.huffingtonpost.co.uk/entry/discrimination-race--religion_us_5833761ee4b099512f845bba?guccounter=1 (acessado em 24 de maio de 2018); Michael Tesler e John Sides, "How political science helps explain the rise of Trump: the role of white identity and grievances", *Washington Post*, 3 de março de 2016; ver também Michael Tesler, *Post-Racial or Most-Racial?: Race and Politics in the Obama Era* (Chicago: University of Chicago Press, 2016).

26. NatCen (2016), "Understanding the leave vote", Londres: National Centre for Social Research.

27. Sobre deslocamento cultural e Trump, ver PRRI, "Beyond economics: fears of cultural displacement pushed the white working-class to Trump", 5 de setembro de 2017. Disponível em: https://www.prri.org/research/white-working-class--attitudes-economy-trade-immigration-election-donald-trump/ (acessado em 15 de outubro de 2017). Para o estudo sobre brancos temendo que os não brancos assumam o controle, ver Brenda Major, Alison Blodorn e Gregory Major Blascovich, "The threat of increasing diversity: why many white Americans support Trump in the 2016 presidential election", *Group Processes & Intergroup Relations*, publicado online em outubro de 2016. Disponível em: https://doi.org/10.1177/1368430216677304 (acessado em 24 de maio de 2018). Há um número crescente de estudos sobre o eleitorado de Trump, mas ver especialmente Michael Tesler e John Sides, "How political science helps explain the rise of Trump: the role of white identity and grievances", *Washington Post*,

Monkey Cage blog, 3 de março de 2016. Disponível em: www.washingtonpost.com/news/monkey-cage/wp/2016/03/03/how-political-science-helps-explain-the-rise-of-trump-the-role-of-white-identity-and-grievances (acessado em 10 de janeiro de 2017); Michael Tesler, "Trump is the first modern Republican to win the nomination based on racial prejudice", *Washington Post*, Monkey Cage blog, 1º de agosto de 2016. Disponível em: www.washingtonpost.com/news/monkey-cage/wp/2016/08/01/trump-is-the-first-republican-in-modern-times-to-win-the-partys-nomination-on-anti-minority-sentiments (acessado em 10 de janeiro de 2017); Michael Tesler, "In a Trump-Clinton match-up, racial prejudice makes a striking difference", *Washington Post*, Monkey Cage blog, 25 de maio de 2016. Disponível em: www.washingtonpost.com/news/monkey-cage/wp/2016/05/25/in-a-trump-clinton-match-up-theres-a-striking-effect-of-racial-prejudice (acessado em 10 de janeiro de 2017); Michael Tesler, "Views about race mattered more in electing Trump than in electing Obama", *Washington Post*, Monkey Cage blog, 22 de novembro de 2016. Disponível em: www.washingtonpost.com/news/monkey-cage/wp/2016/11/22/peoples-views-about-race-mattered-more-in-electing-trump-than-in-electing-obama (acessado em 10 de janeiro de 2017).
28. Emily Flitter e Chris Kahn, "Trump supporters more likely to view blacks negatively", Reuters/Ipsos, 28 de junho de 2016. Disponível em: https://www.reuters.com/article/us-usa-election-race/exclusive-trump-supporters-more-likely-to-view-blacks-negatively-reuters-ipsos-poll-IDUSKCN0ZE2SW (acessado em 18 de agosto de 2016); Bradley Jones e Jocelyn Kiley, "More warmth for Trump among GOP voters concerned by immigrants, diversity", Pew Research Center, 2 de junho de 2016. Disponível em: http://www.pewresearch.org/fact-tank/2016/06/02/more-warmth-for-trump-among-gop-voters-concerned-by-immigrants-diversity/ (acessado em 15 de dezembro de 2016).
29. John Sides, Michael Tesler e Lynn Vavreck, "How Trump lost and won", *Journal of Democracy*, 28(2) (2017), pp. 34-44.
30. Sobre essa pesquisa, ver YouGov (2017), "The 'extremists' on both sides of the Brexit debate". Disponível em: https://yougov.co.uk/news/2017/08/01/britain-

-nation-brexit-extremists/ (acessado em 20 de dezembro de 2017). Sobre o Brexit e a questão da imigração, ver Harold Clarke, Paul Whiteley e Matthew Goodwin, *Brexit: Why Britain Voted to Leave the European Union* (Cambridge: Cambridge University Press, 2017); Matthew Goodwin e Caitlin Milazzo, "Taking back control? Investigating the role of immigration in the 2016 vote for Brexit", *British Journal of Politics and International Relations*, 19(3) (2017), pp. 450-64; Matthew Goodwin e Oliver Heath, "The 2016 referendum, Brexit and the left behind: an aggregate level analysis of the result", *The Political Quarterly*, 87(3) (2016), pp. 323-32; Ipsos-MORI (2017), *Shifting Ground: Eight Key Findings from a Longitudinal Study on Attitudes Toward Immigration and Brexit*. Disponível em: https://www.ipsos.com/sites/default/files/ct/news/documents/2017-10/Shifting%20Ground_Unbound.pdf (acessado em 24 de maio de 2018).

31. Daniel Oesch, "Explaining workers' support for right-wing populist parties in Western Europe: evidence from Austria, Belgium, France, Norway, and Switzerland", *International Political Science Review*, 29(3) (2008), pp. 349-73; Han Werts, Peer Scheepers e Marcel Lubbers, "Euro-scepticism and radical right-wing voting in Europe, 2002-2008: social cleavages, socio-political attitudes and contextual characteristics determining voting for the radical right", *European Union Politics*, 14(2) (2013), pp. 183—205; sobre o último estudo, ver Marcel Lubbers e Marcel Coenders, "Nationalistic attitudes and voting for the radical right in Europe", *European Union Politics*, 18(1) (2017), pp. 98-118.

CAPÍTULO 2: PROMESSAS

1. Robert Kagan, "This is how fascism comes to America", *Washington Post*, 18 de maio de 2016. Disponível em: https://www.washingtonpost.com/opinions/this-is-how-fascism-comes-to-america/2016/05/17/c4e32c58-1c47-11e6-8c7b-6931e66333e7_story.html?utm_term=.bf2a6b503098 (acessado em 4 de setembro de 2016).

2. Henry Giroux, "Fascism's return and Trump's war on youth", *The Conversation*, 13 de dezembro de 2017. Disponível em: http://theconversation.com/fascisms-return-and-trumps-war-on-youth-88867 (acessado em 10 de janeiro de 2018).

3. Benjamin Moffitt, *The Global Rise of Populism: Performance, Political Style, and Representation* (Stanford: Stanford University Press, 2016).
4. Jana Winter e Elias Groll, "Here's the memo that blew up the NSC", *Foreign Policy*, 10 de agosto de 2017. Disponível em: http://foreignpolicy.com/2017/08/10/heres-the-memo-that-blew-up-the-nsc/ (acessado em 12 de janeiro de 2018).
5. Richard Hofstadter, "The paranoid style in American politics", *Harper's Magazine*, novembro de 1964. Disponível em: https://harpers.org/archive/1964/11/the-paranoid-style-in-american-politics/ (acessado em 7 de dezembro de 2016).
6. Cas Mudde, *Populist Radical Right Parties in Europe* (Cambridge: Cambridge University Press, 2007).
7. Por exemplo, Cas Mudde e Cristóbal Rovira Kaltwasser, "Exclusionary vs. inclusionary populism: comparing contemporary Europe and Latin America", *Government and Opposition*, 48(2) (2012), pp. 147-74.
8. Roger Eatwell, "Fascism", em Michael Freeden, Lyman Tower Sargent e Marc Stears (ed.), *The Oxford Handbook of Political Ideologies* (Oxford: Oxford University Press, 2013); Roger Eatwell, "Populism and fascism", em Cristóbal Rovira Kaltwasser, Paul Taggart, Pauline Ochoa Espejo e Pierre Ostiguy (ed.), *The Oxford Handbook of Populism* (Oxford: Oxford University Press, 2017).
9. Justin Gest, *The New Minority. White Working Class Politics in an Age of Immigration* (Nova York: Oxford University Press, 2016); Lucian Gideon Conway, Meredith A. Repke e Shannon C. Houck, "Donald Trump as a cultural revolt against perceived communication restriction: priming political correctness norms causes more Trump support", *Journal of Social and Political Psychology*, 5(1) (2017), pp. 244-59.
10. Margaret Canovan, "Trust the people: populism and the two faces of Democracy", *Political Studies*, 47(1) (1999), pp. 2-16. Ver também Margaret Canovan, *The People* (Cambridge: Polity Press, 2005).
11. Por exemplo, Jan-Werner Müller, *What Is Populism?* (Filadélfia: University of Pennsylvania Press, 2016); ver também Yascha Mounk, "How populists uprisings could bring down liberal democracy", *The Guardian*, 4 de março de 2018. Disponível em: s://www.theguardian.com/commentisfree/2018/mar/04/shock-system-liberal-democracy-populism (acessado em 25 de maio de 2018).

12. Charles Postel, *The Populist Vision* (Oxford: Oxford University Press, 2007); Walter Nugent, *The Tolerant Populists: Kansas Populism and Nativism* (Chicago: University of Chicago Press, 2013).
13. Dennis W. Johnson, *Democracy for Sale: A History of American Political Consulting* (Oxford: Oxford University Press, 2017).
14. Paul Taggart, *Populism* (Buckingham: Open University Press, 2000).
15. Para pesquisas gerais, ver Roger Eatwell, *Fascism: A History* (Londres: Pimlico, 2003); Robert Paxton, *The Anatomy of Fascism* (Londres: Allen Lane, 2004); e Stanley Payne, A *History of Fascism, 1914-45* (Madison: University of Wisconsin Press, 1995).
16. Richard Bessel, *Nazism and War* (Londres; Phoenix, 2005), p. 3.
17. James Q. Whitman, *Hitler's American Model: the United States and the Making of Nazi Race Law* (Princeton: Princeton University Press, 2017).
18. David Cesarani, *Final Solution: The Fate of the Jews 1933-1949* (Basingstoke: Palgrave Macmillan, 2016); Dan Stone, *Histories of the Holocaust* (Oxford: Oxford University Press, 2010).
19. Victoria De Grazia, *How Fascism Ruled Women Italy, 1922-1945* (Berkeley: University of California Press, 1993); Jill Stephenson, *Women in Nazi Germany* (Londres: Routledge, 2001).
20. Avraham Barkai, *Nazi Economics: Ideology, Theory and Policy* (New Haven: Yale University Press, 1990); ver também David Baker, "The political economy of fascism: myth or reality or myth and reality?", *New Political Economy*, 11(2) (2006), pp. 227-250.
21. Juan Linz, *Authoritarian and Totalitarian Regimes* (Boulder: Lynne Riener Publishers, 2000); ver também Roger Eatwell, "The nature of 'generic fascism': complexity and reflective hybridity", em António Costa Pinto e Aristotle Kallis (ed.), *Rethinking Fascism and Dictatorship in Europe* (Basingstoke: Palgrave Macmillan 2014).
22. Robert Gellately, *Backing Hitler: Consent and Coercion in Nazi Germany* (Oxford: Oxford University Press 2001); Ian Kershaw, *The 'Hitler Myth': Image and Reality in The Third Reich* (Oxford: Oxford University Press 1987).
23. Seymour Martin Lipset e Earl Raab, *The Politics of Unreason: Right-wing Extremism in America, 1790-1970* (Nova York: Harper and Row, 1971).

24. Noberto Bobbio, *Left and Right: The Significance of a Political Distinction* (Cambridge: Polity Press, 1996); Roger Eatwell e Noël O'Sullivan (ed.), *The Nature of the Right* (Londres: Frances Pinter, 1989).
25. Nicholas Vinocur, "Marine Le Pen makes globalization the enemy", *Politico Europe*, 2 de maio de 2017. Disponível em: https://www.politico.eu/article/marine-le-pen-globalization-campaign-launch-french-politics-news-lyon-islam/ (acessado em 22 de janeiro de 2018).
26. Sobre variedades de populismo, ver Cristóbal Rovira Kaltwasser, Paul Taggart, Pauline Ochoa Espejo e Pierre Ostiguy (ed.), *The Oxford Handbook of Populism* (Oxford: Oxford University Press, 2017), e Jens Rydgren (ed.), *The Oxford Handbook of the Radical Right* (Oxford: Oxford University Press, 2018).
27. Para um ponto de vista empático, enfatizando a falha do liberalismo em compreender as preocupações conservadoras, ver Frank Furedi, *European Culture Wars: The Conflict of Values between Hungary and the* EU (Abingdon: Routledge, 2017).
28. Martin Barker, *The New Racism: Conservatives and the Ideology of the Tribe* (Londres: Junction Books, 1981). Para uma leitura acadêmica do racismo, ver Martin Bulmer e John Solomos (ed.), *Racism* (Oxford: Oxford University Press, 1999).
29. David Miller, *Strangers in our Midst: The Political Philosophy of Immigration* (Cambridge: Harvard University Press, 2016).
30. Ta-Nehisi Coates, "The first white president. The foundation of Donald Trump's presidency is the negation of Barack Obama's legacy", *The Atlantic*, outubro de 2017. Disponível em: https://www.theatlantic.com/magazine/archive/2017/10/the-first-white-president-ta-nehisi-coates/537909/ (acessado em 30 de outubro de 2017).
31. Cas Mudde, *Populist Radical Right Parties in Europe* (Cambridge: Cambridge University Press, 2007). Ver também Cas Mudde, "Why nativism not populism should be declared word of the year", *The Guardian*, 7 de dezembro de 2017. Disponível em: https://www.theguardian.com/commentisfree/2017/dec/07/cambridge-dictionary-nativism-populism-word-year (acessado em 25 de maio de 2018).

32. Para uma introdução às variedades e aos debates sobre a natureza e as causas do nacionalismo, ver John Breuilly (ed.), *The Oxford Handbook of the History of Nationalism* (Oxford: Oxford University Press, 2013); John Hutchinson (ed.), *Nationalism* (Oxford: Oxford University Press, 1995).

CAPÍTULO 3: DESCONFIANÇA

1. Francis Fukuyama, "The end of history?", *The National Interest*, 16, verão de 1989, pp. 3-18; Francis Fukuyama, *The End of History and the Last Man* (Nova York: Free Press, 1992).
2. Fareed Zakaria, "The rise of illiberal democracy", *Foreign Affairs*, 76(6) (1997), pp. 22-43; Colin Crouch, *Post-Democracy* (Cambridge: Polity Press, 2004).
3. *Freedom in the World 2019*. Disponível em: https://freedomhouse.org/report/freedom-world/freedom-world-2019 (acessado em 27 de abril de 2019).
4. Karl Popper, *The Open Society and its Enemies. Volume 1: the Spell of Plato* (Londres: Routledge & Kegan Paul, 1945).
5. Joseph Schumpeter, *Capitalism, Socialism and Democracy* (Nova York: Harper and Brothers, 1942); Clinton Rossiter, *The American Presidency* (Nova York: Harcourt Brace, 1956).
6. Bernard R. Berelson, Paul F. Lazarsfeld e W. N. McPhee, *Voting. A Study of Opinion Formation in a Presidential Campaign* (Chicago: Chicago University Press, 1954); Angus Campbell, Philip E. Converse, Warren E. Mitchell e Donald E. Stokes, *The American Voter* (Chicago: Chicago University Press, 1960).
7. Richard Hofstadter, "The paranoid style in American politics", *Harper's Magazine*, novembro de 1964. Disponível em: https://harpers.org/archive/1964/11/the-paranoid-style-in-american-politics/ (acessado em 7 de dezembro de 2016). Ver também Daniel Bell (ed.), *The Radical Right* (Nova York: Doubleday, 1963).
8. Gabriel Almond e Sidney Verba, *The Civic Culture: Political Attitudes and Democracy in Five Nations* (Princeton: Princeton University Press, 1963).
9. Hanspeter Kriesi, "The populist challenge", *West European Politics*, 37(2) (2014), pp. 361-78.

10. Vernon Bogdanor, "After the referendum, the people, not parliament, are sovereign", *Financial Times*, 9 de dezembro de 2016.
11. David Butler e Uwe Kitzinger, *The 1975 Referendum* (Basingstoke: Palgrave Macmillan, 2016), p. 280.
12. Citado em Wolfgang Müller, Marcelo Jenny e Alejandro Ecker, "The elites-masses gap in European integration", em Heinrich Best, György Lengyel e Luca Verzichelli (ed.), *The Europe of Elites: A Study into the Europeanness of Political and Economic Elites* (Oxford: Oxford University Press, 2012), p. 167.
13. Max Haller, *European Integration as an Elite Process: The Failure of a Dream?* (Londres: Routledge, 2008), pp. 16-18.
14. Hermann Schmitt e Jacobus Johannes Adrianus Thomassen (ed.), *Political Representation and Legitimacy in the European Union* (Oxford: Oxford University Press, 1999).
15. Lauren McLaren, *Identity, Interests and Attitudes to European Integration* (Basingstoke: Palgrave Macmillan, 2005).
16. "We're not morons. Brexit divisions harden across Britain", *The Guardian*, 26 de janeiro de 2018. Disponível em: https://www.theguardian.com/politics/2018/jan/26/uk-brexit-voters-mansfield-bristol-torbay-leeds-post-referendum (acessado em 3 de fevereiro de 2018).
17. OECD Education at a Glance, 12 de setembro de 2017. Disponível em: http://www.oecd.org/education/education-at-a-glance-19991487.htm (acessado em 9 de dezembro de 2017).
18. Ruy Teixeira, "The math is clear: Democrats need to win more working-class white votes", Vox, 29 de janeiro de 2018. Disponível em: https://www.vox.com/the-big-idea/2018/1/29/16945106/democrats-white-working-class-demographics-alabama-clinton-obama-base (acessado em 5 de fevereiro de 2018).
19. Geoffrey Evans e James Tilley, *The New Politics of Class: The Political Exclusion of the British Working Class* (Oxford: Oxford University Press, 2017); ver também Biblioteca da Câmara dos Comuns, *Social Background of Members of Parliament, 1979-2017* (Londres, 2017). Disponível em: http://researchbriefings.parliament.uk/ResearchBriefing/Summary/CBP-7483#fullreport (acessado em 7 de janeiro de 2018).

20. Eric Lipton, "Half of Congress members are millionaires, report says", *New York Times*, 9 de janeiro de 2014; "50 richest members of Congress", *Newsweek*, 7 de abril de 2018.
21. Mark Bovens e Anchrit Wille, *Diploma Democracy: The Rise of Political Meritocracy* (Oxford: Oxford University Press, 2017); Larry M. Bartels, *Unequal Democracy: The Political Economy of the New Gilded Age* (Princeton, Princeton University Press, 2016).
22. Social Mobility Commission, *State of the Nation 2017: Social Mobility in Great Britain* (Londres, 2017). Disponível em: https://www.gov.uk/government/uploads/system/uploads/attachment_data/file/662744/State_of_the_Nation_2017_-_Social_Mobility_in_Great_Britain.pdf (acessado em 7 de janeiro de 2018).
23. Elmer E. Schattschneider, *The Semisovereign People: A Realist's View of Democracy in America* (Chicago: Holt, Rinehart and Winston, 1960).
24. Nicholas Carnes, *White-Collar Government: The Hidden Role of Class in Economic Policy Marking* (Chicago: University of Chicago Press, 2013).
25. Nancy MacLean, *Democracy in Chains: The Radical Right's Stealth Plan for America* (Nova York: Viking, 2017); Jane Mayer, *Dark Money: How a Secretive Group of Billionaires Is Trying to Buy Political Control in the US* (Nova York: Doubleday, 2016).
26. Benjamin R. Barber, *Strong Democracy: Participatory Politics for a New Age* (Berkeley: University of California Press, 1984); James S. Fishkin, *When the People Speak: Deliberative Democracy and Public Consultation* (Oxford: Oxford University Press, 2009).
27. Karl Vick, "The digital divide: a quarter of the nation without broadband", *Time*, 30 de março de 2017. Disponível em: http://time.com/4718032/the-digital-divide/ (acessado em 17 de março de 2018).
28. Cass R. Sunstein, *#Republic: Divided Democracy in the Age of Social Media* (Princeton: Princeton University Press, 2017).
29. Mark Lilla, *The Once and Future Liberal: After Identity Politics* (Nova York: HarperCollins, 2017).
30. Baxter Oliphant, "Views about whether whites benefit from societal advantages split sharply along racial and partisan lines", Pew Research Center, 28 de setem-

bro de 2017. Disponível em: http://www.pewresearch.org/fact-tank/2017/09/28/views-about-whether-whites-benefit-from-societal-advantages-split-sharply--along-racial-and-partisan-lines/ (acessado em 8 de março de 2018).

31. Charles Murray, *Coming Apart: The State of White America, 1960-2010* (Nova York: Crown Forum, 2012).

32. Mitchell Langbert, Anthony J. Quain e Daniel B. Klein, "Faculty voter registration in economics, history, journalism, law and psychology", *Econ Journal Watch* 13(3), (2016) pp. 422-51.

33. 2018 Edeleman Trust Barometer. Disponível em: http://cms.edelman.com/sites/default/files/2018-01/2018_Edelman_Trust_Barometer_Global_Report_Jan.PDF (acessado em 22 de janeiro de 2018). Dados Pew sobre faculdades e universidades. Disponível em: http://www.pewresearch.org/fact-tank/2017/07/20/republicans--skeptical-of-colleges-impact-on-u-s-but-most-see-benefits-for-workforce-preparation/ft_17-07-20_collegessince2015/ (acessado em 13 de março de 2018).

34. Lucian Gideon Conway, Meredith A. Repke e Shannon C. Houck, "Donald Trump as a cultural revolt against perceived communication restriction: priming political correctness norms causes more Trump support", *Journal of Social and Political Psychology*, 5(1), (2017) pp. 244-59.

35. Lee Drutman, Larry Diamond e Joe Goldman, "Follow the leader: exploring American support for democracy and authoritarianism", março de 2018. Disponível em: https://www.voterstudygroup.org/publications/2017-voter-survey/follow-the-leader (acessado em 4 de abril de 2018).

36. "Globally, broad support for representative and direct democracy", Pew Research Center, 16 de outubro de 2017. Disponível em: http://www.pewglobal.org/2017/10/16/globally-broad-support-for-representative-and-direct-democracy/ (acessado em 8 de janeiro de 2018).

37. Nick Clarke, Will Jennings, Jonathan Moss e Gerry Stoker, *The Rise of Anti--politics in Britain* (Southampton: University of Southampton, 2016). Disponível em: https://eprints.soton.ac.uk/394835/ (acessado em 26 de maio de 2018).

38. Gabriela Catterberg e Alejandro Moreno, "The individual bases of political trust: trends in new and established democracies", *International Journal of Public Opinion Research*, 18(1) (2006), pp. 31-48.

39. Ipsos (2017), "The Rise of Populism: A Global Approach. Entering a New Supercyle of Uncertainty". Disponível em: https://www.ipsos.com/sites/default/files/2017-07/IpsosPA_TheRiseOfPopulism.pdf (acessado em 24 de janeiro de 2018).
40. Richard Wike, Katie Simmons, Bruce Stokes e Janell Fetterolf, "Globally, broad support for representative and direct democracy", Pew Research Centre, 16 de outubro de 2017. Disponível em: http://www.pewglobal.org/2017/10/16/globally-broad-support-for-representative-and-direct-democracy/ (acessado em 16 de outubro de 2017).
41. Por exemplo, John P. McCormick, "Contain the wealthy and patrol the magistrates: restoring elite accountability to popular government", *American Political Science Review*, 100(2) (2006), pp. 159 e 160.

CAPÍTULO 4: DESTRUIÇÃO

1. Noah Y. Harari, *Sapiens. A Brief History of Humankind* (Nova York: HarperCollins, 2015), p. 231.
2. James Q. Whitman, *Hitler's American Model. The United States and the Making of Nazi Race Law* (Princeton: Princeton University Press, 2017).
3. "Immigration's impact on past and future U.S. population change", Pew Research Center, 28 de setembro de 2015. Disponível em: http://www.pewhispanic.org/2015/09/28/chapter-2-immigrations-impact-on-past-and-future-u-s-population-change/ (acessado em 8 de fevereiro de 2018); "Key findings about U.S. immigrants", Pew Research Center, 3 de maio de 2017. Disponível em: http://www.pewresearch.org/fact-tank/2017/05/03/key-findings-about-u-s-immigrants/ (acessado em 20 de maio de 2017).
4. "From Ireland to Germany to Italy to Mexico: how America's source of immigrants has changed in the states, 1850-2013", Pew Research Center, 28 de setembro de 2015. Disponível em: http://www.pewhispanic.org/2015/09/28/from-ireland-to-germany-to-italy-to-mexico-how-americas-source-of-immigrants-has-changed-in-the-states-1850-to-2013/ (acessado em 12 de novembro de 2017).

5. Peter Morici, "Opinion: immigration reform could be the win that Trump and the economy need", MarketWatch, 28 de março de 2017. Disponível em: https://www.marketwatch.com/story/immigration-reform-could-be-the-win-that-trump-and-the-economy-need-2017-03-27 (acessado em 24 de maio de 2018).
6. United States Census Bureau, "Quick Facts" (2016). Disponível em: https://www.census.gov/quickfacts/fact/table/US/PST045216 (acessado em 23 de maio de 2018); Mohamed Besheer, "A new estimate of the US Muslim population", 6 de janeiro de 2016. Disponível em: http://www.pewresearch.org/fact-tank/2016/01/06/a-new-estimate-of-the-u-s-muslim-population/ (acessado em 22 de dezembro de 2017).
7. Kuang Keng Kuek Ser, "After the UK, which nations are more vulnerable to an anti-EU revolt? These 5 charts may tell you", PRI, 11 de julho de 2016. Disponível em: https://www.pri.org/stories/2016-07-11/after-uk-which-nations-are-more-vulnerable-anti-eu-revolt-these-5-charts-may-tell (acessado em 24 de maio de 2018).
8. Maurice Crul, "Super-diversity vs. assimilation: how complex diversity in majority-minority cities challenges the assumptions of assimilation", *Journal of Ethnic and Migration Studies*, 42(1) (2016), pp. 54-68.
9. Tim Immerzeel, Eva Jaspers e Marcel Lubbers, "Religion as catalyst or restraint of radical right voting?", *West European Politics*, 36(5) (2013), pp. 946-68.
10. Giulio Meotti, "Christianity is rattling: 'Lights out in Germany'", 12 de outubro de 2016. Disponível em: https://www.gatestoneinstitute.org/9072/germany-christianity (acessado em 13 de outubro de 2016).
11. Alexander Betts e Paul Collier, *Refuge: Transforming a Broken Refugee System* (Londres: Allen Lane, 2017).
12. Citado em Angelique Chrisafis, "Marine Le Pen not guilty of inciting religious hatred", *The Guardian*, 15 de dezembro de 2015.
13. Bat Ye'Or, *Eurabia: The Euro-Arab Axis* (Madison: Fairleigh Dickinson Press, 2005); Samuel P. Huntington, *The Clash of Civilizations and the Remaking of World Order* (Nova York: Simon and Schuster, 1996).
14. Bruce Bawer, *While Europe Slept. How Radical Islam Is Destroying Europe from Within* (Nova York: Doubleday, 2006), p. 25.

15. John Tirman, *Immigration and the American Backlash* (Cambridge: MIT Press, 2016).
16. Dados retirados do World Values Survey 2010-2014. Média de todas as nações europeias da amostra e dos EUA (Estônia, Alemanha, Holanda, Polônia, Romênia, Eslovênia, Espanha, Suécia). Disponível em: http://www.worldvaluessurvey.org/wvs.jsp (acessado em 9 de fevereiro de 2018).
17. Dados do Gallup. "In US, 87% approve of black-white marriage, vs. 4% in 1958", 25 de julho de 2013. Disponível em: http://news.gallup.com/poll/163697/approve-marriage-blacks-whites.aspx (acessado em 5 de dezembro de 2017); Rob Ford, "The decline of racial prejudice in Britain", Manchester Policy Blogs, 21 de agosto de 2014. Disponível em: http://blog.policy.manchester.ac.uk/featured/2014/08/the-decline-of-racial-prejudice-in-britain/ (acessado em 5 de julho de 2017).
18. Elisabeth Carter, *The Extreme Right in Western Europe: Success or Failure?* (Manchester: University of Manchester Press, 2005).
19. Jack Citrin e John Sides, "Immigration and the imagined community in Europe and the United States", *Political Studies*, 56(1) (2008), pp. 33-56; Lauren M. McLaren, "Public support for the European Union: cost/benefit analysis or perceived cultural threat?", *The Journal of Politics*, 64(2) (2002), pp. 551-66; Lauren M. McLaren, "Explaining opposition to Turkish membership of the EU", *European Union Politics*, 8(2) (2007), pp. 251-78; Jens Hainmueller e Daniel J. Hopkins, "Public attitudes toward immigration", *Annual Review of Political Science*, 17 (2014), pp. 225-49.
20. Robert Ford, "Acceptable and unacceptable immigrants: how opposition to immigration in Britain is affected by migrants' region of origin", *Journal of Ethnic and Migration Studies*, 37(7) (2011), pp. 1017-37; Elizabeth Ivarsflaten, "Threatened by diversity: why restrictive asylum and immigration policies appeal to Western Europeans", *Journal of Elections, Public Opinion and Parties*, 15(1) (2005), pp. 21-45; Lauren McLaren e Mark Johnson, "Resources, group conflict and symbols: explaining anti-immigration hostility in Britain", *Political Studies*, 55(4) (2007), pp. 709-32; John Sides e Jack Citrin, "European opinion about immigration: the role of identities, interests and information", *British Journal of Political Science*, 37(3) (2007), pp. 477-504.

21. Jacob Poushter, "European opinions of the refugee crisis in five charts", 16 de setembro de 2016. Disponível em: http://www.pewresearch.org/fact--tank/2016/09/16/european-opinions-of-the-refugee-crisis-in-5-charts/ (acessado em 9 de agosto de 2017).
22. Matthew Goodwin, Tom Raines e David Cutts, "What do Europeans think about Muslim immigration", 7 de fevereiro de 2017. Disponível em: https://www.chathamhouse.org/expert/comment/what-do-europeans-think-about-muslim-immigration (acessado em 29 de dezembro de 2017); Forschungsgruppe Wahlen: Politbarometer, maio de 2018. Disponível em: http://www.forschungsgruppe.de/Aktuelles/Politbarometer/ (acessado em 26 de maio de 2018).
23. Steven Levitsky e Daniel Ziblatt, *How Democracies Die: What History Tells Us about Our Future* (Nova York: Viking, 2018).
24. Bruce Stokes, "What it takes to truly be one of us", 1º de fevereiro de 2017. Disponível em: http://www.pewglobal.org/2017/02/01/what-it-takes-to-truly-be-one-of-us/ (acessado em 12 de dezembro de 2017).
25. Sobre o apoio ao UKIP, ver Robert Ford e Matthew Goodwin, *Revolt on the Right: Explaining Public Support for the Radical Right in Britain* (Abingdon: Routledge, 2014); Matthew Goodwin e Caitlin Milazzo, *UKIP: Inside the Campaign to Redraw the Map of British Politics* (Oxford: Oxford University Press, 2015); Robert Ford, Matthew J. Goodwin e David Cutts, "Strategic Eurosceptics and polite xenophobes: support for the United Kingdom Independence Party (UKIP) in the 2009 European Parliament elections", *European Journal of Political Research*, 51(2) (2012), pp. 204-34; Paul Webb e Tim Bale, "Why do Tories defect to UKIP? Conservative Party members and the temptations of the populist radical right", *Political Studies*, 62(4) (2014), pp. 961-70.
26. Jens Rydgren, "Immigration sceptics, xenophobes or racists? Radical right--wing voting in six West European countries", *European Journal of Political Research*, 47(6) (2008), pp. 737-65.
27. Gordon Allport, *The Nature of Prejudice* (Cambridge: Perseus Books,1954).
28. Robert D. Putnam, "E pluribus unum: diversity and community in the twenty--first century – the 2006 Johan Skytte Prize Lecture", *Scandinavian Political*

Studies, 30(2) (2007), pp. 137-74; Paul Collier, *Exodus: Immigration and Multiculturalism in the 21st Century* (Londres: Allen Lane, 2013).

29. Samuel P. Huntington, *Who Are We? The Challenges to America's National Identity* (Nova York: Simon and Schuster, 2004).

30. D. J. Hopkins, "Politicized places: explaining where and when immigrants provoke local opposition", *American Political Science Review*, 104 (1) (2010), pp. 40-60; B. J. Newman, "Acculturating contexts and anglo opposition to immigration in the United States", *American Journal of Political Science*, 57(2) (2013), pp. 374-90; M. Abrajano e Z. Hajnal, *White Backlash: Immigration, Race and American Politics* (Princeton: Princeton University Press, 2015).

31. Janet Adamy e Paul Overberg, "Places most unsettled by rapid demographic change are drawn to Donald Trump", *Wall Street Journal*, 1º de novembro de 2016. Disponível em: https://www.wsj.com/articles/places-most-unsettled-by-rapid-demographic-change-go-for-donald-trump-1478010940?mod=e2fb (acessado em 15 de dezembro de 2016).

32. Benjamin J. Newman, Sino Shah e Loren Collingwood, "Race, place, and building a base: Latino population growth and the nascent Trump campaign for president", *Public Opinion Quarterly* 82(1) (2018), pp. 122-134.

33. Chris Lawton e Robert Ackrill, "Hard evidence: how areas with low immigration voted mainly for Brexit", *The Conversation*, 8 de julho de 2016. Disponível em: https://theconversation.com/hard-evidence-how-areas-with-low-immigration-voted-mainly-for-brexit-62138 (acessado em 29 de agosto de 2016).

34. Para essa pesquisa, ver B. Bowyer, "Local context and extreme right support in England: the British National Party in the 2002 and 2003 local elections", *Electoral Studies*, 27(4) (2008), pp. 611-20; Robert Ford e Matthew J. Goodwin, "Angry white men: individual and contextual predictors of support for the British National Party", *Political Studies*, 58(1) (2010), pp. 1-25; Marcel Lubbers e Peer Scheepers, "French Front National voting: a micro and macro perspective", *Ethnic and Racial Studies*, 25(1) (2002), pp. 120-49; Elias Dinas e Joost van Spanje, "Crime story: the role of crime and immigration in the anti-immigration vote", *Electoral Studies*, 30(4) (2011), pp. 658-71; H. Coffé, B. Heyndels e J. Vermeir, J. "Fertile grounds for extreme right-wing

parties: explaining the Vlaams Blok's electoral success", *Electoral Studies*, 26 (1) (2007), pp. 142-55; M. Lubbers e P. Scheepers, "Explaining the trend in extreme right-wing voting: Germany 1989-1998", *European Sociological Review*, 17(4) (2001), pp. 431-49; M. Golder, "Explaining variation in the success of anti-immigrant parties in Western Europe", *Comparative Political Studies*, 36(4) (2003), pp. 432-66; P. Knigge, "The ecological correlates of right-wing extremism in Western Europe", *European Journal of Political Research* 34(2) (1998), pp. 249-79; Jens Rydgren e Patrick Ruth, "Contextual explanations of radical right-wing support in Sweden: socioeconomic marginalization, group threat, and the halo effect", *Ethnic and Racial Studies*, 36(4) (2013), pp. 711-28; Michael Savelkoul, Joran Laméris e Jochem Tolsma, "Neighbourhood ethnic composition and voting for the Radical Right in the Netherlands. The role of perceived neighbourhood threat and interethnic neighbourhood contact", *European Sociological Review*, 33(2) (2017), pp. 209-24; Sarah Valdez, "Visibility and votes: a spatial analysis of anti-immigrant voting in Sweden", *Migration Studies*, 2(2) (2014), pp. 162-88; Eva G. T. Green et al., "From stigmatized immigrants to radical right voting: a multilevel study on the role of threat and contact", *Political Psychology*, 37(4) (2016), pp. 465-80; N. Mayer, *Ces Français qui votent Le Pen* (Paris: Flammarion, 2002).

35. David Goodhart, "White self-interest is not the same thing as racism", *Financial Times*, 2 de março de 2017.
36. Eric J. Hobsbawm, *Nations and Nationalism since 1789: Programme, Myth, Reality* (Cambridge: Cambridge University Press, 2012), p. 12.
37. David Miller, *On Nationality* (Oxford: Clarendon Press, 1995).
38. Jonathan Haidt, *The Righteousness Mind. Why Good People Are Divided by Politics and Religion* (Nova York: Pantheon Books, 2012); e "When and why nationalism beats globalism", *The American Interest*, 12(1) (2016).
39. Yomi Kazeem, "More than half of the world's population growth will be in Africa by 2050", *Quartz Africa*, 29 de junho de 2017. Disponível em: https://qz.com/1016790/more-than-half-of-the-worlds-population-growth-will-be-in-africa-by-2050/ (acessado em 3 de fevereiro de 2018).

40. Yemsi Adegoke, "UN: half of world's population growth is likely to occur in Africa", CNN 26 de junho de 2017. Disponível em: https://edition.cnn.com/2017/06/25/africa/africa-population-growth-un/index.html?no-st=1527359812 (acessado em 26 de maio de 2018).
41. David Coleman, "Projections of the ethnic minority populations of the United Kingdom 2006-2056", *Population and Development Review*, 36(3) (2010), pp. 441-86.
42. Michael Lipka, "Europe's Muslim population will continue to grow — but how much depends on migration", 4 de dezembro de 2017. Disponível em: http://www.pewresearch.org/fact-tank/2017/12/04/europes-muslim-population-will--continue-to-grow-but-how-much-depends-on-migration/ (acessado em 12 de fevereiro de 2018).
43. "US Muslims concerned about their place in society, but continue to believe in the American Dream", Pew Research Center, 26 de julho de 2017. Disponível em: http://www.pewforum.org/2017/07/26/findings-from-pew-research-centers-2017-survey-of-us-muslims/ (acessado em 6 de abril de 2018).
44. Por exemplo, ver Frank Van Tubergen, "Religious affiliation and attendance among immigrants in eight Western countries: individual and contextual effects", *Journal for the Scientific Study of Religion*, 45(1) (2006), pp. 1-22; Frank Van Tubergen, "Religious affiliation and participation among immigrants in a secular society: a study of immigrants in the Netherlands", *Journal of Ethnic and Migration Studies*, 33(5) (2007), pp. 747-65.
45. Eric Kaufmann, Anne Goujon e Vegard Skirbekk. "The end of secularization in Europe?: a socio-demographic perspective", *Sociology of Religion*, 73(1) (2012), pp. 69-91.
46. Frank Van Tubergen e Jorunn I. Sindradottir, "The religiosity of immigrants in Europe: a cross-national study", *Journal for the Scientific Study of Religion*, 50(2) (2011), pp. 272-88; ver também as evidências sumariadas por David Voas e Fenella Fleischmann, "Islam moves west: religious change in the first and second generations", *Annual Review of Sociology*, 38 (2012), pp. 525-45. Sobre o Pew, ver "Being Christian in Western Europe", Pew Research Center, 29 de maio de 2018.

Disponível em: http://www.pewforum.org/2018/05/29/being-christian-in-western-europe/ (acessado em 1º de junho de 2018).

CAPÍTULO 5: PRIVAÇÃO

1. Thomas Picketty, *Capital in the 21st Century* (Cambridge: Belknap Press, 2014).
2. Kara Scannell e Richard Milne, "Who was convicted because of the global financial crisis?" *Financial Times*, 9 de agosto de 2017.
3. Deidre McCloskey, *Bourgeois Equality: How Ideas, not Capital or Institutions, Enriched the World* (Chicago: University of Chicago Press, 2016); Joel Mokyr, *A Culture of Growth: The Origins of the Modern Economy* (Princeton: Princeton University Press, 2016).
4. Gary King et al., "Ordinary economic voting behavior in the extraordinary election of Adolf Hitler", *The Journal of Economic History*, 68(4) (2008), pp. 951—96.
5. Chris Renwick, *Bread for All. The Origins of the Welfare State* (Londres: Allen Lane, 2017).
6. Peter A. Hall, *The Political Power of Economic Ideas: Keynesianism Across Nations* (Princeton: Princeton University Press, 1989); Robert Skidelsky (ed.), *The Essential Keynes* (Londres: Penguin Books, 2015).
7. Mariana Mazzucato, *The Entrepreneurial State: Debunking Public vs Private Sector Myths* (Londres: Anthem Press, 2013).
8. David Green, *The New Right: The Counter Revolution in Political, Economic and Social Thought* (Brighton: Harvester Wheatsheaf, 1987); conferir Desmond S. King, *The New Right: Politics, Markets and Citizenship* (Basingstoke: Macmillan, 1987).
9. Nancy MacLean, *Democracy in Chains: The Radical Right's Plans for America* (Nova York: Viking, 2017); Jane Mayer, *Dark Money: How a Secretive Group of Billionaires Is Trying to Buy Political Control in the* US (Nova York: Doubleday, 2016).
10. Murray Rothbard, *For a New Liberty: The Libertarian Manifesto* (Nova York: Macmillan, 1973); conferir Charles Murray, *Losing Ground* (Nova York: Basic Books, 1984).

11. David Harvey, *A Brief History of Neoliberalism* (Oxford: Oxford University Press, 2005).
12. Angus Deaton, "How inequality Works", Projeto Syndicate, *OnPoint*, 21 de dezembro de 2017. Disponível em: https://www.project-syndicate.org/onpoint/anatomy-of-inequality-2017-by-angus-deaton-2017-12?barrier=accesspaylog (acessado em 14 de janeiro de 2018).
13. Jeffrey M. Jones, "In U.S. positive attitudes toward foreign trade stay high", 1º de março de 2018. Disponível em: http://news.gallup.com/poll/228317/positive-attitudes-toward-foreign-trade-stay-high.aspx (acessado em 31 de março de 2018).
14. Alec Tyson, "Americans generally positive about NAFTA, but most Republicans say it benefits Mexico more than US", 13 de novembro de 2017. Disponível em: http://www.pewresearch.org/fact-tank/2017/11/13/americans-generally-positive-about-nafta-but-most-republicans-say-it-benefits-mexico-more-than-u-s/ (acessado em 27 de janeiro de 2018).
15. Dani Rodrik, "Populism and the economics of globalization" (2017). Disponível em: https://drodrik.scholar.harvard.edu/files/dani-rodrik/files/populism_and_the_economics_of_globalization.pdf (acessado em 4 de abril de 2018).
16. Dados retirados de Eurobarometer.
17. John Rapley, *Twilight of the Money Gods: Economics as a Religion and How It All Went Wrong* (Londres: Simon and Schuster, 2017).
18. Emily Ekins, "Today's bailout anniversary reminds us that the Tea Party is more than anti-Obama", Reason.com, 3 de outubro de 2014. Disponível em: http://reason.com/archives/2014/10/03/the-birth-of-the-tea-party-movement-bega/ (acessado em 13 de novembro de 2017).
19. Matthew Cooper, "Poll: most Americans support Occupy Wall Street", *The Atlantic*, 19 de outubro de 2011. Disponível em: https://www.theatlantic.com/politics/archive/2011/10/poll-most-americans-support-occupy-wall-street/246963/ (acessado em 30 de janeiro de 2016).
20. Markus Wagner, "Fear and anger in Great Britain: blame assignment and emotional reactions to the financial crisis", *Political Behavior*, 36(3) (2014), pp. 683-703.

21. Paul Krugman, *End This Depression Now* (Nova York: W.W. Norton and Company, 2012); Joseph Stiglitz, *The Euro: And Its Threat to the Future of Europe* (Londres: Allen Lane, 2016).
22. Johan Norberg, *Progress: Ten Reasons to Look Forward to the Future* (Londres: Oneworld, 2016).
23. OCDE, "Understanding the socio-economic divide in Europe", 26 de janeiro de 2017. Disponível em: https://www.oecd.org/els/soc/cope-divide-europe-2017--background-report.pdf (acessado em 15 de janeiro de 2018).
24. Jeremy Greenwood, Nezih Guner, Georgi Kocharkov e Cezar Santos, "Marry your like: assortative mating and income inequality" (Filadélfia, 2014). Disponível em: https://repository.upenn.edu/cgi/viewcontent.cgi?article=1052&context=psc_working_papers (acessado em 5 de março de 2018).
25. Tabela em Martin Wolf, "The long and painful journey to world disorder", *Financial Times*, 5 de janeiro de 2017. Disponível em: https://www.ft.com/content/ef13e61a-ccec-11e6-b8ce-b9c03770f8b1 (acessado em 7 de julho de 2017).
26. Peter Temin, *The Vanishing Middle Class: Prejudice and Power in a Dual Economy* (Cambridge: MIT Press, 2017).
27. Mai Chi Dao, Mitali Das, Zsoka Koczan e Weicheng Lian, "Drivers of declining labor share of income", IMF Blog, 12 de abril de 2017. Disponível em: https://blogs.imf.org/2017/04/12/drivers-of-declining-labor-share-of-income/ (acessado em 12 de novembro de 2017).
28. Brenna Hoban, "Robots aren't taking the jobs, just the paychecks", *Brookings*, 8 de março de 2018. Disponível em: https://www.brookings.edu/blog/brookings--now/2018/03/08/robots-arent-taking-the-jobs-just-the-paychecks-and-other--new-findings-in-economics/ (acessado em 11 de março de 2019).
29. Monitor Fiscal do FMI, "Tacking Inequality", outubro de 2017. Disponível em: https://www.imf.org/en/Publications/FM/Issues/2017/10/05/fiscal-monitor--october-2017 (acessado em 30 de janeiro de 2018).
30. Noam Gidron e Peter Hall, "The politics of social status: economic and cultural roots of the populist right", *British Journal of Sociology*, 68 (edição especial) (2017), pp. 57-84. Disponível em: https://doi.org/10.1111/1468-4446.12319 (acessado em 26 de maio de 2018); ver também J. Gest, T. Reny e J. Mayer,

"Roots of the Radical Right: nostalgic deprivation in the United States and Britain", *Comparative Political Studies*, publicado online em julho de 2017.

31. Christopher J. Anderson e Matthew M. Singer, "The sensitive left and the impervious right: multilevel models and the politics of inequality, ideology, and legitimacy in Europe", *Comparative Political Studies*, 41(4-5) (2008), pp. 564--99; ver também Robert Andersen, "Support for democracy in cross-national perspective: the detrimental effect of economic inequality", *Research in Social Stratification and Mobility*, 30(4) (2012), pp. 389-402.
32. Teresa Kuhn, Erika van Elsas, Armen Hakhverdian e Wouter van der Brug, "An ever wider gap in an ever closer union: rising inequalities and euroscepticism in 12 West European democracies, 1975-2009", *Socio-Economic Review*, 14(1) (2014), pp. 27-45.
33. Justin Gest, *The New Minority: White Working-class Politics in an Age of Immigration and Inequality* (Nova York: Oxford University Press, 2016).
34. YouGov/Legatum Institute Survey Results, 14-15 de outubro de 2015. Disponível em: https://d25d2506sfb94s.cloudfront.net/cumulus_uploads/document/ghloropd9r/Summary_Table.pdf (acessado em 15 de janeiro de 2018).
35. Robert Griffin e Ruy Teixeira, "The story of Trump's appeal", Voter Study Group, junho de 2017. Disponível em: https://www.voterstudygroup.org/publications/2016--elections/story-of-trumps-appeal (acessado em 4 de abril de 2018).
36. Brian Rathbun, Evgenia Iakhnis e Kathleen E. Powers, "This new poll shows that populism doesn't stem from people's economic distress", *Washington Post*, 19 de outubro de 2017.
37. Herbert Kitschelt, *The Radical Right in Western Europe: A Comparative Analysis* (Ann Arbor: University of Michigan Press, 1995).
38. Matthew Holehouse, "I'd rather be poorer with fewer migrants, Farage says", *Daily Telegraph*, 7 de janeiro de 2014.

CAPÍTULO 6: DESALINHAMENTO

1. Philip E. Converse e Georges Dupeux, "Politicization of the electorate in France and the United States", *Public Opinion Quarterly*, 26(1) (1962), pp. 1-23.

2. Seymour Martin Lipset e Stein Rokkan, "Cleavage structures, party systems and voter alignments: an introduction", em Lipset e Rokkan (ed.), *Party Systems and Voter Alignments* (Glencoe: Free Press, 1967), pp. 1-64.
3. Por exemplo, Agnieszka Walczak, Wouter van der Brug e Catherine Eunice de Vries, "Long-and short-term determinants of party preferences: inter-generational differences in Western and East Central Europe", *Electoral Studies*, 31(2) (2012), pp. 273-84.
4. Ronald Inglehart, *The Silent Revolution: Changing Values and Political Styles Among Western Publics* (Princeton: Princeton University Press, 1977).
5. Piero Ignazi, "The silent counter-revolution", *European Journal of Political Research*, 2(1) (1992), pp. 3-34.
6. Hanspeter Kriesi, E. Grande, R. Lachat, M. Dolezal, S. Bornschier e T. Frey, *West European Politics in the Age of Globalisation* (Cambridge: Cambridge University Press, 2008).
7. Russell J. Dalton, Scott C. Flanagan e Paul Beck, *Electoral Change in Advanced Industrial Democracies* (Princeton: Princeton University Press, 1984); Russell J. Dalton e Mark P. Wattenberg, *Parties Without Partisans: Political Change in Advanced Industrial Democracies: Realignment or Dealignment?* (Oxford: Oxford University Press, 2002); Russell J. Dalton, *The Apartisan American: Dealignment and Changing Electoral Politics* (Washington: CQ Press, 2013).
8. Dados do Gallup sobre imagens partidárias. Disponível em: http://news.gallup.com/poll/24655/party-images.aspx (acessado em 25 de abril de 2018).
9. Jeffrey M. Jones, "Democratic, Republican identification near historical lows", 11 de janeiro de 2016. Disponível em: http://news.gallup.com/poll/188096/democratic-republican-identification-near-historical-lows.aspx (acessado em 11 de novembro de 2017); "Trends in party identification, 1939-2014", Pew Research Center, 7 de abril de 2015. Disponível em: http://www.people--press.org/interactives/party-id-trend/ (acessado em 12 de janeiro de 2018). Ver também Russell J. Dalton e Mark P. Wattenberg, *Parties without Partisans: Political Change in Advanced Industrial Democracies* (Oxford: Oxford University Press, 2002); "The generation gap in American politics", Pew Research Center, 1º de março de 2018. Disponível em: http://www.people-

-press.org/2018/03/01/the-generation-gap-in-american-politics/ (acessado em 20 de abril de 2018).
10. Dados sobre afiliação partidária do Gallup. Disponível em: http://news.gallup.com/poll/15370/party-affiliation.aspx. (acessado em 20 de abril de 2018). Russell J. Dalton, *The Apartisan American: Dealignment and Changing Electoral Politics* (Washington: CQ Press, 2013).
11. Dados de estudos sobre a eleição alemã. Ver também Russell J. Dalton, "Interpreting partisan dealignment in Germany", *German Politics*, 23(1-2) (2014), pp. 134—44.
12. Peter Mair e Ingrid Van Biezen, "Party membership in twenty European democracies, 1980—2000", *Party Politics*, 7(1) (2001), pp. 5-21; Ingrid Van Biezen, Peter Mair e Thomas Poguntke, "Going, going... gone? The decline of party membership in contemporary Europe", *European Journal of Political Research*, 51(1) (2012), pp. 24-56. Sobre o declínio geral da afiliação no Ocidente, ver também Susan Scarrow, "Parties without members? Party organization in a changing electoral environment", em Russell J. Dalton e Mark P. Wattenberg, *Parties Without Partisans: Political Change in Advanced Industrial Democracies* (Oxford: Oxford University Press, 2002).
13. Richard S. Katz e Peter Mair, "Changing models of party organization and party democracy: the emergence of the cartel party", *Party Politics*, 1(1) (1995), pp. 2-28.
14. Tim Bale, "Inside Labour's massive membership base", Labour List, 6 de outubro de 2017. Disponível em: https://labourlist.org/2017/10/tim-bale-inside-labours-massive-membership-base/ (acessado em 12 de janeiro de 2018).
15. Essas estimativas foram compiladas pelo Ipsos-MORI, "How Britain voted in the 2016 EU referendum". Disponível em: https://www.ipsos.com/ipsos-mori/en-uk/how-britain-voted-2016-eu-referendum (acessado em 16 de janeiro de 2018).
16. Russell Dalton, "Why don't millennials vote?", *Washington Post*, Monkey Cage blog, 22 de março de 2016. Disponível em: https://www.washingtonpost.com/news/monkey-cage/wp/2016/03/22/why-don't-millennials-vote/ (acessado em 26 de maio de 2018).

17. Calculada somando-se os valores absolutos de todos os ganhos e perdas dos partidos e dividindo o total por dois. M. N. Pedersen, "The dynamics of European party systems: changing patterns of electoral volatility", *European Journal of Political Research*, 7(1) (1979), pp. 1-26. Nas eleições holandesas, por exemplo, o escore de volatilidade aumentou mais de quatro vezes, de 5 na década de 1950 para 22 na década de 2000; na Áustria, aumentou mais de três vezes, de 4 para quase 14; e na Alemanha passou de quase 8 na década de 1990 para mais de 14 em 2017. Ver evidências também em Russell J. Dalton, *The Apartisan American: Dealignment and Changing Electoral Politics* (Washington: CQ Press, 2013), capítulo 9.
18. Sara B. Hobolt e James Tilley, "Fleeing the centre: the rise of Challenger parties in the aftermath of the euro crisis", *West European Politics*, 39(5) (2016), pp. 971-91.
19. Jeff Manza e Clem Brooks, *Social Cleavages and Political Change. Voter Alignments and U.S. Party Coalitions* (Oxford: Oxford University Press, 1999); também Michael Hout, Clem Brooks e Jeff Manza, "The democratic class struggle in the United States, 1948-1992", *American Sociological Review*, 60(6) (1995), pp. 805-28.
20. Geoffrey Skelley, "Just how many Obama 2012-Trump 2016 voters were there?", Center for Politics/Sabato's Crystal Ball, 1º de junho de 2017. Disponível em: http://www.centerforpolitics.org/crystalball/articles/just-how-many-obama-2012--trump-2016-voters-were-there/#_edn1 (acessado em 17 de março de 2018).
21. John Sides, "Race, religion, and immigration in 2016. How the debate over American identity shaped the election and what it means for a Trump presidency", Democracy Fund Voter Study Group, junho de 2017. Disponível em: https://www.voterstudygroup.org/publications/2016-elections/race-religion--immigration-2016 (acessado em 4 de abril de 2018).
22. Enrique Hernández e Hanspeter Kriesi, "The electoral consequences of the financial and economic crisis in Europe", *European Journal of Political Research*, 55(2) (2016), pp. 203-24.
23. Henrik Oscarsson e Sören Holmberg, "Swedish voting behaviour" (2010). Disponível em: https://www.valforskning.pol.gu.se/digitalAssets/1309/1309446_swedish-voting-behavior-juni-2010.pdf (acessado em 20 de janeiro de 2018).

24. Jonathan Mellon, "Party attachment in Great Britain: Five Decades of Dealignment", SSRN Papers, 10 de agosto de 2017, pp. 1-4. Disponível em: https://papers.ssrn.com/sol3/papers.cfm?abstract_id=2745654 (acessado em 26 de maio de 2018).
25. Oliver Heath, "Policy alienation, social alienation and working-class abstention in Britain, 1964-2010", *British Journal of Political Science*, publicado online em setembro de 2016. Disponível em: https://doi.org/10.1017/S0007123416000272 (acessado em 26 de maio de 2018). Ver também Geoff Evans e James Tilley, *The New Politics of Class: The Political Exclusion of the British Working Class* (Oxford: Oxford University Press, 2017); Robert Ford e Matthew Goodwin, *Revolt on the Right: Explaining Support for the Radical Right in Britain* (Abingdon: Routledge, 2014).
26. Martin Elff, "Disenchanted Workers, Selective Abstention and the Electoral Defeat of Social Democracy in Germany", artigo apresentado durante a 106ª Reunião Anual da Associação Americana de Ciência Política, 2—5 de setembro de 2010, Washington, DC. Disponível em: https://papers.ssrn.com/sol3/papers.cfm?abstract_id=1644676## (acessado em 25 de maio de 2018).
27. Matthew J. Goodwin e Oliver Heath, "The 2016 referendum, Brexit and the left behind: an aggregate-level analysis of the result", *The Political Quarterly*, 8(3) (2016), pp. 323-32.
28. James Tilley e Geoffrey Evans, "The new politics of class after the 2017 general election", *Political Quarterly*, 88(4) (2017), pp. 710-15.
29. Sobre a eleição geral de 2017 e essas divisões, ver Oliver Heath e Matthew J. Goodwin, "The 2017 general election, Brexit and the return to two-party politics: an aggregate-level analysis of the result", *The Political Quarterly*, 88(3) (2017), pp. 345-58; Matthew J. Goodwin e Oliver Heath, *The UK 2017 General Election Examined: Income, Poverty and Brexit* (Londres: Joseph Rowntree Foundation, 2017).
30. Por exemplo, Stan Greenberg, *America Ascendant: A Revolutionary Nation's Path to Addressing its Deepest Problems and Leading the 21st Century* (Nova York: Thomas Dunne Books, 2015); Mark Siegel, "A new political era: the 2016-2020 realignment is under way", *Huffpost*, 8 de agosto de 2016. Disponível

em: https://www.huffingtonpost.com/mark-siegel/a-new-political-era-the-
-2_b_11392304.html (acessado em 12 de março de 2018).
31. Justin Fox, "Rural America is aging and shrinking", *Bloomberg View*, 20 de junho de 2017. Disponível em: https://www.bloomberg.com/view/articles/2017-06-20/rural-america-is-aging-and-shrinking (acessado em 18 de março de 2018).
32. Larry M. Bartels, "Partisanship in the Trump era", Vanderbilt Center for the Study of Democratic Institutions Working Paper (2018). Disponível em: https://www.vanderbilt.edu/csdi/includes/Workingpaper2_2108.pdf (acessado em 4 de abril de 2018).
33. "Campaign exposes fissures over issues, values and how life has changed in the US", Pew Research Center, 31 de março de 2016. Disponível em: http://www.people-press.org/2016/03/31/campaign-exposes-fissures-over-issues-values-and-how-life-has-changed-in-the-u-s/ (acessado em 4 de abril de 2018).
34. Perry Bacon Jr. e Dhrumil Mehta, "The diversity of black political views", *FiveThirtyEight*, 6 de abril de 2019. Disponível em: https://fivethirtyeight.com/features/the-diversity-of-black-political-views/ (acessado em 7 de abril de 2018).

CONCLUSÕES: RUMO AO PÓS-POPULISMO

1. David Miller, *On Nationality* (Oxford: Clarendon Press, 1995).
2. Gallup US Daily, 20 janeiro-8 de março de 2017. Disponível em: http://news.gallup.com/poll/205832/race-education-gender-key-factors-trump-job-approval.aspx (acessado em 30 de novembro de 2017).
3. Resultados da pesquisa YouGov/*The Times*, 28-29 de janeiro de 2018. Disponível em: https://d25d2506sfb94s.cloudfront.net/cumulus_uploads/document/yzgd1a-3wr0/TimesResults_180129_Trackers_VI.pdf (acessado em 31 de janeiro de 2018).
4. Tony Cross, "One-third of Macron's ministers are millionaires", RFI English, 16 de dezembro de 2017. Disponível em: http://en.rfi.fr/france/20171216-one-third-macrons-ministers-are-millionaires (acessado em 5 de março de 2018).
5. Mario Munta, "The empty taste of Macron's citizens' consultations", Euractiv, 11 de abril de 2018. Disponível em: https://www.euractiv.com/section/futu-

re-eu/opinion/the-empty-taste-of-macrons-citizens-consultations/?utm_term=Autofeed&utm_campaign=Echobox&utm_medium=Social&utm_source=Twitter#link_time=1523446555 (acessado em 11 de abril de 2018).
6. Rob Griffin, Ruy Teixeira e John Halpin, "Voter trends in 2016: a final examination", Center for American Progress, 2017. Disponível em: https://www.americanprogress.org/issues/democracy/reports/2017/11/01/441926/voter-trends-in-2016/ (acessado em 12 de janeiro de 2018); Alia Wong, "Where are all the high-school grads going?" *The Atlantic*, 11 de janeiro de 2016; Derek Thompson, "This is the way the college 'Bubble' ends", *The Atlantic*, 26 de julho de 2017.
7. Em seu auge em 2014, o UKIP tinha dois assentos na Câmara dos Comuns, obtidos em duas eleições suplementares, mas somente um deles foi retido até a eleição geral de 2015. Matthew Goodwin e Caitlin Milazzo, *UKIP: Inside the Campaign to Redraw the Map of British Politics* (Oxford: Oxford University Press, 2015).
8. Ralph Atkins, "Austria's Sebastian Kurz leans towards tougher line on migrants", *Financial Times*, 18 de outubro de 2017.
9. Ver Markus Wagner e Thomas M. Meyer, "The Radical Right as niche parties? The ideological landscape of party systems in Western Europe, 1980-2014", *Political Studies*, 65(Suplemento 1) (2017), pp. 84-107. Disponível em: https://doi.org/10.1177/0032321716639065 (acessado em 26 de maio de 2018). Certamente, eles não foram os primeiros a explorar essa questão. Para estudos e evidências similares, ver também Tarik Abou-Chadi, "Niche party success and mainstream party policy shifts — How green and radical right parties differ in their impact", *British Journal of Political Science*, 46(2) (2016), pp. 417-36; Michael Minkenberg, "The new radical right in the political process: interaction effects in France and Germany", em Martin Schain, A. Zolberg e P. Hossay (ed.), *Shadows Over Europe: The Development and Impact of the Extreme Right in Western Europe* (Basingstoke: Palgrave Macmillan, 2002), pp. 245-68; J. Van Spanje, "Contagious parties. Anti-immigration parties and their impact on other parties' immigration stances in contemporary Western Europe", *Party Politics*, 16(5) (2010), pp. 563-86; Tim Bale, "Cinderella and her

ugly sisters: the mainstream and extreme right in Europe's bipolarising party systems", *West European Politics*, 26(3) (2003), pp. 67-90.
10. Robert Reich, "Trump is using Fox News to prepare for battle", *Newsweek*, 28 de março de 2018. Disponível em: http://www.newsweek.com/robert-reich-trump-using-fox-news-prepare-battle-861725 (acessado em 28 de março de 2018).
11. Fareed Zakaria, "The Democrats' problem not the economy, stupid", *Washington Post*, 29 de junho de 2017. Disponível em: https://www.washingtonpost.com/opinions/the-democrats-problem-is-not-the-economy-stupid/2017/06/29/50fb7988-5d07-11e7-9fc6-c7ef4bc58d13_story.html?utm_term=.6fa52bd70847 (acessado em 8 de abril de 2018).

ÍNDICE

(Itálico indica figuras.)

A

A democracia na América (de Tocqueville), 112
A grande aposta (filme), 206
A república (Platão), 109
A riqueza das nações (Smith), 190
A teoria geral do emprego, do juro e da moeda (Keynes), 194
abordagem política do caminho intermediário, 252
Acordo Geral de Tarifas e Comércio, 117, 194
África do Norte, 100
afro-americanos, 18, 45, 55, 81, 133, 134, 149-150, 151, 173, 197, 231, 248, 262
afro-caribenhos no Reino Unido, 276
Alabama, 76
Alcorão, 279
Alemanha Ocidental, 116-117, 118, 134, 153, 156, 196, 220, 241 *ver também* Alemanha Oriental *e* Alemanha
Alemanha Oriental, 153, 241, 254 *ver também* Alemanha *e* Alemanha Ocidental
Alemanha, 77 *ver também* Alemanha Oriental *e* Alemanha Ocidental
  alienação da política e dos partidos tradicionais, 140, 142, 221, *222, 223*, 241-242, 246, 254, 257
  Alternativa para a Alemanha, 13, 33, 42, 92, 93, 121, 126, 165, 220, 241, 254, 257, 270
  comunismo, 85, 192, 231
  legado cultural, importância do, 168
  declínio econômico, 220, *222*
  e o euro, 121
  e Banco Central Europeu, 209
  língua alemã, importância do uso da, 168, *171*
  e resgate aos gregos, 124
  imigração, 92, 153-154, *162, 167*, 169, *171*, 176, 177, 182, 185, 221
  millennials, 24-26
  Partido Nacional Democrático, 196
  nacional-populismo, 13, 27, 36

nacional-socialismo / nazismo, 82-83, 84, 85-87, 116, 150, 153, 192
neoliberalismo, 212
"novo centro", 252
sistema político, 92, 94, *138*, *139*, 137, 143, 231, 252
crise de refugiados, 165, 166, 266
religião, 156
"social-imperialismo", 192, 230
terrorismo / ameaça terrorista, 166
sindicatos, 214
jovens, 244
Almond, Gabriel, 117
Alternativa para a Alemanha (partido político), 42, 92, 93, *139*, *171*, 257, 270
   e eleição de 2017, 12-13, 33-34, 126, 165, 220, 240-241, 254
   e UE, 121, 126, 165
   e Farage, Nigel, 12-13
   e imigração, 165
America Ascendant (Greenberg), 45
América Central, 160
American National Election Study, 247
American Values Survey, 238-239
ameríndios, 191
Amsterdã, 154-155
Ano-Novo de 2016, ataques na Alemanha, 165
antielites, 48
antissemitismo, 71-72, 84, 89, 97, 98, 137, 280
Arcadia, Wisconsin, 175
Aristóteles, 109-110, 228
Ásia Meridional, 42, 164
Ásia, 233

asiáticos americanos, 151, 248
Associação Americana de Psiquiatria, 14
ataques de 11 de setembro, 165
Aurora Dourada, movimento (Grécia), 36, 43, 92
austeridade, 122-123, 188, 259, 266
   Brexit como reação à, 38
   dirigida pela UE, 124, 125, 126, 209
   e o Banco Central Europeu, 23, 122-123, 209, 248
   na Grécia, 124, 209
   e o FMI, 23, 122-123
   na Itália, 123, 126, 209
   nacional-populismo como reação à, 13-14, 23-24, 35, 250
   na Holanda, 279-280
   na Espanha, 209
Austin, Texas, 154
Áustria
   Partido da Liberdade, 42, 51, 93, 95, 96-97, 101, 225, 280
   imigração, 28-31, 37, 65-66, 100-101, 154, 166-168, 253
   perda de trabalhos manuais, 217
   nacional-populismo, 24, 27, 29, 37, 42, 80, 92, 212, 225, 236, 246
   social-democratas, 258

B

baby boomers, 234
Bálcãs, 149, 157
Banco Central Europeu, 23, 122-123, 209, 248
Banco Mundial, 200, 215
Banco Real da Escócia, 206

Bannon, Steve, 12, 16, 262
Barber, Benjamin, 132
Barros, José Manuel, 122
Bartels, Larry, 130, 261-262
Bawer, Bruce, 158
Bélgica, 53, 118, 152-153, 156, *162*,
    167, 177, 220-221, *222*, *223*
Bell, Daniel, 116
Ben-Ghiat, Ruth, 15
Berlim, 165
Berlusconi, Silvio, 250
Bessell, Richard, 83
Bezos, Jeff, 191
Bíblia, 96-97
Birmingham, Reino Unido, 18, 42, 155
Blair, Tony, 128, 137, 201, 252, 253, 256
bolchevismo judaico, 84
Bolsonaro, Jair, 9, 19, 33, 36-37, 43, 54,
    69, 74, 78, 95-96, 130, 161, 269
Bonaparte, Napoleão, 114
Boston, Reino Unido, 176
Boulanger, Georges, 77
Bovens, Mark, 129
Bradford, 42
Breivik, Anders, 92, 165
Brexit, 9-10, 11, 13, 24, 26, 28, 30,
    33, 45, 58-59, 118, 168, 235, 266,
    272-273
  alienação do mainstream político
      como representada no, 59, 60,
      142, 145, 240, 243, 244, 251,
      253-255, 270, 272, 274-275
  austeridade como explicação para o,
      38-39
  Cameron, David, papel no, 16, 279
  demografia, *52*
  apoio diversificado para o, 18, 25,
      35, 41, 42, 43, 44, 46, 50-51, 54,
      272-273

e subclasse econômica, 60, 63-64, 71,
    218-219, 224, 252, 254-255, 268
e elites, 72
e UE, 125-126
explicações, 11, 17, 19, 35, 38, 39,
    41-42, 58, 59, 136, 176, 189
diferenças geracionais, 39-40, 244,
    245
e imigração, 63-64, 147, 154, 161,
    176, 189, 240, 255
e não diplomados, 56, 253
pedidos por um segundo referendo,
    125
e suspeita da integração europeia, 47
e Donald Trump, 17-18, 35, 66
Brexit, apoiadores do, 19, 50, 59, 60,
    63-64, 176, 266, 272-273
Brexit, oponentes, 17, 19, 39, 45, *52*,
    58, 63, 64, 176, 240, 273
Bruxelas, 154
Bryan, William Jennings, 79
Buchanan, Pat, 76, 236
bulangismo, 77
Bulgária, 24, 122, 140, 145, 156, 182
Bush, George W., 206, 236, 238
Bush, Jeb, 243

C

Cable, Vince, 41
Calderoli, Roberto, 99
Califórnia, 154
Câmara dos Comuns, 273
Câmara dos Lordes, 145
Câmara dos Representantes, EUA, 111,
    128
Cameron, David, 16, 18, 142, 279

Canadá, *138*, 151, *162*, *170*, 194, 201, 222, 223
Canovan, Margaret, 14, 74
capitalismo, 118, 179-226
   na Ásia, 188
   e Igreja católica, 230-231
   e privação, 217-218
   período inicial, 189-192
   e UE, 47, 209, 218
   e fascismo, 86, 192
   e imigração, 65, 71-72
   e John Maynard Keynes, 194-195
   e democracia liberal, 105-106
   e Karl Marx, 190-191
   e nazismo, 84, 192
   e neoliberalismo da "nova direita", 198-202
   reação pública contra o, 202-210
   e Adam Smith, 190
   nos EUA, 47, 75, 192, 193-194, 195, 196-197, 201-203, 205-210, 211, 214, 221
   e desigualdade de renda, 210-216
   capitalismo de bem-estar social e a era dourada do, 193-198, 233
   no Ocidente / nas sociedades ocidentais, 187-189, 211-212, 214, 220-221
Carnegie, Andrew, 232
Carnes, Nicholas, 130
Carta Magna, 110
CasaPound, grupo, 88
CEE (Comunidade Econômica Europeia), 118-120, 157
Census Bureau, EUA, 151, 262
Centro de Estudos Políticos, 198

CEOs, 191, 211
Charleston, Carolina do Sul, 165-166
Charlotte, Carolina do Norte, 154
Chatham House (*think tank*), 124, 131, 166
China, 284
Churchill, Winston, 140, 195
City de Londres, 72, 271, 275
Clacton, 268
Clinton, Bill, 201, 205, 239, 247, 252
Clinton, Hillary, 14
   e a eleição presidencial de 2016, 9-10, 16, 18, 34, 41, 44, 45-46, 48, 49, 56, 62, 133, 134-135, 175, 221, 239, 244, 247-248, 262, 272
Coates, Ta-Nehisi, 99
"coeficiente de Gini", 212
Collier, Paul, 174
Comissão Europeia, 122-123
Commonwealth, 101
comunidade roma (Hungria), 43, 156
comunidades / direitos LGBT, 17, 90, 96, 133, 235, 271
comunismo, 109, 113, 195, 248
   na França, 53, 128, 231, 250
   na Alemanha, 86, 192, 231
   na Itália, 117, 128, 231
   e Karl Marx, 190
   na Polônia, 239
   soviético, 63
condado de Carroll, Iowa, 175
condado de Hendricks, Indiana, 220
condado de Trempealeau, Wisconsin, 175
Conferência de Ação Política Conservadora (EUA), 13

conferência de Bretton Woods, 194-195, 197
Congresso dos Sindicatos Britânicos, 191
Congresso, EUA, 20, 111, 126, 128, 140, 145, 149, 160, 206-207, *208*
Connecticut, 36
Constituição, EUA, 111
"contrarrevolução silenciosa" (Ignazi), 236-237
Converse, Philip, 115, 228
Corbyn, Jeremy, 40, 41, 243, 255, 274, 275
Coreia do Sul, 200
Coughlin, padre, 76, 114
crash de Wall Street, 36, 192
crise de refugiados na Europa, 23, 25, 26, 99, 118, 130, 157, 160-161, 182-183, 233, 237, 265, 266
 e Áustria, 65, 166-168, 280
 e Bulgária, 156
 e República Tcheca, 164
 e Dinamarca, 95
 e UE, 71, 93, 100, 164, 280
 e França, 65, 96, 157
 e Alemanha, 100, 165-166, 266
 e Grécia, 154, 266
 e Hungria, 29, 65, 72, 100, 155, 164, 166-168, 182, 280
 e Itália, 66, 101, 166, 182, 209
 e nacional-populistas, 65, 169
 e Holanda, 65-66, 96, 166
 e Polônia, 100, 156, 164, 166-168
 e Portugal, 182
 e movimento #RefugeesWelcome, 235
 e Romênia, 156
 e Suécia, 166
 e terrorismo / ameaça terrorista, 158, 165-166
 e Reino Unido, 166
crise financeira de 2008, 11, 13-14, 23, 25, 35, 36-37, 38, 53, 76, 122-123, 188, 202, 205-206, 248-250
Cristãos
 na Europa, 71-72, 149, 156-157, 157
 na Nigéria, 182-183
 nos EUA, 76, 151, 184, 199, 283
Crouch, Colin, 106
Cruz Flechada (Hungria), 82
Cruzadas, 157
cubano-americanos, 18, 41

D

Dalton, Russell, 239
Declaração da Independência, EUA, 75, 111
Declaração de Direitos, EUA, 111
Declaração de Direitos, Inglaterra, 110
Deming, W. Edwards, 10
democracia ateniense, 132
democracia grega, 96, 107, 108-109, 111, 113, 228-229
democracia liberal, 75, 105-106, 135-145, 229
 e capitalismo, 105-106
 e destruição da sociedade e da cultura tradicionais, 20-21, 147-185, 267
 e desconfiança da política, dos políticos e das instituições tradicionais, 20, 106-145, 267

e extrema direita, 92
e medo das massas, 113-117
e elites internacionais de "governança", 117-177
e elites nacionais, 126-135, 267
e nacional-populismo, 11-12, 15, 17, 37, 74, 78, 96, 103, 106, 135, 164, 265-266, 281
origens, 107-113
e direita radical, 93
e Donald Trump, 14, 15, 89-90
e desigualdade de riqueza, 26, 187-226, 268
Departamento do Tesouro, EUA, 200, 206
"Dia do Vaffanculo" (Itália), 123
Dinamarca, 38, 95, 120, 121, 184, 185, 211, 212, 258
diplomas de Oxford / Cambridge, 129
direita alternativa (EUA), 93, 158
"direito do povo" (EUA), 75
direitos civis (nos EUA), 97, 197, 232
"discurso de Bruges" (Margaret Thatcher), 198
distrito de Camden, 46
distrito de Colúmbia, 154
Dois tratados sobre o governo (Locke), 110
Doncaster, 240
Dupeux, Georges, 228

E

Eisenhower, Dwight, 232
Ekins, Emily, 47
eleitores independentes, EUA, 202
embaixada americana em Israel, 97
En Marche! (França), 250
encíclica *Rerum Novarum*, 230
era dourada do capitalismo, 187, 193 198, 211, 233
Era uma vez um sonho (Vance), 47
Erdoğan, Recep Tayyip, 158
"Escolhemos o bem-estar social", slogan (Suécia), 260
eslavos, 84, 149
Eslováquia, 258
Espanha, 37, 73, 82, *138*, *139*, *162*, *167*, 168, 184, 209, 221, *222*, *223*, 225
austeridade, 209
sociedade falida, *222*, *223*
legado cultural, importância do, 168
fascismo, 82
e imigração, *162*, *167*, 168, 184
democracia liberal, *138*, *139*
língua espanhola, importância do uso da, 168
liderança forte valorizada na, 220-221
política tradicional, 257-258
estados do cinturão da ferrugem (EUA), 17, 18, 33, 46, 55, 56, 127
"Estados Unidos primeiro" (Pat Buchanan), 76
Estátua da Liberdade, 149, 150
Estocolmo, 165
EUA (Estados Unidos da América)
alienação do mainstream político, 16, 140-143, 238-239, 247-248, 282
direita alternativa, 93, 158
capitalismo, 47, 75, 192, 193-198, 201-203, 205-207, 211, 214, 215, 221-224

comparecimento às igrejas, 233
legado cultural, importância do, 169, *170*
poder econômico, 118
sistema econômico, 59, 193-198, 201-203, 205-207, 211, 221-224, 282-283
língua inglesa, importância do uso da, 169, *170*
diversidade étnica e cultural, 45, 126, 151-152, 154, 159
evangélicos, 156
"excepcionalismo", 89
medo da maioria não branca, 61-63, 174-176
pais fundadores, 110-112
imigração, 26, 62, 148-151, 161-164
imigração vinda da África, 150
imigração de católicos, 76, 81, 149, 150, 192
democracia liberal, 15, 136-137, 145
liberalismo, 14, 133, 203
libertarianismo, 14, 281
destino manifesto, 191
não diplomados, 11, 16, 45, 169, 203, 247, 248, 276-277
correção política, 134, 135
política, 12, 238-239, 262-263
legado populista, 47, 75-77, 114-115
"maioria silenciosa", 13, 142, 236
eleitores, 47, 48, 55
distribuição / desigualdade de riqueza, 128, 130-131, 221-224
subclasse branca, 33, 35, 40, 59-60, 61-62, 130-131, 248
juventude, 40, 43, 136, 244, 277

"Eurábia", 157-158, 184
euro, 38, 120, 121, 123, 125-126
Europa Central, 101, 155, 156, 164, 182
Europa Ocidental, 96-97, 128-129, 152, 153-154, 179, 183, 184, 195
Europa Oriental, 65, 72, 101, 140, 155-157, 164, 182, 225, 233, 239, 275-276
Europa, 9
  e imigração britânica, 41-42, 63
  e capitalismo, 187, 188-189, 189-191, 195-196
  desconexão entre as elites políticas e o povo, 130, 133
  elites educadas, 128-129
  emigração para os EUA vinda da, 149-151
  Iluminismo na, 110-111
  identidade europeia, 121, 157, 277-278
  valores europeus, 96-97
  extrema direita, 92-93
  terrorismo de extrema direita, 166-165
  fascismo, 82-88, 114, 116-119, 192
  globalização, 203-205
  imigração, 152-158, 161-162, 163-164, 166-168, 170, *171*, 176-177, 182, 183-184, 237
  entreguerras, 36
  terrorismo islamista / ameaça terrorista, 161, 165, 166
  Plano Marshall, 195
  identidade nacional, 159
  sistemas políticos, 230-231, 241, 243, 246, 248-251, 252-253, 262-263, 278, 278-279, 284-285

direita radical, 93, 97
crise de refugiados, 14, 26, 28-29, 72, 96, 156, 157, 161, 164-165, 183, 237
disseminação do nacional-populismo, 10-11, 13, 14, 15, 16-17, 24, 27, 30, 33-34, 38, 42-43, 44-45, 51-54, 56, 62, 64-65, 77-78, 80, 106, 136, 167-168, 177, 178-179, 209-210, 224, 228, 236-238, 240-241, 279, 285
desigualdade de riqueza, 205, 211, 218
extrema direita, 92-93, 97, 165-166

F

Facebook, 16
Falange (Espanha), 82
Fallaci, Oriana, 157
Farage, Nigel, 13
  e eleição geral de 2017, 30
  e eleitores alienados, 51, 60, 219
  e Brexit, 30, 60, 253, 279
  amplo apelo de, 36, 265
  herança cultural, importância da, 168
  e UE, 40, 279
  e populistas europeus, 12-13
  e imigração, 40, 63, 101, 169, 172, 225, 279
  impacto sobre o Partido Conservador, 279
  e eleitores mais velhos, 40-41
  e establishment político, 40, 46, 71, 253, 271
  e Donald Trump, 12-13

fascismo, 114, 248
  e capitalismo, 86, 192
  e "crise narrativa", 36
  na França, 85-86
  na Alemanha, 82-83, 84, 85-86, 114, 116, 150, 153, 192
  na Hungria, 82, 86
  fundações ideológicas, 82-87
  na Itália, 36, 82, 84, 87, 88, 114, 192
  e nacional-populismo, 15-16, 67, 69-70, 74, 77-78, *88*, 89, 91, 108, 156-157, 172-173, 268, 269
  na Romênia, 82
  na Espanha, 82
Financial Times, 35, 39
Finlândia, 36, 184, 258
Fishkin, James, 132
Flórida, 34, 41
Flynn, Michael, 72
FMI *ver* Fundo Monetário Internacional
Fortuyn, Pim, 92, 96
Fórum Econômico Mundial de Davos (2018), 102, 203
França
  eleição presidencial de 2002, 92, 278-279
  eleição presidencial de 2017, 15, 19, 25, 42, 44-45, 53, 56, 64, 94, 126, 243, 246, 250-251, 278-279, 285
  alienação da subclasse / classe trabalhadora, 219-220, *222*, *223*, 274, 276-278
  antiamericanismo, 195
  produção de automóveis, 214
  comunismo, 53, 128, 231, 250

legado cultural, importância do, 168-169
recuperação econômica no pós--guerra, 195-196
e UE, 126
e Constituição europeia, 122
e Comunidade Econômica Europeia (CEE), 118
fascismo, 86, 90, 117, 196
língua francesa, importância do uso da, 168, *171*
globalização, 205
imigração, 152-153, 154, 157, *162*, 168-169, 177, 184, 272, 278-279
e Jean-Marie Le Pen, 37-38, 53, 77, 90-91, 92, 153, 236, 260, 278-279
e Marine Le Pen, 10, 12, 13, 15, 19-20, 29, 42, 44, 46, 53, 56, 64, 65, 77, 90, 94, 96, 157, 169, 177, 220, 225, 251, 260
e Emmanuel Macron, 25, 31, 53, 56, 243, 250, 274, 277
e Tratado de Maastricht, 205
nacional-populismo, 24, 38, 51, 77, 169, 212, 220, 236, 250-251, 259-260
elite política, 129
sistema político, 126, 129, *138*, *139*, 140, 142, 143, 246, 250-251, 256, 258, 285
liderança forte valorizada na, 221
taxas alfandegárias na década de 1930, 194-195
terrorismo / ameaça terrorista, 98, 166
direitos das mulheres, 90

desemprego entre os jovens, 211-212
Frankfurt, 154
Freedom House, 106
Frente Nacional (França), 38, 51, 77, 90, 93, 94, *139*, *171*, 220, 250
fronteira entre os EUA e o México, 58
Frum, David 14
Fukuyama, Francis, 105-106, 112-113, 157
Fulbright, J. William, 115
Fundação Heritage, 198
Fundação Rockefeller, 191
Fundo Monetário Internacional (FMI), 23, 117, 123, 194, 197, 200, 209, 214-215

G

Gales, 251
Gallup, 133, 140, 150, 152, 202, 208
Ganesh, Janan, 39
Genebra, 154
Gentile, Giovanni, 83, 87
Georgieva, Kristalina, 215
geração grandiosa, 234
geração iGen, 43
geração silenciosa, 25, 234
geração X, 43
Gest, Justin, 219
Gettysburg, discurso de, 81
Gidron, Noam, 217
Giroux, Henry, 70
Gobineau, Arthur de, 84
Goebbels, Joseph, 85
Goldwater, Barry, 116
golpe de Munique, 85
Goodhart, David, 178, 180

Goodwin, Sir Fred, 206
governos trabalhistas, 128, 195, 201, 205, 231, 253, 254
Grã-Bretanha *ver* Reino Unido
Gramsci, Antonio, 71
Grande Depressão, 36, 187, 193-194, 232-233, 234
Grande Recessão (pós-2008), 10, 23, 33, 140, 188, 202, 205, 210, 265, 266
    na Europa, 35, 36-37, 122, 136, 248-250
    na Grécia, 256
    na Itália, 250
    nos EUA, 43
Grande Sociedade, programa, 197
Grandes Écoles (faculdades de prestígio), 129
Grant, Madison, 149
Great Yarmouth, 268
Grécia, 209, 215, 256
    alienação da política e dos partidos tradicionais, 143
    austeridade, 124, 209
    resgate, 124
    legado cultural, importância do, 168-169
    e UE, 124
    globalização, 205
    movimento Aurora Dourada, 36, 43, 92
    língua grega, importância do uso da, 168
    imigração, 166, *167*, 182
    apoio à democracia, 136, *138*
    e terrorismo / ameaça terrorista, 166

Greenberg, Stan, 45
    verdes, 233, 246
Grillo, Beppe, 123
Grimsby, 268
Grossman, Matt, 34
Guarda de Ferro (Romênia), 82
Guarda Nacional, EUA, 284
Guerra à Pobreza, programa, 197
guerra árabe-israelense (1973), 157, 197
guerra civil americana, 149, 231
guerra civil inglesa, 110
guerra civil, EUA *ver* guerra civil americana
guerra civil, Inglaterra *ver* guerra civil inglesa
Guerra do Vietnã, 197, 235, 239
Guerra Fria, 106, 196
Guilluy, Christophe, 219-220

H

Hackney, 46, 240
Haider, Jörg, 37, 80, 236
Haidt, Jonathan, 180-181
Hall, Peter, 217
Hampshire, 18
Harari, Noah Yuval, 148
Hartz, reformas (Alemanha), 212
Hayek, Friedrich von, 199
Heath, Oliver, 255-6
Heidegger, Martin, 83
Heimat (na Alemanha Oriental), 216
hispano-americanos, 151, 174-175, 248, 262
Hitler, Adolf, 82, 84, 85, 87, 114, 192
Hobsbawm, Eric, 178

Hofstadter, Richard, 72, 116
Holanda, 92, 96
   eleição de 2017, 279-280
   austeridade, 279
   capitalismo, 190-191, 225
   legado cultural, importância do, 168, 184
   língua holandesa, importância do uso da, 168
   e UE, 122, 125
   e Comunidade Econômica Europeia (CEE), 118
   Partido da Liberdade, 18, 51, 93, *139*, 279
   imigração, 64-66, 100-101, 122, 154, 155, *171*, 176-177, 184, 279-280
   democracia liberal, 137, *138*, *139*
   nacional-populismo, 37, 176-177
   nacionalismo, 179
   refugiados, 149
   social-democracia, 257-258
   Geert Wilders, 13, 64-66, 97, 126, 178, 279
Hungria
   movimento Cruz Flechada, 82
   catolicismo, 156
   declínio dos trabalhos manuais, 215
   democracia, 136, 137, *138*, *139*, 140
   e UE, 71, 100, 164
   fascismo, 82, 86
   Partido Fidesz, 38, 95, 103, 156, 268
   globalização, 205
   língua húngara, importância do uso da, 168
   imigração, 21, 71-72, 155, *162*, 166, *167*, 169, 182, 272, 280
   movimento Jobbik, 43, 103, *139*
   declínio nacional, *222*, *223*
   nacional-populismo, 24, 27
   e Viktor Orbán, 10, 11, 40, 65, 71, 95, 100, 164, 280
   e crise de refugiados, 66, 71-72, 100, 164, 280
   liderança forte valorizada na, 137, 220-221
   terrorismo / ameaça terrorista, 166
Huntingdon, Samuel, 157, 174

I

Idade Média, 110, 113
Ignazi, Piero 14, 236-237
Igreja católica / católicos, 82, 87, 113, 153, 156, 178, 183, 230-231, 239
Illinois, 34
Iluminismo, 110-111, 113, 189-190
imigração / imigrantes, 21, 22-23, 57, 59, 66, 97, 98-99, 130, 131, 147-149, 160, 172, 179, 181-182, 200, 217-218, 225, 228, 235, 237, 238, 253, 260, 267, 271, 278-279, 281
   e Áustria, 37, 65, 101, 154, 166, *167*, 280
   e Bélgica, *162*, *167*, 184
   e Brexit, 17, 18, 19, 28-29, 40, 41-42, 50, 58, 60, 63-64, 154, 176, 189, 238, 253
   e Canadá, *162*
   e capitalismo, 65, 72
   e Dinamarca, 95, 184, 185
   e UE, 93, 121-122, 124-125
   e Finlândia, 184
   e França, 38, 64, 65, 90-91, 94, 152-153, 154, *162*, *167*, 177, 184, 196, 220, 260, 271, 278-279, 285

e Alemanha, 154, *162*, 165, *167*, 177, 182, 185
e Grécia, *167*, 182
e Hungria, 11, 21, 29, 65, 71-72, 155, *162*, 164, 166, *167*, 182, 271, 280
e Itália, 42, 66, 100, *162*, *167*, 182, 184, 185, 209-210, 219, 271
e *millennials*, 24-26, 41, 233
e muçulmanos / Islã, 29, 62, 64, 65-66, 71-72, 73, 98, 99, 101, 130, 131, 152-153, 157-158, 160-161, 164, 170-172, 177, 184-185, 233-234, 237, 276, 279-280
e nacional-populismo, 24, 28-29, 53-54, 58, 60, 64, 70, 73, 91, 93, 94-95, 103, 132, 135, 147, 168, 170-172, 183, 184, 219, 224-225, 225, 270-271, 275-276
e Holanda, 64, 65-66, 101, 154, 177, 183, 184, 279-280
e Noruega, 184
e Polônia, 22, 156, *162*, 164, 166, *167*
e Portugal, 182, 184
e Espanha, *162*, *167*, 177
e Suécia, 64-65, 95, 154, *162*, 177, 183-184
e Suíça, 101, 177, 185
e Donald Trump, 18, 39-40, 41, 49-50, 61-62, 89-90, 99-100, 151, 166, 174, 175, 189, 261-262, 268, 282-283
e Reino Unido, 21, 30, 40, 41, 42, 43-44, 50-51, 58-59, 60, 63-64, 101, 152, 154, 155, 161, *162*, *167*, 172-173, 176, 180, 183, 184, 225, 253, 255, 258, 275, 279

e EUA, 25-26, 39-40, 41, 43, 50, 61-62, 75-76, 80-81, 84, 99-100, 147, 149-151, 154, 160-161, *162*, *163*, 174-175, 182, 183, 192, 202, 206-207, 231, 236, 247-248, 259, 261-262, 283, 284
e Alemanha Ocidental, 153, 196
e Ocidente / sociedade ocidental, 11, 21, 22, 26, 147, 153-156, 160, 161, 163, 180, 183, 233-234, 263, 268
imigração africana no Reino Unido, 164
imigração africana nos EUA, 150
imigração albanesa na Suíça, 177
imigração argelina na França, 152-153
imigração asiática nos EUA, 80, 150
imigração japonesa para os EUA, 149
imigração vietnamita para a Holanda, 101
imigrantes católicos nos EUA, 76, 80-81, 149, 150, 192
imigrantes chineses na Holanda, 101
imigrantes chineses nos EUA, 149
imigrantes hondurenhos nos EUA, 175
Império Britânico, 40, 41, 97, 192, 230
Índia, 152
Indiana, 175
Índias Ocidentais, 152
Indonésia, 101
Inglaterra, 110
  e alienação da elite política, 129
  e Brexit 16, 17, 33, 252
  e emergência do capitalismo, 191
  e integração europeia, 47
Inglehart, Ronald 23, 234, 235

Instituto Cato, 198
"inverno do descontentamento" (Reino Unido), 198
Iowa, 127, 175
Ipsos-MORI, 142, 161, 272
Iraque, 164
Irlanda, 37, 120, 122, 149
ISIS, 158, 166
Islã, 73, 130, 237 ver também muçulmanos
 e Áustria, 65, 280
 e Dinamarca, 185
 e UE, 93
 e Europa, 13, 93, 96, 97, 158, 166, 263
 e França, 29, 94, 96, 97, 285
 e Alemanha, 92, 185, 272
 e Itália, 66, 185
 e democracia liberal, 26
 e Holanda, 65-66, 92, 97, 185, 279
 e Noruega, 92
 e Suécia, 65
 e Suíça, 185
 e Reino Unido, 97, 161
 e EUA, 26, 62, 97, 158
 e valores ocidentais, 57, 92, 97, 98, 172, 185, 268
islamofobia, 16
Israel, 97
Itália, 128, 150, 151, 277
 alienação da política e dos partidos tradicionais, 142, 143, 224-225, 250, 258-259
 austeridade, 123, 126, 209
 e Silvio Berlusconi, 250
 e Roberto Calderoli, 99

Igreja católica, 156
democratas cristãos, 230, 250
cidades-estados, 110
comunismo, 117, 128, 231
legado cultural, importância do, 168
Partido Democrático (Itália), 209
 e UE, 124, 126, 209-210
 e Comunidade Econômica Europeia (CEE), 118
fascismo, 36, 82, 84, 87, 88, 192
Movimento Cinco Estrelas, 126, 209, 219, 250
Forza Italia, 250
Grande Recessão, 123, 210, 250
imigração e, 42, 66, *162*, *167*, *171*, 182, 184, 209, 272
 e Islã, 185
língua italiana, importância do uso da, 168, *171*
Liga, 10, 38, 42, 93, 99, 100, 101, 123, 126, *139*, *171*, 209-210
democracia liberal, 117, 137, *138*, *139*
perda de trabalhos manuais, 215
declínio nacional, *222*, *223*
nacional-populismo, 24, 27, 126, 236-237, 250
neofascismo, 88, 117
direita radical, 92
 e Matteo Salvini, 10, 66, 100
socialistas, 250
liderança forte valorizada na, 137, 221
terrorismo / ameaça terrorista, 166
desemprego entre os jovens, 212
Iugoslávia, 153, 177

J

Jackson, Andrew, 75
Japão, 200
Jefferson, Thomas, 111, 229
Jerusalém, 97
Joana d'Arc, 153
Jobbik, movimento (Hungria), 43, 103, 139
jobcenters (Alemanha), 212
John, rei (da Inglaterra), 110
Johnson, Boris 19
Johnson, Lyndon, 142, 150, 197
judeus, 43, 65, 81, 83, 84, 90, 97, 114, 149, 150, 157
Judis, John 23
Juncker, Jean-Claude, 120, 125

K

Kagan, Robert, 69
Kennedy, John F., 128, 150, 243
Keynes, John Maynard, 194
King, Steve, 13
Know Nothings (EUA), 76, 81, 100, 116 *ver também* Partido Americano
Krugman, Paul, 209
Ku Klux Klan (KKK), 149-150
Kurz, Sebastian, 280

L

Lao Zi, 27
Las Vegas, 154
latino-americanos, 41, 133, 151, 174-175
Lazarsfeld, Paul, 115
Le Pen, Jean-Marie, 38, 53, 77, 80, 90, 92, 153, 260, 278

Le Pen, Marine, 10, 13, 46, 58, 101, 227, 265, 267
  e eleição presidencial de 2017, 19, 33, 42, 44, 56, 64, 90, 94, 177, 250-251
  e atratividade para as mulheres, 96, 237
  e Steve Bannon, 12
  e desafios à imagem partidária, 91
  e Conferência de Ação Política Conservadora (EUA), 13
  e política econômica, 225
  e UE, 90
  e fascismo 69, 73, 88
  e globalização, 94, 203
  e imigração, 65, 66, 157, 168, 169, 176, 220
  e Islã, 29
  e terrorismo islamista, 29
  e tradição judaico-cristã, 157
  e dinastia Le Pen, 77
  e rejeição popular da política tradicional, 236, 284-285
  e classe trabalhadora, 259
Lease, Mary, 81
Lebensraum, 84
Lehman Brothers, 24, 37, 266
Lei Básica (Alemanha Ocidental), 153
Lei de Imigração e Naturalização (EUA), 150
Lei Emergencial de Estabilização Econômica (EUA), 206
lei tarifária Smoot-Hawley (EUA), 194
Leicester, 155
Lennon, John, 181
Letônia, 182

Levitsky, Steven, 168
Lévy, Bernard-Henry 15
Lewis, Bernard, 157
Lewis, Michael, 206
Liga (Itália) 19, 38, 42, 93, 99, 100, 123, 126, *139*, *171*, 250
Lilla, Mark, 133
língua inglesa, 63
Lipset, Seymour, 116
Lituânia, 176, 182
Locke, John, 110
Londres, 17, 29, 45, 154, 155, 165, 166, 240, 243, 244, 275
Long, Huey, 76, 114, 193
Los Angeles, 154
Louisiana, 114
Luton, 18, 42, 155
Luxemburgo, 118

M

Macron, Emmanuel
  e eleição presidencial de 2017, 25, 27, 53, 56, 243, 250
  e educação de elite, 128
  e governo de elite, 274
  e movimento En Marche!, 251
  e UE, 274
  e superuniversidades europeias, 277
  e valores liberais, 31, 235, 280
Madonna, 69
Madri, 165
Maioria Moral (EUA), 236
"maioria silenciosa" (Nixon), 236
Major, John, 253
Malta, 258
Manchester, Reino Unido, 166

Manifesto comunista (Marx), 190
Maréchal-Le Pen, Marion, 77
marinha mercante, EUA, 173
Marx, Karl, 190
"marxismo cultural", 71, 92
marxismo, 85
May, Theresa, 255, 279
McCain, John, 61
McCarthy, Joseph, 76, 115-116
McCormick, John P., 145
McKinley, William, 79
Mein Kampf (Hitler), 85
Merkel, Angela, 128, 165, 246, 266
#MeToo, movimento, 235
mexicano-americanos, 99, 151, 160, 175
México, 25, 58, 151, 201-202, 284
Meyer, Thomas, 280
Michels, Robert, 83
Michigan, 53, 56, 127, 248
millennials, 10
  e eleição geral de 2017 (Reino Unido), 255
  e Brexit, 240, 244, 254-255
  e Hillary Clinton, 18, 45, 244
  e Jeremy Corbyn, 41
  e Partido Democrata (EUA), 45
  e declínio econômico, 211
  e livre comércio (EUA), 45
  e imigração, 24, 233
  e valores liberais, 25, 43, 134, 260
  e nacional-populismo, 16, 33, 39, 262, 266
  e política tradicional, 26, 234
  e Donald Trump, 25, 26, 39-40
Miller, David, 98, 179-180, 270

Monti, Mario, 123
Movimento Cinco Estrelas (Itália), 123, 126, 209, 219, 250
Movimento Social Italiano, 88, 117
Movimento Social, Itália *ver* Movimento Social Italiano
muçulmanos, 276 *ver também* Islã
   e imigração para a Bélgica, 177
   e imigração para a Grã-Bretanha, 166, 184
   e imigração para a Europa, 28, 64, 65, 72, 96, 101, 156, 157-158, 164, 166, 167, 168, 183-184
   e imigração para a França, 152-153, 157, 166
   e imigração para a Holanda, 184, 279
   e imigração para os EUA, 61, 62, 99, 151, 163-164, 166
   e Partido Lei e Justiça (Polônia), 164
   e Marine Le Pen, 65, 96, 156
   e nacional-populismo, 11, 29, 65-66, 96, 169, 177, 184-185
   e nacionalismo, 102
   e Nigéria, 183
   e Viktor Orbán, 29, 65, 71, 164
   e Partido do Povo (Holanda), 101
   e crise de refugiados, 29, 65, 157, 158, 164, 166
   e Christian Strache, 65
   e terrorismo / ameaça terrorista, 26, 166
   e Donald Trump, 35, 61, 62, 99-100, 166
   e valores ocidentais, 97, 163-164, 184
   e Geert Wilders, 65-66, 101, 157, 279

Murray, Charles, 134
Murray, Douglas, 157
Mussolini, Benito, 36, 82, 84, 85, 86-87, 88, 114
Mutz, Diana, 35

N

nacional-populismo, 69-70, 91-104
   austeridade como explicação para o, 14, 23, 35, 248
   temas centrais, 88
   e fascismo/extrema direita, 88-91
   fundações ideológicas, 74-82
   e democracia liberal, 11, 35, 74, 78, 95, 103-104, 106, 135-136, 164, 265-266, 281
   estilo populista, 70-74
   e pós-populismo, 265-285
nacional-socialismo, 13, 82 *ver também* nazismo
Narodniks (Rússia), 74
nazismo, 13, 42, 70, 116, 134, 153, 157
   e capitalismo, 84, 192
   política econômica, 86-87, 192
   e nacionalismo alemão, 82
   e Grande Depressão, 36
   teoria racial, 84
   refugiados do, 150
   estrada para o poder, 85-86, 209
neonazismo, 36, 92, 153, 166, 196
Nevada, 154
New Deal, 193, 205, 232, 247
New York Times, 10
Nigéria, 183
Nixon, Richard, 236, 239
Norberg, Johan, 210

Norris, Pippa, 23
Noruega, 24, 38, 53, 92, 156, 165, 184, 212
"nova direita", 198-210
nova esquerda, 232, 234, 237, 252, 269, 277
Nova York, cidade, 154, 207
Nova York, estado, 34
"novo centro" (na política alemã), 252
Novo México, 154
novo Partido Trabalhista, 201, 256
"novos otimistas", 210

O

O caminho da servidão (Hayek), 199-200
O capital no século XXI (Piketty), 210
O contrato social (Rousseau), 113
O diário de Turner (Pierce), 166
O nascimento de uma nação (filme), 150
Obama, Barack, 31, 76, 99, 128, 141, 142, 161, 282
  apoio eleitoral a, 18, 41, 55, 62, 244, 247-248, 268
  educação de elite, 18
  e crise financeira, 207
"Obamacare", programa de assistência médica, 89
Occupy, movimento, 207
Ocidente / sociedade ocidental
  alienação da política e dos partidos tradicionais, 22, 29-30, 66, 127, 136, 140, 143, 145, 227, 230-233, 238-239, 241, 253-254, 255-259, 263, 267, 278

capitalismo, 187-191, 192, 194-196, 197-198, 211, 214, 220-221
"Estado profundo", 71
fascismo, 116
e crise financeira, 24
e livre comércio, 203
e globalização, 118
e Grande Recessão, 94
imigração, 12, 21, 58, 71, 96, 147-148, 153-158, 160-161, 163-164, 165, 168-169, 180, 181-184, 224, 233, 266, 267
e Islã / muçulmanos, 72, 96-98, 102, 157-158, 164, 172, 184-185, 234, 268
democracia liberal, 11, 58, 75, 105-107, 112, 131-132, 135-136
millennials, 39
nacional-populismo, 9, 11, 12, 17, 21, 23, 24-28, 30-32, 38, 66, 73-74, 78-79, 97, 136, 224, 265, 268, 277-278, 285
nacionalismo, 102-103
economia neoliberal, 94, 209-210
pessoas sem diploma universitário, 45, 54-57, 127, 277
e Partido do Povo (EUA), 78-79
futuro liberal percebido, 44, 46, 158
racismo, 97-98
"revolução silenciosa", 235
apoio a Israel, 97
terrorismo / ameaça terrorista, 97, 234
sindicatos, 214
desigualdade de riqueza, 12, 21, 210-212, 220-221, 224

Oesch, Daniel, 53
Ohio, 56, 127
Orbán, Viktor 10, 38, 95, 265
   e eleição de 2018, 164
   e UE, 71, 164, 280
   e refugiados muçulmanos, 29, 65, 71, 101, 164, 280
Organização das Nações Unidas (ONU), 117-118
Organização Mundial do Comércio, 117
Organização para a Cooperação e o Desenvolvimento Econômico (OCDE), 127, 211
Oriente Médio, 150, 153, 166, 197

P

pais fundadores dos EUA, 111-112
países árabes produtores de petróleo, 157
"pântano de Washington", 14, 71, 271
Papini, Giovanni, 84
Paquistão, 152
Parceria Transpacífica, 90
Paris, 165, 256
Parlamento (Reino Unido), 110
Parlamento Europeu, 120, 172
parque Zuccotti, Nova York, 207
Partido Americano (década de 1850), 76 *ver também* Know Nothings
Partido Americano Independente, 76
Partido Conservador (Reino Unido), 44, 47, 50-51, 173, 193, 195, 251, 255, 279
Partido da Liberdade, Áustria, 42, 51, 93, 95, 101, 225, 280
Partido da Liberdade, Holanda, 51, 69, 93, 95, 177, 279-280
Partido de Independência do Reino Unido (UKIP), 12, 30, 38, 43, 60, 101, *139*, *171*, 172-173, 251, 253, 279
Partido Democrata / democratas (EUA), 41, 79-80, 81, 115-128, 133, 135, 140, 151, 161, *163*, 193, 202, 206, 231, 232, 238, 247, 248, 259, 260, 262, 283-284
   e eleição presidencial de 2016, 45, 53, 55, 59, 62, 127, 161, 175, 243, 247-248, 268, 271-272
Partido Democrata Cristão (Alemanha), 230-231, 246
Partido Democrata Cristão (Itália), 117, 230-231, 250
Partido Democrático (Itália), 209
Partido do Povo, Áustria, 280
Partido do Povo, Dinamarca, 38, 95, 101
Partido do Povo, EUA, 76, 78-82, 114, 116, 231
Partido do Povo, Suíça, 38, 92, 101, 268
Partido do Progresso (Noruega), 38
Partido dos Democratas Suecos, 42, 65, 92, 95, *171*, 212, 268
Partido Fidesz (Hungria), 38, 95, 103, 156, 268
Partido Forza Italia (Força Itália), 250
Partido Lei e Justiça (Polônia), 38, 95, 100, 156, 164
Partido Nacional Democrático (Alemanha), 153, 196
Partido Nacional Escocês (PNE), 103, 251

Partido PASOK (Grécia), 256
Partido Podemos (Espanha), 73, *139*, 225
Partido Republicano (EUA)
 e eleições presidenciais de 1952 e 1956, 232
 e eleição presidencial de 2016, 9, 34, 46-48, 89-90, 152, 164, 202, 247, 248, 261
 eleitores abastados, 34, 47-48
 e George W. Bush, 236, 238
 eleitores cristãos, 151-152
 e establishment educacional, 134-135
 e crise financeira, 206
 e livre comércio, 202, 232, 283
 e globalismo, 76
 e imigração, 61, 62, 161-164
 e falta de bipartidarismo no Congresso, 140
 e Maioria Moral, 236
 e nacional-populismo, 268-269, 281
 e neoliberalismo, 89-90
 e não diplomados, 47, 248
 e Partido do Povo, 81
 progressismo no, 80
 e discriminação racial, 133
 e coalizão Reagan, 232
 e reconstrução, 231-232
 e conservadores sociais, 48
 e Donald Trump, 9, 18, 34, 46-48, 61, 62, 88-90, 152, 202, 243, 247-248, 261, 262, 268, 283-285
 apoio dos abastados e da comunidade empresarial, 130-131
 membros abastados do Congresso, 128

e americanos brancos, 248, 260
Geert Wilders e, 13
eleitores da classe trabalhadora, 232, 247, 283
Partido Socialista, França, 256
Partido Socialista, Itália, 250
Partido Trabalhista, 18, 40, 47, 52, 128, 169, 173, 195, 256
 e eleição geral de 2017, 251, 255
 e Brexit, 18, 239-240, 243, 253, 255
 e Jeremy Corbyn, 40, 243, 255, 274, 279
 e UE, 47
 e classe trabalhadora, 128, 231, 243, 252, 253-254
partidos de direita radical, 92, 93-97
"Partilhar nossa prosperidade", movimento (EUA), 76, 114
Pensilvânia, 56, 127
Perot, Ross, 76, 247
Pew Research Center, 43, 133, 136, 137, 143, 150-151, 166, 168, 184, 203, 261
Phoenix, Arizona, 154
Pierce, William, 166
Piketty, Thomas, 188, 210
Pipes, Daniel, 157
Plano Marshall, 195
Plataforma Omaha (Partido do Povo), 79, 80
Platão, 109, 112, 113, 129
política keynesiana, 196, 209
Polônia, 38, 95, 100, 156, 164
 sociedade falida, *222, 223*
 catolicismo, 156, 239
 comunismo, 239

emigração para a Grã-Bretanha, 122, 154, 176
e UE, 100, 156, 164-165
e imigração 21, 155-156, *162*, 166-168, 182
Partido Lei e Justiça, 38, 95, 100, 156, 164
democracia liberal, 137, *138*, *139*
nacional-populismo, 24
língua polonesa, importância do uso da, 168
e crise de refugiados, 100, 156, 165, 166
social-democracia, 257-258
terrorismo / ameaça terrorista, 166
política tradicional, 142
desigualdade de riqueza, 214-215
Popper, Karl, 109, 113
Portugal, 37, 182, 184, 258
Poujade, Pierre, 77
Pound, Ezra, 88
Powell, Enoch, 152
"preservacionistas" (apoiadores de Trump), 48, *49*, 55
primeira emenda à Constituição americana, 134
Primeira Guerra Mundial, 234
pujadismo (França), 77, 117, 196
Putnam, Robert, 173

R

Reagan, Ronald, 43, 140, 198, 211, 232, 283
"Reassumir o controle", slogan (Brexit), 58
Reforma protestante, 190
protestantismo nas colônias americanas e nos EUA, 75-76, 100, 149, 192
na Inglaterra, 191
na Holanda, 178, 191
reforma *ver* Reforma protestante
#RefugeesWelcome, movimento, 235
refugiados afegãos, 157
refugiados afogados no mar Mediterrâneo, 99
refugiados africanos, 182-183
regime czarista (Rússia), 74
Reich, Robert, 283
Reino Unido
referendo de 1975 sobre a CEE, 119
afro-caribenhos, 276
automação, 214
sociedade falida, *222*
apoio à democracia, 137
crises econômicas, 197
níveis mais elevados de instrução, 277
Grande Depressão, 197
Grande Recessão, 205, 206, 207
crescente alienação do governo, 140, 142
crescente desigualdade de salários, 210-212, 221, 277
ensino superior, 277
imigração, 43, 57, 149, 152, 154, 155, 159, *162*, 164, 172, 180, 183, 224, 276, 279
imigração vinda da África, 164
imigração vinda da Europa Oriental, 122
maior representação política dos grupos marginalizados, 126

Islã, 184
jingoísmo, 230
falta de representação política da classe trabalhadora, 127-130
e o Tratado de Maastricht, 120
Plano Marshall, 195
identidade nacional, 276
indústrias nacionalizadas, 196
sistema político, 230, 251
apoio aos referendos, 143
social-democracia, 258
"social-imperialismo", 192, 230
liderança forte valorizada no, 220-221
terrorismo / ameaça terrorista, 97, 166
sindicatos, 214, 231
programas de bem-estar social, 94
Renânia, 87
República de Salò, 87, 88
República Tcheca, 164, 258
Reunião Nacional (França), 38, 90-91
Revolução Francesa, 94, 113
Revolução Industrial, 149, 190, 229
Revolução Russa, 82
"revolução silenciosa" (Inglehart), 235, 236
Rey, Jean, 119
Rieman, Rob, 69
Robespierre, Maximilien, 113
Rockefeller, John D., 191, 232
Roma antiga, 74, 82
Romênia, 82, 122, 154, 156, 176, 182, 258
Romney, Mitt, 46, 61, 152, 247
Roof, Dylan, 166

Roosevelt, Franklin Delano, 115, 193, 232
Rousseau, Jean-Jacques, 113
Rúgia, ilha, 192
Rússia, 16, 17, 74-75, 151, 266
Rutte, Mark, 279-280
Rydgren, Jens, 14, 172

S

Saab, 214
salvadorenho-americanos, 175
Salvini, Matteo, 10, 66, 100, 227
Sanders, Bernie, 34, 40, 73, 102, 202, 225, 243, 262
Sapiens (Harari), 148
Sarkozy, Nicolas, 278
Schattschneider, E. E., 130
Schäuble, Wolfgang, 124
Schmitt, Carl, 83
Schröder, Gerhard, 252
Schumpeter, Joseph, 115
Seehofer, Horst, 92
Segunda Guerra Mundial, 40, 152, 173
Senado, EUA, 79, 111, 128, 243
Sérvia, 100
Serviço Nacional de Saúde (Reino Unido), 16, 195
Shoreditch, 46
Sides, John, 62, 248
Síria, 157
sistema econômico neoliberal, 21, 22-23, 66, 89, 94, 103, 187-188, 200-201, 212, 215, 252
e Grande Recessão, 205, 210
e nacional-populismo, 189, 260
Small Business Investment Company (EUA), 196

Smith, Adam, 190, 199
Snyder, Timothy, 15
social-democratas / social-democracia, 235, 243
    na Áustria, 258
    na República Tcheca, 258
    na Dinamarca, 258
    na Finlândia, 258
    na França, 258, 260
    na Alemanha, 212, 258
    na Grécia, 256
    e imigração, 238, 253, 260
    perda de apoio, 27, 53, 62, 66, 228, 232-233, 249, 255-263
    em Malta, 258
    e o Plano Marshall, 195
    e o nacional-populismo, 30, 53, 58, 62, 95, 212, 228, 233, 259, 263, 278
    e a economia neoliberal, 94, 205, 212, 252-253, 259
    na Holanda, 258
    na Polônia, 258
    em Portugal, 258-259
    na Romênia, 258
    na Eslováquia, 258
    na Espanha, 258
    na Suécia, 193, 212, 249, 258, 260
    no Reino Unido, 195, 205, 231, 253-254, 256, 258
Sociedade Mont Pelerin, 199
Somália, 157, 164
sonho americano, 192, 195
Soros, George, 71, 72
Stevenson, Adlai, 115
Stiglitz, Joseph, 69, 209
Strache, Heinz-Christian, 65, 97, 280
Strasser, irmãos, 86
Sudão, 164
Suécia, 36, 42, 64-65, 92, *138*, *139*, 142, 154, *162*, 166, 168, *171*, 177, 183, 193, 211
    sociedade falida, *222*, *223*
    legado cultural, importância do, 168
    declínio da produção de automóveis, 214
    imigração, 95, 154, *162*, *171*, 177, 184
    democracia liberal, *138*, *139*
    nacional-populismo, 36, 42, 64-65, 92, 177, 212, 260, 268-269
    Partido dos Democratas Suecos, 42, 65, 92, 95, *171*, 212, 268
    língua sueca, importância do uso da, 168
    terrorismo / ameaça terrorista, 166
    política tradicional, 142, 240-241, 248, 257, 258
    desigualdade de riqueza, 211, 212
    sistema de bem-estar social, 193
Suíça, 24, 37, 38, 92, 101, 113, 156, 177, 178, 185, 268
sul-americanos, 78, 81, 150, 231, 247, 248
Sunstein, Cass, 132
Suprema Corte, EUA, 111, 207, 208
Suriname, 101

T

Tea Party, movimento (EUA), 76, 206, 281-283
terrorismo islamista, 26, 29, 62, 93, 97, 161, 166, 172, 184, 234, 276
terrorismo jihadista, 165

Texas, 10, 34, 154
Thatcher, Margaret, 50, 137, 142, 198, 201, 253
The New Minority (Gest), 219
Tilley, James, 44
#TimesUp, movimento, 235
tipo racial caucasiano, 84, 149
tipo racial mongoloide, 84, 149
tipo racial negroide, 84
tipologia racial de Gobineau, 84
Tocqueville, Alexis de, 112
"Tornar os Estados Unidos grandes novamente", slogan, 48, 89
Toronto, 154
tradição judaico-cristã, 96, 157
Tratado Constitucional, UE, 122
Tratado de Lisboa, 122
Tratado de Maastricht, 120-121
Tratado de Roma, 118
Tratado Norte-Americano de Livre Comércio (NAFTA), 76, 201-203
Truman, Harry, 115
Trump, Donald, 10, 12, 23, 28, 33, 54, 76, 106, 140, 142, 151, 168, 174, 175, 219, 235, 238, 265, 266, 272
  e eleição presidencial de 2016, 9, 17-19, 33, 44-46, 51, 247-248, 260-261
  apoiadores abastados, 17, 34, 47, 55, 217-218
  apoio dos afro-americanos, 262
  e direita alternativa, 94, 158
  slogan "Estados Unidos primeiro" usado por, 102-103
  e embaixada americana em Jerusalém, 97
  e "excepcionalismo americano", 89
  análise dos apoiadores de, *49*
  apoio dos cristãos, 34-35, 151-152
  apoio dos cubano-americanos, 18, 41
  teoria do "Estado profundo", 71, 72
  e declínio econômico, 221-224
  e nacional-populistas europeus, 12, 46, 77, 263
  e *fake news*, 90, 132
  e Nigel Farage, 12, 71
  e fascismo, 15-16, 69-70, 73, 89, 90, 108
  e globalização, 89
  e imigração, 41, 61-63, 89-90, 100, 147, 151, 161, 163, 164, 175, 189, 261-262, 268, 284
  admiração por Andrew Jackson, 75
  apoio dos latinos, 18, 43, 262
  e democracia liberal, 15, 58-59, 89-90, 136, 137
  slogan "Tornar os Estados Unidos grandes novamente" usado por, 48, 89, 268
  e o muro na fronteira com o México, 58, 175
  e Michigan, 53, 56, 127
  apoio da classe média, 18, 47
  e *millennials*, 24, 25, 39-40, 43, 45
  proibição de entrada de muçulmanos, 62, 166
  e nacional-populismo, 11, 13, 14, 16, 25, 38, 46, 66, 73-74, 89, 101, 227, 267
  e não diplomados, 45, 48, 54-56, 127, 272
  e o "Obamacare", 89
  e Ohio, 56, 127

e Pensilvânia, 56, 127
fortuna pessoal, 271
personalidade, 14
correção política, 132, 135
"votos de protesto" em, 58
racismo e, 99, 160
e o Partido Republicano, 46, 47-50, 62, 243, 247, 261-263, 269, 283-285
e os estados do cinturão da ferrugem, 45, 55, 56, 127
apoio dos homens, 34-35, 272
apoio das mulheres, 237
apoiadores, 11, 16
redução de impostos defendida por, 211, 261
e movimento Tea Party, 283
e comércio, 103, 202, 203, 284
e política e partidos tradicionais, 11, 48, 49, 59, 238-239, 244
e a Parceria Transpacífica, 90
apoio dos brancos, 34-35, 40, 45, 47, 59-62, 133
e Wisconsin, 56, 127, 175
apoio da classe trabalhadora, 18, 47, 48, 53, 61, 130-131, 268-269
e xenofobia, 16, 99, 132, 160
"trumpocracia", 14
Tucson, Arizona, 154
Turquia, 131, 153, 158
Tusk, Donald, 125
Twitter, 16

U

UE (Europa / União Europeia) 20, 102, 127, 131, 143, 144, 170, 180, 182-183, 205, 229, 235, 251, 258, 271
e Alternativa para a Alemanha, 93, 126
austeridade imposta pela, 123, 124, 126, 209
e Brexit, 10, 11, 17, 18, 19, 30, 35, 39, 41, 47, 52, 56, 71, 121-122, 125, 221, 239-240, 254, 272
capitalismo na, 18, 203, 214
Partido Conservador e, 47, 279
"cidadania", 121
e euro, 121
e Constituição europeia, 122
e integração europeia, 16, 47, 102, 118-123, 125, 130, 198, 218, 234, 237, 263, 269-270
e Nigel Farage, 38, 279
e Movimento Cinco Estrelas, 126, 209
livre movimentação do trabalho, 121
e Partido da Liberdade (Áustria), 93, 280
e Partido da Liberdade (Holanda), 93, 126, 279-280
e Frente Nacional francesa, 38, 90, 93
e Grande Recessão, 122-124, 209-210
e Hungria, 71-72, 100, 164, 280
e Sebastian Kurz, 280
e Partido Trabalhista, 47, 240
e Liga italiana, 93, 100, 123, 126, 209-210
e o Tratado de Lisboa, 122
e o Tratado de Maastricht, 120
e Emmanuel Macron, 280
e migração de trabalho qualificado para a Grã-Bretanha e a Europa Ocidental, 154, 155-156, 176

ÍNDICE

e *millennials*, 41
e Viktor Orbán, 100, 164, 280
e Partido do Povo (Áustria), 280
e Polônia, 100
e crise de refugiados, 100-101
e Matteo Salvini, 100-101
e George Soros, 71-72
e Heinz-Christian Strache, 280
desigualdade de riqueza, 215, 218
e Geert Wilders, 126, 279-280
Uma investigação sobre a natureza e as causas da riqueza das nações ver *A riqueza das nações*
União Europeia *ver* UE
União Soviética, 84, 87, 105
Universidade de Nova York, 15

V

Vanity Fair, 15
Verba, Sidney, 117
Volga, rio, 84
Voter Study Group (EUA), 54, 136

W

Wagner, Markus, 209, 280
Wall Street (filme), 188
Wall Street, cidade de Nova York, 81, 207
Wallace, George, 76, 160, 247
Washington, DC
 consenso do Departamento do Tesouro, do FMI e do Banco Mundial, 200
 elites, 215
 corrupção endêmica, 14, 71, 76, 271
 como representativo do governo americano, 11, 76, 140

Watergate, escândalo de, 239
Wauquiez, Laurent, 285
Weaver, James B., 79
Wessis (alemães ocidentais), 220
Westminster, 40, 71, 271
White-Collar Government (Carnes), 130
Wilders, Geert, 178, 265, 271
 e eleição holandesa de 2017, 126, 279-280
 e fascismo, 69, 73-74, 88
 e imigração, 64, 101
 e Islã / muçulmanos, 13, 65-66, 96-97, 101, 157, 279
 e Israel, 97
 e políticos e partidos tradicionais, 36
Wille, Anchrit, 129
Wisconsin, 56, 127, 175
Wolf, Martin, 35
World Values Survey, 136, 159

X

xenofobia, 12, 98, 101, 178, 267, 282
 e Donald Trump, 16, 100, 132, 160

Y

Ye'or, Bat, 157
YouGov, 161
YouTube, 65

Z

Zakaria, Fareed, 106, 284
Zeitgeist, 105
Ziblatt, David, 168
zona do euro, 123, 165, 211

Este livro foi composto na tipografia
Minion Pro, em corpo 11/16, e impresso
em papel off-white no Sistema Cameron
da Divisão Gráfica da Distribuidora Record.